CW00666249

LE GÉNIE PRODIGUE

L'INCROYABLE VIE DE NIKOLA TESLA

DISCOVERY PUBLISHER

Titre original: "Prodigal Genius"
2014, Discovery Publisher

Pour l'édition française:

Auteur : John J. O'Neill
Traduction [anglais-français] : Audrey Lapenne
Édition : Cynthia Herpin, Adriano Lucca
Responsable d'édition : Adriano Lucca

DISCOVERY PUBLISHER

616 Corporate Way
Valley Cottage, New York, 10989
www.discoverypublisher.com
livres@discoverypublisher.com
facebook.com/DiscoveryPublisher
twitter.com/DiscoveryPB

New York • Tokyo • Paris • Hong Kong

TABLE DES MATIÈRES

LUMIERE ET PUISSANCE

UN

Les expériences que Nikola Tesla a tirées de la vie ne peuvent être décrites par de simples mots comme « spectaculaire » ou encore « incroyable », qui ne font pas justice à leurs résultats détonants. Voici l'histoire du génie d'un surhomme qui créa un nouveau monde, une histoire qui condamne la femme comme un fardeau de la chaire, entravant le développement de l'homme et limitant ses exploits ; mais qui, paradoxalement, prouve aussi que même la vie la plus réussie, si elle ne s'accompagne pas d'une femme, est vouée à l'échec.

Même les dieux d'antan, dans les rêves les plus fous de leurs adorateurs, n'ont jamais entrepris de travaux gigantesques de dimension mondiale, comme ceux qu'entreprit Tesla et qu'il mena à bien. Les Grecs l'auraient inclus à leur panthéon antique tellement ses espoirs, ses rêves et ses exploits étaient dignes d'un dieu. Il n'y a rien d'étonnant alors à ce que ces hommes soi-disant matérialistes, le nez plongé dans leur comptabilité, le trouvent bizarre et ne le comprennent pas.

Le progrès de l'humanité n'est pas comme une faible lueur qui brille plus fort avec le temps. Le panorama de l'évolution humaine est ponctué de soudaines explosions d'exploits intellectuels, dont l'onde de choc se propage dans le temps pour nous donner un aperçu de l'avenir, nous aidant à mieux avancer dans l'instant présent. Grâce à ses incroyables découvertes et inventions dont il fit profiter le monde entier, Tesla est devenu l'un des plus grands génies qui donna une véritable impulsion à l'avancée humaine.

Tesla est à l'origine de l'époque moderne. Il était indubitablement l'un des plus grands génies de notre monde, mais cet esprit remarquable ne laissa malheureusement derrière lui aucune descendance ni légataire qui pourraient aider à diriger ce monde. Il apporta la richesse à une multitude d'autres personnes, mais lui mourut sans le sou, rejetant la richesse qu'il aurait pu gagner avec le fruit de ses découvertes. Alors même qu'il marchait dans la ville grouillante de monde qu'est New York, il devint un homme légendaire semblant appartenir à un avenir éloigné ou venant du royaume des dieux, car il semblait être un mélange de Jupiter ou de Thor lançant des éclairs, d'Ajax bravant les foudres de Jupiter, de Prométhée transmuant l'énergie en électricité et la propageant sur la Terre, d'Aurore illuminant les cieux comme une lampe électrique terrestre, de Mazda produisant un soleil dans une éprouvette, d'Hercule faisant trembler la Terre avec ses vibrateurs mécaniques, de Mercure comblant les domaines environnants de l'espace avec ses ondes sans fil, et d'Hermès donnant naissance à une âme électrique dans la Terre, la faisant ainsi pulser d'un pôle à un autre.

Cette étincelle d'incandescence intellectuelle, sous la forme d'un génie créatif exceptionnel, a déferlé sur le monde tel un météore dans la société humaine au cours des dernières décennies du siècle passé, et il a vécu presque jusqu'à aujourd'hui. Son nom est devenu synonyme de magie dans les milieux intellectuel, scientifique, de l'ingénierie et du social, et il a été reconnu comme un inventeur et un découvreur d'une grandeur inégalée. Il est devenu maître du courant électrique. À une époque où l'électricité était considérée comme une force occulte, inspirant la peur et le respect, Tesla plongea dans les mystères de cette énergie, avec laquelle il réalisa un nombre incalculable d'exploits merveilleux. Aux yeux du monde, il était un maître de l'illusion, avec un répertoire illimité de prestidigitations scientifiques si impressionnantes, qu'elles faisaient passer les prouesses de la plupart des inventeurs de son époque pour des jeux d'enfants.

Tesla était un inventeur, mais il était bien plus qu'un simple fabricant de nouveaux appareils : il découvrait de nouveaux principes, ouvrant ainsi les portes vers de nouveaux mondes de connaissances qui, encore aujourd'hui, n'ont été que partiellement explorés. Tesla créa notre monde d'énergie actuel grâce à une seule décharge puissante d'inventions : il a mis en place notre ère de l'énergie électrique, la base même sur laquelle le système industriel mondial est construit. Il nous donna le système de production de masse, qui ne pourrait exister sans ses moteurs et ses courants. Il est le créateur des robots, ces hommes mécaniques électriques qui remplacent la main-d'œuvre humaine. Il a établi les fondements de la radio moderne. Il inventa le radar, quarante ans avant son utilisation au cours de la Seconde Guerre mondiale. Grâce à lui, nous avons l'éclairage au néon et d'autres formes de lampes à décharge, et il nous apporta également l'éclairage fluorescent. Si les domaines médicaux et industriels sont capables de telles merveilles électroniques, c'est parce que Tesla a créé les courants de hautes fréquences. Il inventa la télécommande sans fil. Mais c'est contre son gré qu'il contribua à nous apporter la Seconde Guerre mondiale : la mauvaise utilisation de son système de superpuissance et du contrôle de ses robots en industrie, ont permis aux politiciens de disposer d'un surplus d'énergie considérable, d'installations de production, de main-d'œuvre et de matériaux, leur permettant de se livrer à la guerre la plus dévastatrice et effroyable que l'esprit fou pourrait concevoir. Et ces découvertes sont simplement les inventions faites par l'esprit génial de Tesla qui ont été utilisées jusqu'à présent, de nombreuses autres demeurent encore inutilisées.

Pourtant Tesla œuvrait pour apporter la paix dans le monde. Il consacra sa vie à alléger le fardeau de l'humanité, à apporter une nouvelle ère de paix, de bonheur et de prospérité à la race humaine. Voyant l'avènement de la Seconde Guerre mondiale, qui reposait sur ses découvertes, il chercha à l'empêcher. Il proposa alors au monde un appareil qui aurait, d'après lui, pu protéger le territoire de n'importe quel pays, peu importe sa taille ; mais son offre fut rejetée.

Mais plus important, et de loin, que toutes ses extraordinaires découvertes électriques, il y avait cette invention suprême : Nikola Tesla, le surhomme, l'instrument humain qui propulsa le monde vers l'avant, comme un avion qui serait projeté dans le ciel à l'aide d'une catapulte. Tout comme son système de courant alternatif qui plaça le monde sur une base de superpuissance, Tesla, le scientifique et inventeur, était lui-même une invention.

Tesla était un surhomme autodidacte, inventé et conçu spécifiquement pour accomplir des merveilles. Et il en réalisait tellement que le monde ne parvenait pas à toutes les assimiler. Il a conçu sa vie sur des principes d'ingénierie afin d'œuvrer, tel un automate, avec la plus grande efficacité pour la découverte et l'utilisation des forces de la nature au profit du bien-être humain. Pour y parvenir, il sacrifia l'amour et le plaisir, ne cherchant la satisfaction que dans ses succès et considérant son corps uniquement comme un outil au service de son esprit techniquement créatif.

Avec notre engouement moderne pour la division du travail et la spécialisation des tâches afin d'accroître la productivité de notre machine industrielle, on hésite à penser à un avenir, dans lequel l'invention du surhomme de Tesla pourrait être appliquée à l'humanité entière, avec une spécialisation conçue pour chaque individu dès sa naissance.

Ce surhomme imaginé par Tesla était un saint scientifique. Les inventions de ce martyr scientifique devaient être destinées à œuvrer pour la paix, le bonheur et la sécurité de l'humanité, mais elles ont été utilisées pour créer la pénurie, des dépressions et une guerre dévastatrice. Que se serait-il passé si l'invention du surhomme avait été conçue et vendue pour satisfaire les intentions de politiciens belliqueux ? Tesla avait entrevu ces éventualités et il avança que la vie communautaire des abeilles serait comme une menace à notre structure sociale, à moins que les éléments de la vie individuelle et communautaire soient correctement dirigés et la liberté individuelle, protégée.

Le surhomme inventé par Tesla était une merveilleuse réussite puisqu'il semblait, du moins aux yeux du monde, fonctionner correctement. Il supprima l'amour de sa vie, élimina même les femmes de ses pensées. Il surpassa Platon en renonçant aussi à une relation spirituelle, alors que ce dernier avait conçu qu'une telle relation, exempte de désir sexuel entre l'homme et la femme était possible. Il se conçut une vie isolée, dans laquelle aucune femme et aucun homme ne pouvaient entrer.. Une individualité autonome où toutes les considérations relatives au sexe avaient été complètement exclues. Il était un génie qui vivrait entièrement comme une machine à penser et à travailler.

Le surhomme de Tesla était aussi un créateur de merveilles et il croyait être parvenu, à l'aide de méthodes scientifiques, à supprimer l'amour de sa vie. Mais ce n'était en fait pas le cas, faisant ainsi de cette vie anormale un sujet d'expérience très intéressant pour les philosophes et les psychologues. En effet, le sentiment amoureux se manifesta de lui-même, malgré ses efforts consciencieux à vouloir le supprimer, et lorsque celui-ci s'installa, l'amour se présenta sous la plus fantastique des formes, apportant avec lui une romance comme on en a peu vu dans l'histoire de l'humanité.

La vie entière de Tesla semble tellement irréelle, qu'on aurait pu croire qu'il était une créature légendaire sortie de la mythologie grecque. Après avoir rapporté l'histoire de ses découvertes et inventions, un journaliste conclut en ces termes: « Ses exploits ressemblent au rêve d'un dieu en état d'ébriété ». L'invention du système polyphasé à courant alternatif était à l'origine de l'exploitation des chutes du Niagara, et a permis d'ouvrir l'ère de la superpuissance électrique moderne, durant laquelle l'électricité était transportée sur des centaines de kilomètres pour faire fonctionner des dizaines de milliers d'usines de production de masse des systèmes industriels. Chacun des pylônes, semblant sortir tout droit d'un film de science-fiction, dont les lignes de transmission électrique recouvrent la planète et qui transportent l'électricité à des villes éloignées, sont des monuments en l'honneur de Tesla. Chaque centrale électrique, chaque dynamo, et chaque moteur qui fait fonctionner les machines de ce pays, sont des hommages à ce génie.

Se supplantant lui-même, Tesla découvrit le secret pour transmettre de l'énergie électrique jusqu'à l'autre bout de la terre, et cela, sans fil. Il démontra son système par lequel il serait possible de puiser des quantités non négligeables d'énergie n'importe où sur Terre, simplement en se connectant au sol. Il plaça la Terre entière sous vibrations électriques avec un générateur, duquel jaillissait des éclairs qui rivalisaient avec l'artillerie explosive des cieux. C'est en partie grâce à cette dernière découverte, qu'il a mis au point le système de radio moderne. Il y a quarante ans, alors qu'on voyait le sans fil seulement comme des messages clignotants permettant de sauver des navires en détresse, Tesla établissait nos méthodes de diffusions actuelles.

Il produisit des lampes avec un éclat plus puissant et plus économe que celles utilisées de nos jours. Il inventa les lampes fluorescentes et sans fil que nous considérons aujourd'hui comme des développements de pointe. Il tenta même d'illuminer toute l'atmosphère de la Terre avec ses courants électriques, afin de transformer notre monde en une unique lampe terrestre et d'éclairer le ciel nocturne comme le ferait le soleil en pleine journée.

Si les autres inventeurs et découvreurs de premier ordre peuvent être considérés comme des flambeaux du progrès, Tesla serait, quant à lui, un incendie. Il était l'instrument permettant aux soleils brûlants d'un avenir meilleur de concentrer leurs faisceaux incandescents sur un monde qui n'était pas préparé à recevoir leur lumière. Il n'y aurait alors rien d'étonnant à ce que cet être rayonnant ait mené une vie étrange et solitaire. On ne pourrait surestimer la valeur de ses contributions à la société. Nous pouvons à présent analyser, dans une certaine mesure, la personnalité qui se trouve derrière toutes ces inventions. Il se présente comme un génie synthétique, un surhomme autodidacte, la plus grande invention du plus grand inventeur de tous les temps. Mais lorsqu'on considère Tesla en tant qu'être humain, en laissant de côté ses manières charmantes et captivantes, il est difficile d'imaginer un cauchemar plus horrible qu'un monde habité entièrement par des génies.

Pour toute expérience faite par la Nature qui permet une amélioration, il est nécessaire que cette dernière soit effectuée d'une telle manière, de façon à ce que le progrès ne soit pas perdu avec l'individu, mais qu'il soit transmis aux générations futures. Chez l'homme, ce processus nécessite une utilisation des valeurs sociales d'un peuple, la coopération de l'individu avec ses semblables, afin que l'amélioration de leur statut soit propagée et devienne ainsi un héritage pour tous. Bien que Tesla ait atteint une envergure intellectuelle gigantesque en concevant intentionnellement sa vie sans amour et sans femmes, il n'est pas parvenu à perpétuer son savoir, que ce soit par le biais d'une descendance ou de disciples. Le surhomme qu'il a fabriqué n'était pas assez grand pour inclure une femme dans sa vie et continuer d'exister en tant que tel. L'amour qu'il a cherché à supprimer de sa vie et qu'il pensait être associé uniquement aux femmes, est une force qui, sous ses divers aspects, unit tous les êtres humains.

En cherchant à supprimer complètement cette force, Tesla a rompu les liens qui auraient pu lui apporter des disciples qui, par d'autres moyens, auraient permis de perpétuer son prodigieux génie. Par conséquent, il ne réussit à transmettre au monde qu'une partie infime des créations de son surhomme synthétique.

Comme l'a démontré Tesla, la création du surhomme était une grande expérience dans l'évolution humaine, digne de l'intellect titanesque qui en résulta, mais qui, malheureusement, ne remplissait pas les normes fixées par la Nature. L'expérience devra ainsi être renouvelée plusieurs fois avant que nous ne sachions comment créer une race supérieure possédant un esprit aussi grand que celui de Tesla, et pouvant exploiter les trésors cachés de la connaissance de la Nature, tout en étant dotée d'amour, cette force vitale qui libère des forces encore plus grandes que tout ce que nous pouvons imaginer, afin de faire évoluer la condition de l'espèce humaine.

Ce fut dans le hameau de Smiljan, de la province de Lika à la frontière austro-hongroise, qui fait maintenant partie de la Yougoslavie, que naquit Nikola au cours de la nuit du 9 au 10 juillet de l'année 1856 alors que l'horloge sonnait minuit dans la maison du révérend Milutin Tesla et de sa femme Djouka. Rien ne présageait alors qu'un surhomme venait de naître. Le père de Nikola, pasteur de l'église du village, était un ancien élève au sein d'une école de formation d'officiers qui s'était révolté contre les restrictions de la vie militaire avant de se tourner vers le ministère, une voie où il pourrait satisfaire son besoin de s'exprimer. Sa mère, bien qu'illettrée, était néanmoins une femme brillante et intelligente qui parvint à s'éduquer sans aucune aide, malgré son handicap.

Ses parents lui transmirent un précieux héritage culturel, développé et perpétué par les familles ancestrales qui avaient été des chefs de la communauté depuis plusieurs générations. Milutin Tesla venait d'une famille où les fils servaient à part égale l'Église et l'Armée. Djouka était membre de la famille Mandich dont les fils, depuis de nombreuses générations, devenaient, à quelques exceptions près, pasteurs de l'Église orthodoxe serbe, et les filles étaient choisies pour devenir femmes de pasteurs.

La mère de Nikola Tesla, dont le prénom serait l'équivalent de Georgine en français, était l'aînée de sept enfants. Son père, comme son mari, était pasteur de l'Église orthodoxe serbe. Sa mère, après une perte progressive de la vision, devint aveugle peu de temps après la naissance de son septième enfant. C'est ainsi que la jeune Djouka, la fille aînée, fut contrainte de reprendre la majeure partie des obligations de sa mère. Cela l'empêcha non seulement d'aller à l'école, mais son travail à la maison lui demandait tellement de temps qu'elle ne put même pas acquérir les rudiments de la lecture et de l'écriture en étudiant à domicile. Comme elle était membre d'une famille cultivée, cette situation était alors très étrange. Tesla a cependant toujours considéré sa mère illettrée, plutôt que son érudit de père, comme étant celle dont il avait hérité ses capacités créatrices. Elle avait crée de nombreux outils qui facilitèrent ses tâches ménagères. De plus, c'était une femme très pragmatique et son mari, très instruit, la laissait gérer toutes les affaires concernant l'église et leur foyer.

Elle était dotée d'une mémoire exceptionnellement bonne, qui lui permettait de compenser son illettrisme. Alors que sa famille évoluait dans les cercles culturels, elle absorbait une grande quantité des richesses culturelles de la communauté simplement en écoutant. Elle était capable de répéter, sans erreur ni omission, des milliers de vers de la poésie nationale de son pays, Les sagas des Serbes, et pouvait réciter de longs passages de la Bible. Elle pouvait raconter de mémoire l'intégralité de Gorki Vijenac (The Mountain of Wreath — La couronne des montagnes), l'œuvre poétique et philosophique écrite par l'évêque Petrovich Niegosh. Djouka possédait également un talent artistique qu'elle exprimait avec une excellente dextérité. Elle était très réputée dans toute la campagne pour ses magnifiques broderies. D'après Tesla, elle était tellement patiente et habile qu'elle pouvait, même à plus de soixante ans, nouer trois nœuds en un clin d'œil, simplement en utilisant ses doigts.

Les capacités incroyables de cette femme intelligente qui ne reçut aucune éducation furent transmises à ses cinq enfants. Le fils aîné, Dane Tesla, né sept ans avant Nikola, était le préféré de la famille, de par l'ingéniosité qu'il démontrait étant enfant, annonciatrice d'une grande carrière. Depuis son enfance, il avait présagé que les étranges manifestations annonçaient la grandeur de son frère survivant.

Le père de Tesla débuta sa carrière dans l'armée, une orientation prévisible étant lui-même fils d'officier. Mais il n'hérita manifestement pas de l'amour pour la vie militaire, contrairement à son père. Ainsi, un simple incident, où il fut critiqué pour ne pas avoir réussi à garder ses boutons de cuivre suffisamment brillants, lui fit quitter l'école militaire. Il était sans aucun doute plus poète et philosophe que soldat. Il écrivit de la poésie qui fut publiée dans des journaux de l'époque. Il rédigea également des articles sur les problèmes actuels, qu'il signait du pseudonyme « Srbin Pravicich » (« Homme de justice » en serbe). Il écrivait, lisait et parlait le serbo-croate, l'allemand et l'italien. Ce fut probablement son attrait pour la poésie et la philosophie qui le fit s'intéresser à Djouka Mandich. Elle avait alors vingt-cinq ans et Milutin, deux ans de plus. Ils se marièrent en 1847. Son attirance pour une fille de pasteur influença sûrement son prochain choix de carrière, puisqu'il entra ensuite au ministère et fut bientôt ordonné prêtre.

Il devint pasteur à l'église de Senj, un grand port maritime disposant d'installations pour une vie culturelle. Il était apprécié de ses paroissiens, mais c'était plus pour sa personnalité agréable et sa compréhension des problèmes que pour sa grande érudition sur les questions théologiques et ecclésiastiques.

Quelques années après qu'on lui eût confié la responsabilité de cette paroisse, un nouvel archevêque, promu à la tête du diocèse, souhaita évaluer les capacités des prêtres à sa charge en récompensant celui qui prêcherait le meilleur sermon lors de sa visite officielle. À cette époque, le révérend Milutin Tesla s'intéressait beaucoup au travail comme à un facteur important dans les problèmes sociaux et économiques. Mais réaliser un sermon sur ce sujet était, du point de vue des convenances, une chose impossible à faire. Cependant, personne n'avait jamais accusé le révérend Milutin Tesla d'être pragmatique, de ce fait, réaliser une chose irréalisable était en accord avec sa nature. Il choisit le sujet qui lui tenait le plus à cœur, et quand l'archevêque arriva dans sa paroisse, il écouta un sermon sur le « travail ».

Quelques mois plus tard, l'archevêque réalisa une visite surprise à Senj pour annoncer que le révérend Milutin Tesla avait fait le meilleur sermon, avant de lui remettre une ceinture rouge qu'il aurait le privilège de porter en toutes occasions. Peu de temps après, il devint pasteur à Smiljan, où sa paroisse comprenait quarante foyers. Plus tard, on lui confia la charge d'une paroisse beaucoup plus grande dans la ville voisine de Gospic. Ses trois premiers enfants : Milka, Dane et Angelina naquirent à Senj. Nikola et sa petite sœur Marica, quant à eux, sont nés à Smiljan.

Durant son enfance, Tesla vécut dans une communauté agricole installée dans une région de haut plateau, près de la côte est de la mer Adriatique, dans les montagnes de Velebit, une région des Alpes. Il s'agit d'une chaîne de montagnes qui s'étend de la Suisse jusqu'en Grèce. Ce ne fut qu'à l'adolescence qu'il vit sa première locomotive à vapeur, par conséquent, son aptitude pour la mécanique ne découle pas de son environnement.

Aujourd'hui, la patrie de Tesla s'appelle la Yougoslavie, qui signifie « pays des Slaves du Sud », et inclut plusieurs pays autrefois autonomes : la Serbie, la Bosnie, la Croatie, le Monténégro, la Dalmatie ainsi que la Slovénie. Les familles Tesla et Mandich sont originaires de l'ouest de la Serbie, près du Monténégro. Smiljan, le village où Tesla est né, se trouve dans la province de Lika. Au moment de sa naissance, c'était une province dépendante de l'Empire austro-hongrois et faisait partie de la Croatie et de la Slovénie.

Le nom de famille Tesla remonte à plus de deux siècles et demi. Avant cela, le nom de famille était Draganic (prononcé Drag'-a-nitch). Le nom Tesla (qui se prononce comme il se lit, avec une accentuation sur les deux syllabes), dans un sens purement littéral, est un aptonyme comme Boulanger, Charpentier ou Marchand. En tant que nom commun, il décrit un outil servant au travail du bois, que l'on appelle herminette en français. Il s'agit d'une hache dont le tranchant est perpendiculaire au manche, contrairement aux haches avec un tranchant parallèle qui sont plus familières. On l'utilise pour couper de grands troncs d'arbres et les équarrir. En serbo-croate, cet outil se traduit par tesla. Il existe une tradition dans la famille Draganic, les membres d'une branche recevaient le surnom de « Tesla », à cause d'une caractéristique héréditaire qui leur donnait à presque tous des dents de devant protubérantes, très grandes et très larges, qui ressemblaient beaucoup à la lame triangulaire de l'herminette.

Le nom Draganic et ses dérivés étaient souvent donnés comme prénom dans d'autres branches de la famille Tesla. Quand il est utilisé en prénom, il est souvent traduit par « Charlotte », mais comme terme générique, il signifie « cher » et lorsqu'il s'agit d'un nom de famille, il se traduit par « Chéri ».

La majorité des ancêtres de Tesla vécurent, d'après les archives disponibles, bien au-delà de la durée de vie moyenne de l'époque, mais il n'existe malheureusement aucune preuve écrite d'un ancêtre qui aurait vécu jusqu'à cent quarante ans, comme le déclarait Tesla. (Son père mourut à cinquante-neuf ans et sa mère à soixante et onze ans).

Bien que bon nombre de ses ancêtres aient les yeux foncés, les yeux de Tesla étaient gris-bleu. Il prétendait que ses yeux étaient plus sombres à l'origine mais qu'à la suite d'une utilisation excessive de son cerveau, leur couleur avait changé. Cependant, les yeux de sa mère étaient gris, ainsi que ceux de certains de ses neveux. Il est alors plus probable de dire qu'il a hérité des yeux gris de sa mère, que de dire qu'ils auraient changé de couleur à cause d'une utilisation excessive du cerveau.

Tesla est devenu un homme très grand et mince. Être grand, était aussi bien un trait familial que national. À l'âge adulte, il mesurait exactement deux mètres, ou plus précisément un mètre quatre-vingt. Bien que mince, son corps était très bien proportionné. Ses mains, en revanche, et en particulier ses pouces, semblaient anormalement longs.

Le frère aîné de Nikola, Dane, était un jeune homme brillant, adoré par ses parents qui étaient fiers d'avoir un fils aussi doué. Les deux garçons avaient sept ans de différence. Dane mourut à l'âge de douze ans des suites d'un accident, alors que Nikola n'avait que cinq ans, rendant ainsi toute comparaison entre les deux très difficile. Les parents furent dévastés par la perte de leur premier né, accablés par le chagrin et les regrets alors qu'ils avaient idéalisé ses talents et présagé d'un grand avenir pour leur garçon. De ce fait, cette situation a représenté un défi pour Nikola dans sa jeunesse.

Le jeune Nikola évolua ainsi en surhomme Tesla. Forcé de s'élever au-dessus du niveau normal avec l'envie de continuer pour son frère bien aimé disparu trop vite, mais aussi pour lui-même, afin de dépasser les grands exploits que son frère aurait pu réaliser s'il avait vécu, Tesla fit inconsciemment appel aux ressources étranges qu'il avait en lui. L'existence de ces ressources auraient pu rester insoupçonnées pendant toute une vie, comme cela arrive pour la plupart des individus, si Nikola n'avait pas ressentit la nécessité de se créer une plus grande sphère de vie.

Étant enfant, il était conscient qu'il n'était pas comme les autres garçons, que ses pensées, ses plaisirs et ses intérêts étaient différents. Il pouvait faire ce que les autres enfants de son âge faisaient, mais aussi beaucoup de choses qui leur étaient impossibles. Ce sont ces dernières qui le captivaient le plus, et il ne trouvait aucun compagnon de jeu qui partagerait son enthousiasme. Cela le fit s'isoler des autres enfants, et lui fit comprendre qu'il était destiné à avoir une place spéciale, voire à faire de grandes choses dans la vie. Son esprit d'enfant explorait en permanence des domaines au-delà de son âge, et les exploits auxquels il parvenait, étaient bien souvent dignes des hommes d'âge mûr.

Bien sûr, il avait déjà fait l'expérience des petits accidents inhabituels que connaissent les enfants. L'un des premiers incidents dont Tesla se souvenait, était une chute dans un réservoir de lait bouillant, que les natifs de la région faisaient chauffer à haute température par mesure d'hygiène, anticipant le processus moderne de pasteurisation.

Peu de temps après, il se retrouva accidentellement enfermé dans une chapelle de montagne éloignée, que les gens ne visitaient qu'à intervalles très espacés. Il y passa la nuit avant que son absence ne soit remarquée et sa cachette possible, découverte.

Vivant près de la nature, où il pouvait à de nombreuses occasions observer le vol des oiseaux, qui remplissait toujours d'envie les hommes, il fit ce que beaucoup d'autres garçons avaient essayé en obtenant le même résultat. Un parapluie et de l'imagination lui apportèrent une solution au problème du vol libre dans les airs. Il fit du toit d'une grange sa plateforme de lancement. Le parapluie était grand, mais il était tellement usagé, par ses années de service, qu'il se retourna avant même que l'envol ne se fasse. Il ne se cassa aucun os, mais il avait été fortement secoué et dut passer les six semaines suivantes alité. Il était cependant très probable qu'il ait de meilleurs raisons que les autres garçons pour réaliser cette expérience. Il révéla que, durant toute sa vie, il avait ressentit une réaction particulière quand il respirait profondément. Lorsqu'il le faisait, il était alors envahi par une sensation de légèreté, comme si son corps avait perdu tout son poids, et qu'il aurait été capable, conclut-il, de voler dans les airs par la seule force de sa volonté. Mais durant son enfance, il n'a pas appris que c'était pour cette raison qu'il était différent.

Un jour, alors qu'il avait cinq ans, un de ses copains reçut en cadeau une canne à pêche, et tous les garçons du groupe décidèrent d'aller pêcher. Cependant, ce jour-là, il s'était brouillé avec ses amis pour une raison quelconque. On lui avait alors dit qu'il ne pouvait pas les accompagner. On ne lui avait même pas autorisé à voir la canne à pêche de près. Mais il était parvenu malgré tout à distinguer la forme d'un hameçon accroché au bout d'un fil. Il fabriqua alors en un rien de temps sa propre version d'un hameçon. Il n'avait cependant pas pensé à introduire une pointe sur celui-ci et n'était pas parvenu à développer la théorie de l'utilisation d'appâts, quand il s'en alla pêcher tout seul. L'hameçon sans appât n'attirait aucun poisson, mais, à sa grande surprise et pour son plus grand plaisir, alors que l'hameçon se balançait dans les airs, il piégea une grenouille qui sauta dessus. Il rentra alors chez lui avec un sac de près de deux douzaines de grenouilles. Peut-être qu'il n'y avait pas de poisson à attraper ce jour-là, en tout cas, ses copains sont rentrés bredouille de leur excursion, malgré l'utilisation d'une véritable canne à pêche. Son triomphe était total. Quand il dévoila plus tard sa technique, tous les garçons du quartier copièrent son hameçon et sa méthode. En peu de temps, la population de grenouilles de la région s'en trouva fortement diminuée.

Tesla avait toujours été très curieux de ce que contenaient les nids d'oiseaux. Il ne dérangeait que rarement leurs contenus ou ses occupants. Une fois, cependant, il escalada une paroi rocheuse pour aller étudier le nid d'un aigle, et il en ramena un aiglon qu'il garda enfermé dans une grange. Un oiseau qui, lorsqu'il était en plein vol, était une cible à la hauteur de son talent reconnu au lance-pierre.

A la même époque, il s'intéressa à un morceau de tube creux provenant d'une canne qui poussait dans les environs. Il le façonna jusqu'à le transformer en sarbacane, puis en fabriquant un piston et en bourrant l'une des extrémités du tube avec un bouchon de chanvre humide, il en fit un pistolet à bouchon. Il entreprit alors de produire des pistolets plus grands, et il réussit à en fabriquer un dont l'extrémité du piston était maintenue contre la poitrine et le tube était tiré énergiquement vers le corps. Il se livra à la fabrication de plusieurs exemplaires pour ses copains, tel un petit homme d'affaires de cinq ans. Mais quand un certain nombre de vitres se retrouvèrent accidentellement brisées car elles se trouvaient sur la trajectoire de son bouchon de chanvre, ses inclinaisons créatrices dans ce domaine furent rapidement réfrénées par la destruction des pistolets et les fortes réprimandes des parents.

Tesla débuta son éducation formelle avant d'avoir atteint son cinquième anniversaire, en allant à l'école du village de Smiljan. Quelques années plus tard, son père fut nommé comme pasteur de l'église se situant dans la ville voisine de Gospic, toute la famille partit donc s'y installer. Ce fut un triste jour pour le jeune Nikola. Jusque-là, il avait toujours vécu près de la nature et adorait la campagne et les hautes montagnes. Le brusque changement vers une ville au caractère artificiel a été un grand choc pour lui. Il n'était pas en harmonie avec son nouvel environnement.

Son arrivée, à l'âge de sept ans, dans la vie urbaine de Gospic débuta d'un bien mauvais pied. En tant que nouveau pasteur de la ville, son père tenait beaucoup à ce que tout se passe bien. Tesla était tenu de porter son plus beau costume et d'assister à la messe du dimanche. Bien entendu, il redoutait cette épreuve et fut très heureux quand on lui demanda d'aller sonner la cloche appelant les fidèles à la messe et annonçant la fin des cérémonies. Cela lui donna l'occasion de rester caché dans le clocher pendant que les paroissiens, leurs filles et leurs fils arrivaient puis repartaient.

Lors de ce premier dimanche, pensant qu'il avait attendu assez longtemps après la fin du service pour que l'église fût vide, il se mit à descendre les escaliers, trois marches à la fois. Une riche paroissienne qui portait une jupe avec une longue traîne qui balayait élégamment le sol et qui était venue au service accompagnée d'un cortège de serviteurs, était restée dans l'église pour discuter avec le nouveau pasteur. Elle était en train de prendre congé en grande pompe, lorsque Tesla, qui sautait au bas des marches, atterrit sur la traîne, déchirant par là-même cet appendice qui préservait la dignité de la robe de la femme. L'humiliation et la rage de celle-ci, ainsi que la colère de son père s'abattirent sur lui en même temps. Les paroissiens qui se tenaient à l'extérieur accoururent pour admirer le spectacle. Par la suite, personne n'osa être agréable envers cet enfant qui avait mis en rage la riche douairière qui tyrannisait la communauté sociale. Il fut pratiquement exclu par les paroissiens, et il en fut ainsi jusqu'à ce qu'il se rachète de manière spectaculaire.

Tesla se sentait étranger et abattu du fait de son ignorance des mœurs urbaines. Il a tout d'abord évité la situation, ne souhaitant pas sortir de chez lui. Les garçons de son âge étaient toujours très bien habillés, de vrais dandys, et il ne se sentait pas à sa place. Même quand il était enfant, Tesla prenait toujours grand soin de sa tenue. Mais dès qu'il en avait l'occasion, il enfilait des vêtements de travail par dessus ses beaux vêtements et allait se promener dans les bois ou faire de la mécanique. Il lui était impossible de jouir pleinement de la vie s'il devait se limiter aux activités qui lui demandaient de porter une tenue convenable. Toutefois, Tesla était un jeune homme plein d'ingéniosité et rares étaient les situations dans lesquelles il n'était pas en mesure de l'exprimer. Il possédait aussi des connaissances sur la nature, ce qui lui conférait un net avantage par rapport aux autres garçons de la ville.

Environ un an après que la famille ait emménagé à Gospic, un nouveau corps de pompiers fut formé. Il devait être équipé d'une pompe qui remplacerait le système de « chaîne humaine », utile mais cependant insuffisant. Les nouveaux membres du corps obtinrent des uniformes aux couleurs vives et travaillaient leur parade pour les défilés. La nouvelle pompe finit par arriver. Il s'agissait d'une pompe manuelle qui devait être actionnée par seize hommes. Un défilé et une démonstration de l'appareil furent organisés. Toute la ville de Gospic, ou presque, était présente pour l'occasion et se rendit sur les berges pour assister à la démonstration de la pompe. Tesla faisait partie du cortège. Il n'avait d'yeux que pour l'appareil peint de couleur vive et n'écoutait pas les discours prononcés. Il ignorait son fonctionnement, mais il aurait adoré le démonter et étudier ce qu'il y avait à l'intérieur.

L'heure de la démonstration sonna lorsque le dernier orateur termina son discours d'hommage et donna l'ordre de débuter l'opération de pompage qui enverrait un jet d'eau dans les airs. Les huit hommes placés de chaque côté de la pompe se baissaient et se levaient en rythme alterné, lorsqu'ils soulevaient et abaissaient les barres qui actionnaient les pistons de la pompe. Mais rien ne se passa, pas une goutte d'eau ne sortit de l'embout !

Les représentants de la compagnie commencèrent fébrilement à faire des ajustements, et après chaque nouveau réglage, ordonnaient aux seize hommes de recommencer leurs mouvements de bas en haut en tenant les poignées de la pompe. Mais à chaque fois, rien ne se passait. Les lignes de tuyau qui reliaient la pompe à l'embout furent redressées, débranchées de la pompe puis rebranchées. Mais l'eau ne sortait toujours pas de l'embout du tuyau pour récompenser les efforts des pompiers en sueur.

Tesla faisait partie de ce groupe de gamins qu'on voit partout lors de tel rassemblement et qui parviennent toujours à se faufiler au premier rang de la foule. Il essayait de voir tout ce qu'il se passait en se rapprochant le plus possible, et sans doute tapait-il sur les nerfs des représentants déjà irrités, frustrés par leurs efforts répétés qui restaient infructueux. Alors que l'un d'eux se retournait pour la énième fois pour évacuer sa frustration sur les enfants et leur ordonner de s'éloigner de son champ d'action, Tesla lui attrapa le bras.

« Monsieur, je sais ce qu'il faut faire. Continuez à pomper », dit-il.

Se précipitant vers la rivière, Nikola retira rapidement ses vêtements et plongea dans l'eau. Il nagea jusqu'au tuyau d'aspiration qui était censé pomper l'eau de la rivière. Il était tout emmêlé, de sorte que l'eau ne pouvait pas y rentrer, et aplati à cause du vide qu'avait créé l'action de pompage. Quand il défit le nœud, l'eau s'engouffra dans le tuyau. Les hommes qui s'occupaient du tuyau étaient restés à leur poste un long moment. On leur avait recommandé de se tenir prêt à chaque nouveau réglage, mais comme rien ne se passait, ils avaient relâché peu à peu leur attention et se souciaient peu de la direction dans laquelle pointait le tuyau. Lorsque le jet d'eau s'éleva enfin vers le ciel, l'eau retomba sur l'assemblée des représentants et des villageois. Ce spectacle inattendu mit la foule, qui se tenait de l'autre côté de la ligne, vers la pompe, en émoi. Laissant libre cours à leur joie, ils saisirent le jeune Nikola, à peine vêtu, et le firent monter sur les épaules de deux des pompiers, d'où il prit la tête d'un cortège qui fit le tour de la ville. Nikola Tesla, sept ans, était le héros du jour.

Plus tard, Tesla expliqua l'incident. Il déclara qu'il n'avait absolument pas la moindre idée du fonctionnement de la pompe, mais qu'après avoir observé les hommes batailler avec celle-ci, il eut une illumination qui lui disait d'aller voir le tuyau dans la rivière. « Avec le recul », dit-il, « je sais ce qu'a dû ressentir Archimède quand, après avoir découvert la poussée d'Archimède, il se mit à courir nu dans les rues de Syracuse en s'écriant Eurêka ! »

Grâce à son ingéniosité, Tesla avait, à l'âge de sept ans, goûté au plaisir des acclamations de la foule. Et il avait en plus réalisé quelque chose que ni ces dandys, les garçons de son âge de la ville, ni même leurs pères n'auraient été capables de faire. Il s'était enfin trouvé. Il était devenu un héros, on pouvait donc oublier qu'il avait un jour sauté sur la jupe d'une dame et qu'il en avait déchiré la traîne.

Tesla ne perdait jamais une occasion d'aller faire des randonnées dans les montagnes avoisinantes, où il pouvait à nouveau profiter des plaisirs de ses jeunes années passées en communion avec la nature. Lors de ses excursions il se demandait souvent si la roue à aubes rudimentaire qu'il avait fabriquée et installée alors qu'il n'avait pas encore cinq ans, située de l'autre côté du ruisseau de montagne, près de son domicile à Smiljan, était toujours en fonctionnement.

La roue était composée d'un disque pas très lisse qui avait été découpé dans un tronc d'arbre d'une quelconque exploitation forestière. En son centre, il avait découpé un trou dans lequel il avait inséré une branche d'arbre à peu près droite, il reposa les extrémités de celle-ci sur deux bâtons qui se terminaient en fourche et qu'il avait plantés dans la roche sur les deux rives du ruisseau. Cette disposition permettait à la partie inférieure du disque d'être immergée dans l'eau et au courant du ruisseau de faire tourner la roue. Pour le jeune garçon, la construction de cet ancien mécanisme avait demandé beaucoup d'originalité. La roue vacillait un peu, mais pour lui c'était un chef d'œuvre de construction, et il ne se lassait pas de regarder le ruisseau alimenter sa roue.

Cette expérience avait incontestablement laissé une marque indélébile sur son jeune esprit synthétique, et lui avait transmis le désir, que l'on retrouve par la suite dans chacune de ses œuvres, de se procurer de l'énergie à partir des ressources inépuisables de la Nature.

C'est dans ce disque lisse de roue à aubes, que l'on peut distinguer un avant-goût de sa future invention : la turbine de Tesla, une turbine possédant un jeu de disques lisses. Il découvrit plus tard que toutes les roues hydrauliques étaient normalement dotées de pales, mais que celle qu'il avait construite fonctionnait sans.

La première expérience de Tesla sur les méthodes originales de production d'énergie fut réalisée quand il avait neuf ans. A défaut d'autre chose, elle prouvait son ingéniosité et son inventivité. Il s'agissait d'un moteur actionné par seize insectes. Il avait prit deux morceaux de bois, aussi fins que des cure-dents, mais beaucoup plus longs, qu'il avait collés ensemble pour former une croix, de sorte qu'ils ressemblaient aux ailes d'un moulin à vent. Au point d'intersection, ils étaient collés à un axe fait d'un autre morceau de bois fin. Sur celui-ci, il glissa une très petite poulie, dont le diamètre n'excédait pas celui d'un pois. Un bout de ficelle, qui servait de courroie de transmission, passait par dessus et aussi autour de la circonférence d'une poulie, beaucoup plus grande mais légère, qu'il avait placée sur un autre axe fin. L'énergie pour faire fonctionner cette machine était fournie par seize hannetons. Il en avait ramassé un plein bocal, ces insectes étant des nuisibles dans le voisinage. Avec un peu de colle, il plaça sur les quatre ailes de son moulin de fortune, quatre insectes orientés dans la même direction. Les insectes se mirent à battre des ailes et, s'ils avaient été libres, ils se seraient envolés à grande vitesse. Mais, en l'occurrence, comme ils étaient collés aux bras de la croix, leurs battements d'ailes les faisaient tourner très rapidement. Ces derniers, étant connectés par une courroie en ficelle à la grande poulie, faisaient tourner cette dernière lentement. Mais d'après les observations de Tesla, son invention développait un couple, ou puissance de rotation, étonnamment élevé.

Fier de son moteur à insectes et de son fonctionnement continu, les insectes ont continué à voler pendant des heures, il invita un des garçons du voisinage à venir admirer sa création. Il s'agissait du fils d'un officier de l'armée. Il fut amusé par le moteur à insectes pendant un temps, puis il remarqua le bocal contenant les hannetons qu'il n'avait pas utilisé. Il ouvrit alors le pot sans hésitation, attrapa les insectes, et les mangea. Tesla en fut tellement dégouté qu'il chassa l'enfant de sa maison et détruisit son moteur à insectes. Pendant des années, il ne put supporter la vue d'un hanneton sans se remémorer cette sensation désagréable.

Il fut très contrarié par cet incident. En effet, Tesla avait prévu d'ajouter d'autres axes à l'arbre, et d'y coller d'autres insectes jusqu'à ce qu'il obtienne un moteur alimenté par plus d'une centaine de hannetons.

DEUX

Les années d'école de Tesla furent davantage marquées par les activités dont il avait pris part après les heures de cours, que par ce qu'il apprenait en classe. À l'âge de dix ans, Tesla, qui avait terminé ses études élémentaires à l'école normale, intégra le lycée de la ville de Gospic. Il était fréquent qu'à cet âge-là les enfants entrent au lycée, cette école correspondant plus à nos écoles du secondaire et à nos collèges qu'à nos universités.

Un des critères exigés était le dessin à main levée. Tout au long des quatre années d'études, un pourcentage exceptionnellement élevé d'heures de cours était dévolu à cette matière. Tesla détestait cette matière, presque au point de se rebeller ouvertement. En conséquence de quoi ses notes étaient très faibles, mais en aucun cas, cela n'était dû à un manque de capacité de sa part.

Quand il était enfant, Tesla était gaucher mais devint par la suite ambidextre. Être gaucher représentait un réel handicap pour les cours de dessin. Tesla aurait pu fournir de meilleurs travaux que ceux qu'il fournissait déjà, et il aurait eu de meilleures notes s'il n'avait pas fait preuve de générosité. Un élève que Tesla aurait pu surpasser en cours de dessin travaillait dur afin d'obtenir une bourse. Dût-il se voir attribué de mauvaises notes, cet élève aurait été incapable de décrocher la bourse qu'il convoitait. Tesla chercha à aider son camarade en faisant exprès d'obtenir les plus mauvaises notes de la classe.

Les mathématiques étaient sa matière préférée et il se démarquait dans ce domaine. Néanmoins, sa connaissance inhabituelle de ce domaine n'était pas suffisante pour compenser son manque d'intérêt pour le dessin. Un don particulier lui permettait d'exercer des exploits formidables en mathématiques. Il possédait ce pouvoir depuis sa plus tendre enfance et l'avait considéré comme une gêne. Il essaya de s'en débarrasser car c'était un problème indépendant de sa volonté.

Si un objet lui venait à l'esprit, il apparaissait devant lui sous forme solide et compacte. En effet, ces visions détaillaient si bien les caractéristiques d'objets réels que s'en était difficile pour lui de faire la différence entre la vision et la réalité. Cette faculté surnaturelle s'était avérée très utile pour ses devoirs de mathématiques.

Si on lui donnait un problème d'arithmétique ou d'algèbre, cela lui était égal de devoir aller au tableau ou de rester à sa place pour le résoudre. Son étrange faculté lui permettait de visualiser un tableau sur lequel le problème était écrit. Dessus, apparaissaient également toutes les opérations et tous les symboles qui étaient nécessaires pour trouver la solution. Chaque étape se voulait plus rapide que s'il avait dû utiliser son ardoise pour résoudre le problème à la main. Par conséquent, il pouvait donner la réponse avant même que le problème ne soit entièrement posé.

Au début, ses professeurs doutaient de son honnêteté, pensant qu'il les avait délibérément et intelligemment dupés dans le but d'obtenir les bonnes réponses. En temps voulu, leur scepticisme disparu et ils acceptèrent le fait qu'il possédait des capacités peu communes pour le calcul mental. Il ne voulait dévoiler son pouvoir à personne et en discutait seulement avec sa mère qui, par le passé, l'avait encouragé lorsqu'il avait essayé de s'en débarrasser. Néanmoins, maintenant que le pouvoir avait montré une certaine utilité, il n'était pas si pressé de s'en séparer complètement car il voulait apprendre à le maîtriser totalement.

Le travail que Tesla effectuait en dehors des heures de cours l'intéressait beaucoup plus que son travail scolaire. Il lisait vite et avait une capacité de mémorisation presque infaillible. Cela lui parut simple d'apprendre des langues étrangères. En plus de sa langue natale, le serbo-croate, il était devenu un expert en allemand, français et italien. Cela lui permit d'acquérir encore plus de connaissances, auxquelles les autres élèves n'avaient pas accès. Pourtant, cette connaissance lui était apparemment, peu utile dans son travail scolaire. Il s'intéressait à la mécanique mais l'école ne fournissait aucune classe de travaux pratiques. Néanmoins, il excella dans la maîtrise du bois et des métaux, à l'aide d'outils et de méthodes qu'il avait développés lui-même.

Des modèles de roues hydrauliques étaient exposés dans l'une des salles de classes supérieures du lycée. Elles ne fonctionnaient pas mais avaient toutefois suscité l'intérêt de Tesla. Elles lui rappelaient la modeste roue qu'il avait construite dans les hauteurs de Smiljan. Il avait vu des photos des magnifiques chutes du Niagara. Le couplage des possibilités de puissance présentées par les majestueuses chutes d'eau avec celles fascinantes qu'il avait remarquées dans les modèles de roues hydrauliques, éveilla en lui la passion d'accomplir de grandes choses. Parlant du sujet avec éloquence, il dit à son père, « Un jour, j'irai en Amérique et exploiterai les chutes du Niagara pour qu'elles fournissent de l'électricité. » Trente ans plus tard, cette prédiction se réalisa.

Dans la bibliothèque de son père, il y avait énormément de livres. Le savoir que lui apportaient ces livres l'intéressait plus que celui qu'il recevait à l'école, et il souhaitait passer ses soirées à les lire. Comme dans bien d'autres domaines, il s'y engagea jusqu'à l'extrême, si bien que son père lui interdit la lecture de ces livres, craignant qu'il se ruine les yeux à la faible lumière fournie par des bougies utilisées pour éclairer. Nikola contourna l'interdiction en emportant des bougies dans sa chambre et en lisant une fois qu'on l'eut envoyé se coucher. Très vite, sa désobéissance fut découverte et la réserve en bougies de la famille fut cachée. Alors, il façonna un moule à bougie sur un morceau d'étain et se mit à en fabriquer lui-même. Ensuite, après avoir bouché le trou de la serrure et les fentes autour de la porte, il était capable de passer des heures entières, la nuit, à lire des volumes qu'il avait dérobés sur les étagères de la bibliothèque de son père. Souvent, déclara-t-il, il passait la nuit entière à lire sans ressentir les effets du manque de sommeil. Cependant, il finit par être découvert et la discipline paternelle fut extrêmement renforcée. À l'époque, il devait être âgé de onze ans.

Comme les autres garçons de son âge, il jouait avec un arc et des flèches. Il fabriqua de plus gros arcs et de meilleures flèches, plus souples. Son habilité au tir était excellente. Mais il ne voulut pas s'arrêter là et se mit à construire des arbalètes. On pourrait les décrire comme étant l'artillerie lourde des archers. L'arc est monté sur un fût sur lequel une corde est bandée et maintenue par un puissant ressort, lui-même relié à une gâchette. La flèche est posée au milieu du fût, son extrémité positionnée contre la corde tendue. L'arbalète se tient horizontalement, contrairement aux sessions de tirs à l'arc traditionnels où celui-ci se tient verticalement. C'est pour cette raison que l'arme est parfois tout simplement appelée arc. Quand on se prépare à tirer avec une arbalète, le balancier est positionné sur l'abdomen et la corde doit être tendue. Cela requiert l'utilisation de toutes ses forces. Tesla déclara l'avoir fait tellement souvent que sa peau, au niveau du point de pression, était devenue calleuse jusqu'à ressembler à de la peau de crocodile. Quand il tirait dans les airs, il ne retrouvait jamais les flèches, elles étaient hors d'atteinte. À courte distance, les flèches pouvaient traverser une planche de pin de 2,5 cm d'épaisseur.

Tesla prit plus de plaisir à pratiquer le tir à l'arc que les autres garçons. Il s'imaginait chevauchant ces flèches qu'ils avaient tirées au loin vers la voute céleste. Ce sentiment d'euphorie qu'il avait lorsqu'il inspirait profondément lui procurait un tel sentiment de légèreté qu'il se convainquit que, dans cet état, il lui serait relativement facile de voler dans les airs s'il était capable de développer une quelconque aide mécanique qui le propulserait et lui permettrait de soulever ce qu'il croyait seulement être un léger reste du poids de son corps. Son précédent saut désastreux, du toit de la grange, ne l'avait pas désabusé. Ses conclusions rejoignaient ses sensations mais, on ne peut blâmer avec trop de sévérité un jeune homme de douze ans qui explore seul ce domaine difficile et ne sait pas que nos sens nous trompent parfois, ou plutôt que nous nous trompons parfois nous-mêmes dans l'interprétation de ce que nos sens nous disent.

Respirant profondément, il surchargea ses poumons et expulsa une partie du dioxyde de carbone résiduel, à savoir les « cendres » chimiques, largement inertes, qu'il remplaça par de l'air contenant un mélange équilibré d'azote inerte et d'oxygène très actif. Ce dernier, présent en proportions anormales, commença immédiatement à bouleverser l'équilibre chimique du corps entier. La réaction produite sur le cerveau ne diffère pas beaucoup des effets d'une intoxication due à l'alcool. Un certain nombre de cultes utilise cette procédure afin d'induire des gens à des expériences « mystiques » ou « occultes ». Comment un garçon de douze ans pouvait savoir toutes ces choses ? Il voyait que les oiseaux étaient doués pour voler. Convaincu qu'un jour l'homme volerait, il voulait créer la machine qui lui permettrait de s'élever dans les airs.

Sa grande idée lui est apparue quand il apprit l'existence du vide, un espace à l'intérieur d'un récipient dans lequel l'air avait été épuisé. Il apprit que chaque objet exposé à l'air libre était sujet à une pression d'environ 6,7 hectopascals, alors que les objets sous vide, aucune. Il comprit qu'une pression de 6,7 hectopascals devrait être en mesure de faire tourner un cylindre à grande vitesse et qu'il pourrait s'arranger pour exploiter les avantages d'une telle pression, en entourant une moitié de la surface du cylindre avec du vide et en laissant l'autre moitié exposée à la pression de l'air. Il construisit soigneusement une boîte en bois. À une extrémité, se trouvait une ouverture où un cylindre avait été placé avec un degré de précision très élevé, de façon à ce que la boîte soit hermétique. Sur un côté du cylindre, le bord de la boîte formait un angle droit. De l'autre côté de celui-ci, la boîte formait une tangente. Tesla avait créé un tel aménagement car il voulait que la pression de l'air soit consentie au niveau de la tangente, sur la surface du cylindre. Il savait que cet élément était nécessaire afin de créer une rotation. S'il pouvait faire en sorte que ce cylindre tourne, tout ce qu'il aurait à faire pour voler serait d'attacher une hélice à un axe du cylindre, de sangler la boîte à son corps et d'obtenir une puissance continue de cette boîte, ce qui le soulèverait dans les airs. Évidemment, sa théorie était erronée mais, à l'époque, il n'avait aucun moyen de le savoir.

La fabrication de cette boîte relevait sans aucun doute d'un ordre supérieur, étant donné qu'elle avait été faite par un mécanicien autodidacte de douze ans. Quand il relia sa pompe à vide, une simple pompe à air avec les valves inversées, il constata que la boîte était hermétique. Il expulsa donc tout l'air présent en regardant attentivement le cylindre. Rien ne se produisit pendant de nombreux coups de pompe, si ce n'est lui donner un mal de dos, à force de tirer la poignée de la pompe vers le haut, pendant qu'il était en train de créer le vide le plus « puissant » qui soit. Il se reposa un instant. Il commença à respirer profondément, sous l'effort, surchargeant ses poumons, et eut ce sentiment heureux, vertigineux, d'être aussi léger que l'air, ce qui constituait un environnement mental extrêmement satisfaisant pour son expérience.

Soudain, le cylindre se mit à tourner, doucement. Son expérience était un succès ! Sa boîte marchait ! Il pourrait voler !

Tesla était fou de joie. Il devint extatique. Il n'avait personne avec qui partager cette joie car il n'avait mis personne dans la confidence. C'était son secret et il était contraint d'endurer cette joie tout seul. Le cylindre continuait de tourner doucement. Ce n'était pas une hallucination. C'était réel. Toutefois, la vitesse de rotation n'augmenta pas et ce fut assez décevant. Il l'avait imaginé tournant à toute vitesse alors qu'en réalité, le cylindre tournait vraiment très doucement. Au moins, il se dit tout de même que son idée était bonne. Avec un peu plus de maîtrise, il pourrait peut-être faire en sorte que le cylindre tourne plus vite. Captivé, il se releva, regarda son invention tourner à la vitesse d'un escargot pendant moins de trente secondes avant de s'arrêter. Cela rompit le charme et mit fin, pendant un temps, à ses évasions mentales aériennes.

Il chercha quel était le problème et localisa rapidement ce qu'il savait, avec certitude en être la cause. Il énonça que, puisque le vide était la source d'énergie, s'il n'y avait plus d'énergie, c'était parce que le vide avait disparu. Il était sûr que sa pompe devait laisser filtrer l'air. Il souleva la poignée. Elle se retira facilement, ce qui signifiait très certainement qu'il avait perdu du vide dans la boîte. Encore une fois il expulsa l'air ; et encore une fois, lorsqu'il atteignit un vide poussé, le cylindre commença à tourner doucement et continua encore pendant quelques secondes. Quand il s'arrêta, Tesla pompa à nouveau l'air et le cylindre se remit à tourner. Cette fois-ci, il continua de pomper et le cylindre continua de tourner. Il pouvait le maintenir ainsi aussi longtemps qu'il le voulait en continuant à pomper.

Pour autant qu'il sache, rien ne clochait avec sa théorie. Il examina la pompe avec beaucoup d'attention, réalisant des améliorations qui pourraient lui donner un vide poussé, et il étudia la valve afin de créer une meilleure protection pour le vide à l'intérieur de la boîte. Il travailla sur ce projet des semaines durant mais, en dépit de ses meilleurs efforts, il ne parvenait pas à obtenir de meilleurs résultats que le léger mouvement du cylindre.

La vérité finit par le frapper de plein fouet. Il perdait le vide dans la boîte car l'air fuyait tout autour du cylindre du côté où la surface plate était tangente à la surface du cylindre. Tant que l'air s'infiltre dans la boîte, le cylindre tourne très lentement. Dès que l'air cesse d'entrer, le cylindre s'arrête de tourner. Il savait désormais que sa théorie était fausse. Il avait supposé que, même avec le vide maintenu et l'air ne s'échappant pas, la pression de l'air serait exercée sur la tangente à la surface du cylindre. La pression produirait un mouvement, de la même façon que, pousser sur le bord d'une roue revient à faire tourner celle-ci. Cependant, Tesla découvrit plus tard que la pression de l'air est exercée perpendiculairement à la surface du cylindre, tout comme la direction des rayons d'une roue. Et par conséquent, ne pourrait être utilisé pour créer une rotation comme il l'avait envisagé.

Néanmoins, cette expérience ne fut pas une totale perte de temps même si cela l'avait grandement affecté. Savoir que l'air qui s'infiltrait dans le vide avait effectivement crée une légère rotation du cylindre, lui était resté en tête et l'avait directement conduit, bien des années plus tard, à son invention : la turbine de Tesla. Cet engin à vapeur qui battra tous les records de puissance développés par unité de masse — ce qu'il appelait « une centrale électrique condensée dans un chapeau ».

La nature semblait constamment mettre en scène des démonstrations spectaculaires pour le jeune Tesla, lui révélant un aperçu du secret de sa force incommensurable.

Par une journée d'hiver, Tesla se baladait en montagnes avec quelques amis. C'était le lendemain d'une tempête et la neige était humide et collante. Une petite boule de neige roula sur le sol et son volume augmenta rapidement car elle amassait de la neige et devint vite trop grosse pour être déplacée facilement. Lassés de faire des bonhommes et des maisons de neige à même le sol, les garçons prirent des boules de neige qu'ils lancèrent le long la pente de la montagne. La plupart d'entre elles étaient ratées — c'est-à-dire qu'elles étaient freinées par la neige fraîche avant même d'avoir accumulées plus de volume. Certaines roulèrent sur une longue distance, s'élargirent, puis s'enlisèrent et s'arrêtèrent. Une des boules en revanche, rencontra les bonnes conditions. Elle roula jusqu'à bien s'élargir, accumulant de la neige de tous les côtés comme si elle dévalait un tapis géant. Soudain, elle se transforma en avalanche. Très rapidement, un immense amas de neige dévalait la pente raide. Elle emporta tout sur son passage, la neige, les arbres, la terre et tout ce qui se trouvait devant elle et qu'elle pouvait emmener. L'impressionnante masse atterrit dans la vallée, un peu plus bas, en un bruit sourd qui secoua toute la montagne. Les garçons prirent peur car il y avait toujours de la neige au-dessus d'eux qui aurait très bien pu se transformer en éboulement, les emportant à leur tour, ensevelis à l'intérieur.

Cet événement marqua profondément Tesla et domina la majeure partie de ses pensées dans les années à venir. Il avait vu une boule de neige, d'à peine quelques grammes se transformer en un déplacement destructeur de milliers de tonnes de matières inertes. Cela le convainquit qu'il existait d'immenses forces enfermées dans la nature pouvant libérer de gigantesques quantités, pouvant servir des buts tout aussi utiles que dévastateurs, en utilisant de petites forces de déclenchement. Dans ses futures expériences, il sera toujours, et constamment, à l'affût de tels déclencheurs.

Même lorsqu'il était enfant, Tesla était un penseur original et il n'avait jamais peur de voir les choses en grand, portant chaque projet jusqu'à son paroxysme dans le but d'exploiter le cosmos, ce que va démontrer un événement qui eut lieu l'été suivant. Il vagabondait seul dans les montagnes lorsque des nuages orageux envahirent le ciel. Il y eut un éclair et presque aussitôt un déluge de pluie s'abattit sur lui.

En cette occasion, une pensée, qu'il allait pratiquement garder avec lui jusqu'à la fin de vie, s'implanta dans son esprit de jeune homme de treize ans. Il remarqua que l'éclair avait précédé la pluie torrentielle, il en conclut donc que celui-ci était l'élément déclencheur. L'idée se dessina clairement dans son esprit, l'électricité contrôlait la pluie, et si on pouvait produire un éclair quand bon nous semble, on pourrait contrôler la météo. Alors, il n'y aurait plus de périodes de sécheresse pendant lesquelles les récoltes seraient ruinées. Les déserts se transformeraient en parcelle viticole, l'approvisionnement en nourriture du monde serait grandement augmenté et personne n'en manquerait. Pourquoi ne pourrait-il donc pas produire d'éclair ?

Les observations et les conclusions que le jeune Tesla tira, étaient dignes d'un esprit plus mûr, et il aurait fallu un génie parmi les adultes pour faire évoluer le projet de contrôler la météo mondiale grâce à de tels moyens. Cependant, son observation comportait une faille. Il avait d'abord vu l'éclair puis la pluie. Des recherches un peu plus poussées lui auraient montrées que l'ordre des événements s'inversait, un peu plus haut dans l'atmosphère. La pluie arrivait d'abord dans le nuage, et l'éclair ensuite. Toutefois, c'est l'éclair arrivait en premier. Il descendait du nuage en moins de 0,00001 secondes alors qu'il fallait quelques secondes de plus aux gouttes de pluie pour arriver jusqu'au sol.

À cette époque, l'idée d'un projet, s'implanta dans l'esprit de Tesla. Elle y germa pendant plus de trente ans, jusqu'au jour où, dans les montagnes du Colorado, il finit par créer quelques éclairs et se dit qu'il les utilisera pour amener la pluie. Il ne réussit jamais à convaincre le Bureau américain des Brevets de l'utilité de son plan de créer de la pluie.

Enfant, Tesla ne connaissait aucune limite à son univers de pensées. De ce fait, il se construisit un espace intellectuel suffisamment large pour offrir l'espace suffisant, dans lequel son esprit plus mature pourrait opérer, sans rencontrer d'obstacles.

Tesla termina son cursus au lycée de Gospic en 1870 à l'âge de quatorze ans où il s'était distingué en tant qu'érudit. Cependant, une année, son professeur de mathématiques lui donna une note inférieure à la moyenne pour son travail annuel. Tesla ressentit de l'injustice et alla voir le directeur de l'école. Il lui demanda à ce que son devoir soit soigneusement révisé. Cela fut fait en présence du directeur et du professeur, et le travail de Tesla fut validé avec une note presque parfaite.

Son excellent travail à l'école et le fait que les habitants reconnaissent qu'il possédait un éventail de connaissances plus vaste que tous les jeunes du village, amenèrent les administrateurs de bibliothèque municipale à lui demander de classer les livres en leur possession et de les répertorier. Il avait déjà lu la plupart des livres de l'immense bibliothèque de son père, il fut donc ravi d'avoir accès à une collection encore plus grande et se mit à l'œuvre avec beaucoup d'entrain. Il venait à peine de commencer qu'il fut coupé dans son élan par une longue maladie intermittente. Quand il se sentait trop faible pour aller jusqu'à la bibliothèque, il pouvait s'occuper de la quantité de livres qu'il avait emportée chez lui. Ce sont ces livres qu'il lut, alors qu'il était confiné au fond de son lit. Sa maladie atteignit un point critique et les médecins abandonnèrent tout espoir de lui sauver la vie.

Le père de Tesla savait qu'il était un enfant fragile et, ayant perdu son autre fils, il tenta de protéger celui-ci autant que possible. Il était vraiment ravi des brillants accomplissements réalisés par son fils dans presque toutes les activités qu'il avait entreprises. Néanmoins, il reconnaissait que la grande intensité avec laquelle Nikola abordait ses projets était un danger pour sa santé. Pour lui, l'attirance de Nikola pour l'ingénierie était, une évolution dangereuse car il pensait que travailler dans ce domaine lui demanderait trop d'effort. Pas seulement en raison de la nature même du travail, mais aussi à cause des nombreuses années d'études dans lesquelles il allait devoir s'engager. Cependant, si le garçon entrait au ministère, il n'aurait pas à continuer ses études au-delà du lycée dont il venait tout juste de sortir diplômé. Pour cette raison, son père préférait qu'il fasse carrière dans l'Église.

La maladie fut, en tout point, une décente aux enfers. Lorsque Nikola atteignit l'étape la plus critique de sa maladie et que sa force fut au plus bas, il ne montra aucun désir d'aller mieux et choisit de ne manifester aucun attrait pour quoi que ce soit. Il en était à ce stade de la maladie lorsqu'il jeta indifféremment un coup d'œil à un des livres de la bibliothèque. C'était un livre de Mark Twain. Il éveilla sa curiosité puis stimula sa passion pour la vie, lui permettant de traverser une crise avant de recouvrir petit à petit la santé. Tesla accrédita le livre de Mark Twain de lui avoir sauvé la vie et lorsque des années plus tard il rencontra Twain, ils devinrent des amis très proches.

À l'âge de quinze ans, en 1870, Tesla poursuivit ses études au lycée supérieur de Karlovac (Croatie), ce qui était l'équivalent de notre université. Il put entrer dans cette école grâce à une invitation faite par une cousine de son père, mariée au Colonel Brankovic, qui habitait à

Karlovac et qui lui proposa de venir vivre avec elle et son mari pendant ses études, son conjoint étant maintenant retraité de l'armée. Son temps là-bas ne fut pas des plus plaisants. À peine fut-il arrivé sur place qu'il contracta la malaria, transmise par des moustiques dans les plaines de Karlovac. Dans les années à venir, il ne se remettra jamais de la maladie.

Tesla relata que, durant les trois ans qu'il passa à Karlovac, il fut tout le temps affamé. Il y avait quantités de plats délicieux qui étaient préparés à la maison mais sa tante supposait que, sa santé n'étant pas au beau fixe, il ne devait pas manger de plats trop lourd. Son mari, un individu bougon et robuste, essayait, de temps en temps, de se racheter en lui glissant un bon morceau de viande dans son assiette. Malheureusement, le Colonel se faisait toujours surprendre par sa femme qui retirait le morceau de l'assiette et en plaçait un autre à la place, pas plus épais qu'une feuille de papier. Elle avertissait son mari, « Niko est fragile et nous devons faire attention à ne pas surcharger son estomac. »

Toutefois, ses études l'intéressaient énormément et il compléta son cursus en trois ans, au lieu des quatre requis, abordant le travail scolaire avec un enthousiasme quelque peu dangereux. C'était en partie pour lui un mécanisme d'évasion, afin de détourner son attention des conditions pas très plaisantes dans lesquelles il vivait. La dernière impression favorable que Tesla emporta avec lui de Karlovac venait de son professeur de physique, un expérimentateur qu'il le stupéfiait avec les prouesses qu'il réalisait dans l'enceinte du laboratoire. Tesla raffolait de ce cours. Désormais, il voulait consacrer tous ses efforts à l'expérimentation électrique. Il savait qu'aucun autre domaine ne lui apporterait une telle satisfaction. Il était décidé, son chemin de carrière était tout tracé.

Peu de temps avant sa remise de diplôme son père lui écrivit, lui conseillant de ne pas revenir à la maison une fois l'école fermée mais plutôt d'aller faire une longue expédition de chasse. Toutefois, Tesla était désireux de rentrer à la maison afin de surprendre ses parents avec ces bonnes nouvelles : il avait validé son cursus au lycée supérieur avec une année d'avance et avait pris la décision d'étudier l'électricité pour le reste de la vie. Grandement inquiets, ses parents qui, à cette période, faisaient d'immenses efforts pour préserver sa santé, furent deux fois plus alarmés. Premièrement, il avait désobéit à la directive lui intimant de ne pas revenir à Gospic. Ils n'en avaient pas divulgué la raison — une épidémie de choléra faisait rage. Deuxièmement, ils craignaient que son choix de carrière n'exige de dangereux efforts de la part de sa santé fragile. En retournant chez lui, il comprit qu'ils étaient totalement opposés à son plan de carrière. Cela le rendit très malheureux. En plus de ça, il allait bientôt devoir faire face à une situation encore plus révoltante que celle de démarrer une carrière dans les rangs de l'Église, à savoir le service obligatoire de trois ans dans l'armée. Ces deux puissants facteurs ne jouaient pas en sa faveur, cherchant à contrecarrer son désir brulant de démarrer immédiatement à déchiffrer le mystère du grand pouvoir de l'électricité et à le maîtriser.

Il pensait que rien ne pourrait surpasser la situation difficile dans laquelle il se trouvait. Cependant, il avait tort car bientôt, il allait se retrouver confronté à un problème bien plus sérieux. Le lendemain de son retour chez lui, au moment même où le sujet était encore sensible, il attrapa le choléra. Il était retourné chez lui sous-alimenté à cause de la quantité insuffisante de nourriture qu'il avait reçue et de l'implication immense qu'il avait mise dans ses études. De plus, il souffrait encore de la malaria. Et maintenant, il attrapait le choléra. Désormais, toutes les autres complications passèrent au second plan, il fallait s'occuper du problème principal: le maintenir en vie face à ce fléau mortel. À cause de sa condition physique, les médecins étaient désespérés de pouvoir lui sauver la vie. Néanmoins, il survécut à la crise mais celle-ci le laissa dans un état d'affaiblissement extrême. Pendant neuf mois, il resta couché, son corps ressemblant une épave. Il lui arrivait fréquemment de rechuter et chaque fois il devenait de plus en plus difficile de le ramener à bon port.

La vie ne l'épargnait pas. S'il survivait, il allait devoir intégrer l'armée. Si rien ne se produisait pour l'empêcher d'aller jusqu'au bout de cet atroce état d'esclavage, il allait devoir étudier pour entrer au ministère. Il n'avait que faire de vivre ou de mourir. Si on lui avait laissé le choix, il n'aurait pas cherché à aller mieux. Malheureusement, la décision ne lui revenait pas. Des forces dépassant son propre état de conscience lui permirent de s'en sortir. Mais, elles durent se débrouiller malgré lui et non grâce à une quelconque assistance de sa part. Les crises de rechute revenaient avec une régularité surprenante, chacune gagnant un peu plus d'ampleur. Le fait qu'il ait pu traverser la dernière releva du miracle. Maintenant, alors qu'il avait encore moins de force, il sombra dans une nouvelle crise et tomba rapidement dans l'inconscience. Son père entra dans sa chambre. Il essaya désespérément de le réveiller et de provoquer en lui un sentiment de joie et d'espoir qui aurait pu l'aider à aller mieux et faire plus que ce que les médecins pouvaient faire pour lui, mais sans résultats.

« Je pourrais aller mieux si vous me laissiez étudier l'ingénierie électrique », dit le jeune homme prostré, dans un murmure à peine audible. Il lui restait suffisamment d'énergie pour ce dernier effort. Une fois cette déclaration terminée, ce fut comme s'il avait basculé dans les profondeurs du néant. Son père, se pencha au-dessus de lui et craignant que la fin soit proche, s'empara de lui.

« Nikola », dit-il, « Tu ne peux pas partir. Tu dois rester. Tu seras ingénieur. Tu m'entends ? Tu iras dans la meilleure école d'ingénierie au monde et tu deviendras un grand ingénieur. Nikola, reviens, reviens et devient un grand ingénieur. »

Les yeux de la figure prostrée s'ouvrirent doucement. À présent, un éclat brillait au fond de ses yeux auparavant vitreux. Le visage bougea légèrement, très légèrement, mais le subtil changement provoqué par ce mouvement semblait tendre vers un sourire. Ç'en était un, un faible sourire. Et il était capable de garder les yeux ouverts, bien que cela représente un véritable supplice pour lui.

« Merci Seigneur », dit son père. « Tu m'entends Nikola, tu iras dans une école d'ingénierie et tu deviendras un grand ingénieur. Tu as compris ? »

Il n'avait pas assez d'énergie pour parler mais son sourire s'accentua un peu plus.

Une autre crise arriva, il échappa encore à la mort et il s'en fallut de peu. Son rétablissement face à cette situation tenait du miracle. Tesla relata plus tard qu'à cet instant précis, il eut l'impression de puiser l'énergie vitale de ses proches qui l'entourait. C'est ce qu'il utilisa pour se sortir de ces ténèbres.

Il était alors encore capable de murmurer faiblement, «Je vais aller mieux». Il respira, aussi profondément que son corps fatigué et frêle le lui permit, l'oxygène qu'il avait, par le passé, trouvé si stimulant. C'était la première fois qu'il le faisait depuis qu'il était tombé malade neuf mois plus tôt. À chaque inspiration, il se sentait revigoré. Il reprenait des couleurs à chaque minute.

En très peu de temps, il recommença à manger et en une semaine, il fut capable de s'asseoir. Quelques jours plus tard, il fut sur pieds. La vie allait désormais être parfaite. Il allait devenir un ingénieur en électricité. Tout ce dont il avait toujours rêvé allait se réaliser. Au fil des jours, il retrouva très rapidement ses forces ainsi que son solide appétit. C'était maintenant le début de l'été. Il allait se préparer à intégrer une école d'ingénierie dans le courant de l'automne.

Mais il avait oublié quelque chose. Tout le monde dans la famille l'avait oubliée, à cause du stress provoqué par ces mois de maladie. Cela leur revient rapidement en mémoire. Une assignation de l'armée— il devait servir pendant trois ans! Son remarquable rétablissement allait-il être ruiné par cette catastrophe qui paraissait bien pire maintenant que la carrière qu'il s'était choisie n'avait jamais été aussi proche? S'il n'y répondait pas, il irait en prison— et après ça, il lui faudrait encore effectuer son service. Comment allait-il résoudre ce problème?

Il n'y a pas de traces de ce qui s'est passé. Tesla fit abstraction de ce détail de sa carrière, en déclarant que son père lui avait recommandé de partir une année durant, pour une expédition de chasse, afin de recouvrir la santé. En tout cas, Nikola disparut. Il partit, ses vêtements de chasse sur le dos, ainsi qu'avec quelques livres et documents. Personne ne saurait dire où il passa l'année— probablement dans un refuge dans les montagnes. Dans l'intervalle, il était considéré comme fugitif par les services de l'armée.

Pour un individu ordinaire, cette situation serait prise très au sérieux. Pour Tesla, cela avait toute la gravité associée aux cas ordinaires. Sans parler du fait que la famille du côté de son père était issue d'une famille traditionnellement militaire, dont les membres avaient atteint les hauts rangs et remporté des honneurs militaires. Nombre d'entre eux étaient maintenant au service de l'Autriche-Hongrie. Pour un membre de cette famille, devenir à la fois l'équivalent d'un « réfractaire » et d'un « objecteur de conscience », pouvait porter un sérieux coup à leur image, et provoquer un scandale si cela venait à se savoir. Le père de Tesla utilisa cela et la santé fragile de Nikola comme sujets de discussion, pour persuader ses proches, employés au service de l'armée, d'utiliser leur influence pour permettre à son fils d'échapper à la conscription, et lui éviter d'être sanctionné d'avoir déserté. Apparemment, il atteignit son but, mais cela demanda un temps considérable pour que les démarches soient effectuées.

Se cachant dans les montagnes, et ayant une année à tuer, le temps de ces vacances forcées, Tesla fut capable de se livrer à l'élaboration de plans totalement fantastiques pour quelques projets de grandes envergures. Un des plans impliquait la construction et l'exploitation d'un tunnel sous-marin relayant l'Europe et les États-Unis, dans lequel on pourrait faire voyager du courrier dans des conteneurs sphériques qui avanceraient grâce à la pression de l'eau. Il réalisa rapidement en analysant ses calculs que la friction de l'eau sur les parois du tube allait nécessiter une telle quantité d'énergie pour y arriver, que cela rendrait le projet complètement irréalisable. Depuis, cependant, il n'a cessé de travailler sur ce projet, uniquement pour son propre plaisir. Il élimina la friction de ses calculs et fut alors capable de concevoir un système très intéressant de livraison du courrier à échelle intercontinental à très haute vitesse. Bien plus tard, Tesla utilisa le facteur qui avait rendu cet intéressant projet irréalisable — le tirage de l'eau le long des parois du tube — lorsqu'il inventa sa toute nouvelle turbine à vapeur.

L'autre projet avec lequel il s'amusa était encore plus surréaliste et nécessitait une imagination encore plus folle. Il conçut le projet de construire un anneau qui entourerait la Terre, au niveau de l'Equateur, et qui ressemblerait quelque peu aux anneaux de la planète Saturne. Cependant, l'anneau de la Terre allait être une structure solide alors que les anneaux de Saturne étaient faits de poussière de particules.

Tesla adorait travailler avec les mathématiques et ce projet lui donnait une excellente opportunité d'utiliser toute les techniques mathématiques à sa disposition. L'anneau que Tesla avait l'intention de créer était une structure rigide bâtie sur un immense système d'échafaudage, s'étendant tout autour de la Terre. Une fois l'anneau réalisé, l'échafaudage serait retiré et, l'anneau resterait suspendu dans l'espace et tournerait à la même vitesse que la Terre.

Tesla déclara qu'on pouvait trouver des utilités à ce projet. Si quelqu'un pouvait trouver un moyen de fournir des forces réactionnaires qui pourraient soutenir l'anneau tout en respectant l'environnement planétaire, pendant que ce dernier, placé en-dessous, tournerait à la vitesse de 1600 kilomètres par heure. Cela permettrait de fournir une plateforme de transport à haute vitesse de « rotation » qui permettrait à une personne de voyager tout autour du monde en l'espace d'un jour.

Il admit que, pour ce projet, il avait rencontré le même problème qu'Archimède qui avait déclaré, « Donnez-moi un point d'appui, et je soulèverai le monde. » « Le point d'équilibre de l'espace sur lequel repose le levier n'était pas plus accessible que la force réactionnaire exigée pour arrêter la rotation de l'hypothétique anneau autour de la Terre », avait annoncé Tesla. Il y avait un certain nombre d'autres facteurs qu'il jugeât nécessaire d'ignorer pour la réalisation de ce projet afin qu'ils n'interfèrent pas avec sa pratique des mathématiques et ses plans d'ingénierie cosmique.

Ayant recouvré la santé et tout danger de sanction par l'armée étant écarté, Tesla retourna chez lui, à Gospic et y resta quelques temps avant de partir pour Graz où il allait étudier l'ingénierie électrique, comme son père le lui avait promis. Ce moment marqua un tournant dans sa vie. Terminés les rêves et les jeux d'enfant, il était maintenant prêt à s'attaquer à la vraie vie de travailleur. Il s'était imaginé être un dieu, n'hésitant pas à remodeler la planète Terre. Le travail de sa vie allait être de créer des réalisations légèrement moins fantastiques que ses rêves d'enfant.

TROIS

Tesla entra dans l'âge adulte en sachant pertinemment que des forces sans nom le préparaient à une destinée insoupçonnée. C'était une situation qu'il se devait de ressentir, plutôt que quelque chose qu'il aurait été en mesure d'identifier et de décrire à l'aide de mots. Il ne savait pas quel était son but dans la vie, ni le chemin qu'il devait suivre, mais il savait très précisément dans quel domaine il voulait se lancer. Etant donné qu'il était au courant de l'existence de telles lois physiques, il décida de les utiliser pour s'organiser une vie à la manière d'un projet d'ingénierie, qui aurait été soumis à des principes pouvant produire le meilleur indice d'efficacité. À cette époque, il n'avait pas encore élaboré de plan de vie complet. Toutefois, il sut immédiatement qu'il n'inclurait pas certains éléments dans ses opérations. Donc, il évita toute activité et tout centre d'intérêt qui constitueraient des complications. Être dévoué à la science, c'était le but de toute une vie, et cela ne laissait de place ni aux divertissements ni à l'amour.

C'est avec cette philosophie de vie qu'en 1875, Tesla, âgé de 19 ans, alla à Graz, en Autriche, afin de faire des études d'ingénierie en électricité, à l'école polytechnique. Désormais, il avait l'intention de consacrer toute son énergie à la maîtrise de cette chose étrange, voire même de force occulte : l'électricité, ainsi qu'à l'exploiter pour le bien-être de l'humanité.

Sa première tentative de mise en pratique de cette philosophie fut presque un désastre, en dépit du fait que cela finit par fonctionner à merveille. Tesla élimina totalement les moments de détente. Il se plongea dans ses études avec tellement d'enthousiasme qu'il ne s'accordait que quatre heures de repos, au cours desquelles il ne faisait pas que dormir. Il allait se coucher à onze heures du soir et lisait pour s'endormir. Il se réveillait au petit matin, prêt à s'atteler à ses études.

À la fin de son premier trimestre, toujours avec la même organisation, il réussit ses examens dans neuf matières différentes — soit quasiment le double de ce qu'on lui demandait. Sa rigueur impressionna grandement les membres de la faculté. Le doyen de la faculté polytechnique écrivit au père de Tesla, « Votre fils est un élève de premier ordre. » Cependant, la pression affectait sa santé. Il voulait exprimer à son père toute sa gratitude, de manière spectaculaire et pratique, pour l'avoir laissé étudier l'ingénierie. Quand il retourna chez lui, à la fin de l'année scolaire, avec en poche les notes les plus élevées qui soient dans toutes les matières évaluées, il s'attendait à être accueilli avec joie par son père et à être félicité pour ses bons résultats. À la place, ses parents n'exprimèrent que peu d'intérêt pour son travail et beaucoup d'intérêt pour sa santé. Ils blâmèrent Nikola de l'avoir encore plus mise en danger, alors qu'il avait déjà failli mourir une première fois. Tesla apprit, bien des années plus tard, qu'un de ses professeurs de l'école polytechnique avait écrit à son père, au début du trimestre, lui demandant de retirer son fils de l'école car il risquait de se tuer à la tâche en se surmenant ainsi.

À son retour à l'école pour entamer sa deuxième année, il décida de limiter ses études à la physique, la mécanique et les mathématiques. Ce choix s'avéra judicieux car cela lui laissa plus de temps pour se préparer à gérer une situation qui allait arriver quelques temps plus tard, au cours de ses études, et qui allait le conduire jusqu'à sa première invention, voire même sa plus grande.

Au début de sa deuxième année, l'école reçut un appareil électronique en provenance de Paris : la machine de Gramme. Cette machine pouvait s'utiliser comme dynamo ou comme moteur. Si on l'allumait grâce à une puissance mécanique, elle produirait de l'électricité, si on l'alimentait avec de l'électricité, elle fonctionnerait comme un moteur et produisait de l'énergie mécanique. C'était une machine à courant continu.

Quand le professeur Poeschl fit une démonstration de la machine, Tesla fut grandement impressionné par sa performance, sauf sur un point — de nombreuses étincelles sont apparues au niveau du commutateur. Tesla émit plusieurs hypothèses quant à ce défaut.

« C'est inhérent à la nature des machines », répondit le professeur Poeschl. « On peut la réduire dans une large mesure, mais tant que l'on utilisera des commutateurs, cela sera toujours présent dans une certaine mesure. Tant que l'électricité circulera en un seul sens, et que l'aimant possèdera deux pôles agissant l'un et l'autre sur le courant, nous devrons utiliser des commutateurs afin de changer la direction du courant de l'armature de rotation au bon moment.»

« C'est évident », contrecarra Tesla. « La machine est limitée par le courant utilisé. Je suggère que l'on se débarrasse totalement du commutateur et qu'à la place, on utilise un courant alternatif.»

Bien avant qu'ils ne reçoivent la machine, Tesla avait étudié les théories de la dynamo et du moteur. Il était persuadé que, d'une certaine manière, le système pouvait être simplifié. Cependant, la solution au problème lui échappait, il n'était d'ailleurs pas très sûr que le problème puisse être résolu — du moins, jusqu'à ce que le professeur Poeschl fasse sa démonstration. La solution le frappa alors en un éclair.

Les batteries étaient les premières sources de courant, elles produisaient un petit flux constant. Quand l'homme chercha à produire de l'électricité à partir d'une énergie mécanique, il voulut créer le même genre de batteries : un flux constant dirigé en une seule direction. Le genre de courant qu'une dynamo produisait, lorsque des bobines de fil tournaient dans un champ magnétique, n'était pas le bon genre de courant — il circulait d'abord dans une direction, puis dans une autre. Le commutateur a été conçu comme un appareil intelligent, capable de contourner ce handicap apparent d'électricité artificielle, et de faire en sorte que le courant ressorte en un flux unidirectionnel.

L'idée qui frappa Tesla fut donc de laisser le courant ressortir de la dynamo, avec ses directions alternées de flux. Cela permettait à ce genre de courant d'alimenter le moteur, éliminant ainsi tout besoin d'utiliser les commutateurs. Bien avant Tesla, beaucoup d'autres scientifiques avaient envisagé la même chose. Dans son cas, l'idée lui était apparue avec une telle évidence qu'il savait que sa vision contenait la réponse, bonne et concrète. Il vit les moteurs et les dynamos fonctionner parfaitement sans commutateurs. Néanmoins, il ne vit pas les détails extrêmement importants et essentiels qui permettaient l'accomplissement de ce résultat tant désiré. Il avait néanmoins la certitude qu'il pouvait résoudre le problème. C'est pour cette raison qu'il n'a pas hésité à faire part de ses objections à son professeur concernant la machine de Gramme. Ce qu'il n'avait pas prévu, c'était qu'une pluie de critiques allait s'abattre sur lui.

Le professeur Poeschl s'écarta du programme qu'il avait préparé pour le prochain cours et consacra le cours suivant aux objections de Tesla. Avec une rigueur méthodique, il décortiqua la proposition de Tesla points après points et démontra son caractère impossible de manière tellement convaincante, que même Tesla en resta sans voix. Il finit son cours par cette déclaration : « Monsieur Tesla accomplira de grandes choses, mais celle-ci n'en fera pas partie. Cela reviendrait à convertir une force de traction constante, telle que la gravité, en un effort rotatif. C'est un schéma de mouvement perpétuel et par conséquent, une idée impossible. »

Tesla, bien qu'abasourdi pendant un temps, n'en était pas convaincu. Le professeur lui avait rendu un bel hommage en consacrant l'intégralité de son cours à son observation, mais comme cela était souvent le cas, le compliment était remplit de ce que le professeur espérait être une défaite écrasante pour celui vers qui il était dirigé. Toutefois, Tesla fut grandement impressionné par ses compétences. Pendant un temps, sa croyance, avec laquelle il avait cru avoir correctement interprété sa vision, faiblit. Cette dernière était aussi claire et précise que ses visions de solutions de problèmes mathématiques qui lui étaient apparues, et dont il réussissait toujours à trouver la bonne réponse. Après-tout, peut-être que dans ce cas présent, il était victime d'une hallucination auto-induite. Toutes les autres choses que le professeur Poeschl enseignait étaient solidement fondées sur des faits démontrables, alors peut-être qu'il avait raison de refuser cette idée de courant alternatif.

Cependant, au plus profond de lui-même, Tesla avait la ferme conviction que son idée était la bonne. La critique le submergea un temps, et bientôt, celle-ci remonta à la surface de son raisonnement. Peu à peu, il se convainquit que, contrairement à sa procédure habituelle, dans le cas présent, le professeur Poeschl avait simplement démontré qu'il ne savait pas comment parvenir à un résultat donné. Qu'il s'agissait là d'une faiblesse qu'il partageait avec le monde entier et que, par conséquent, il ne pouvait pas parler de ce sujet avec compétence. En plus de cela,

Tesla remarqua que la phrase finale avec laquelle le professeur Poeschl avait clôturé son argument— cela reviendrait à convertir une force de traction constante telle que la gravité, en un effort rotatif— était contredite par nature. Car n'est-ce donc pas la force de traction constante de gravité qui fait que la lune tourne autour de la Terre, et que la Terre tourne autour du soleil ?

« À cette époque, je ne pouvais démontrer ce en quoi je croyais », déclara Tesla, « mais cela m'est apparu au travers de ce que je pourrais appeler, faute de trouver un meilleur nom, l'instinct. Mais l'instinct est quelque chose qui transcende le savoir. Indubitablement, nous avons à l'intérieur de notre cerveau quelques fibres très fines qui nous permettent de percevoir la vérité. Nous ne pourrions l'atteindre au travers de déductions logiques et il serait inutile d'essayer d'y parvenir par la bonne volonté de la pensée. »

Sa confiance et son assurance retrouvées, Tesla s'attaqua au problème avec un regain de vigueur. Aujourd'hui, son pouvoir de visualisation— cette capacité qu'il avait à se représenter en tant qu'objets solides, les choses qu'il imaginait dans son esprit et qu'il considérait comme une grande gêne durant son enfance— s'avérait être d'une grande aide, dans sa tentative de lever le voile sur ce problème. Il balaya d'un revers le triomphe intellectuel de son professeur, et s'attaqua au problème de façon méthodique.

Dans son esprit, il construisait machine après machine. Comme il se les représentait devant lui, il pouvait retracer avec son doigt les divers circuits à travers l'armature et les bobines de champ, et il pouvait suivre l'évolution des courants qui changent rapidement. Mais il ne put, en aucun cas, produire la rotation recherchée. Il passa pratiquement tout le reste du trimestre à tenter de résoudre ce problème. Il avait passé tellement d'examens lors de son premier trimestre que maintenant, au cours du second, il avait énormément de temps à consacrer à la résolution de ce problème.

Néanmoins, il semblait qu'il était voué à échouer sur ce projet. Le trimestre touchait à sa fin et il n'était toujours pas plus avancé sur la solution du problème qu'au tout début. Sa fierté en avait pris un coup et il était sur la défensive. Il ne savait pas encore que, plus tard, les échecs apparents de ses expériences mentales et en laboratoire, allaient lui servir de matière première pour une vision qui allait bientôt lui apparaître.

Pendant qu'il était à Graz, un changement radical s'opéra dans le mode de vie de Tesla. Lors de sa première année, il avait agi tel un glouton intellectuel, surchargeant son esprit et ce faisant, détruisant pratiquement sa santé. Lors de sa deuxième année, il s'autorisa plus de loisirs et prit plus de temps pour digérer la nourriture intellectuelle qu'il ingérait. Vers cette époque, il se lança dans les jeux de cartes afin de se détendre. Ses processus mentaux ainsi que ses facultés de déduction très développées, lui permettaient plus souvent de gagner que de perdre. Il ne gardait jamais l'argent qu'il gagnait, mais le redonnait aux perdants, à la fin de la partie. Cependant, lorsque c'était lui qui perdait, les autres joueurs ne lui rendaient pas la pareille. Il développa également une passion pour le billard et les échecs, dans lesquels il devint extrêmement doué.

Le penchant pour les jeux de cartes que Tesla développa à Graz le conduisit dans une situation embarrassante. Vers la fin du trimestre, son père lui envoya de l'argent, afin de payer son voyage à Prague ainsi que les frais découlant de son inscription à l'université. Au lieu d'aller directement à Prague, Tesla retourna à Gospic pour rendre visite à sa famille. S'installant pour une partie de carte avec quelques jeunes de la ville, la chance habituelle de Tesla s'envola, il perdit l'argent mis de côté pour ses dépenses universitaires. Il confia à sa mère ce qu'il avait fait. Elle ne le blâma pas. Elle lui confia que c'était peut-être la méthode que le destin employait afin de le protéger de la surcharge de travail qui pourrait ruiner sa santé, étant donné qu'il avait besoin de se reposer et de se détendre. Perdre de l'argent était une situation beaucoup plus simple à gérer que de perdre la santé. Elle donna de l'argent à Tesla qu'elle avait emprunté à une amie. Elle lui dit, « Tiens. Fais-toi plaisir. » Il retourna jouer et retrouva sa chance. Non seulement il ressortit de la partie avec l'argent que sa mère lui avait donné, mais avec pratiquement la totalité de la somme qu'il avait précédemment perdue, et qui devait servir à ses frais d'étude. Contrairement à la dernière fois, il ne rendit pas l'argent aux perdants. Il rentra chez lui, donna à sa mère l'argent qu'elle lui avait avancé et annonça qu'il ne jouerait plus jamais à des jeux de cartes.

Au lieu d'aller à l'Université de Prague à l'automne 1878, comme il l'avait prévu, Tesla accepta un poste lucratif qui lui avait été offert par un établissement technique de Maribor, près de Graz. Il était payé soixante florins par mois, ainsi qu'une prime qu'il touchait une fois le travail accompli. Une compensation très généreuse par rapport aux salaires en vigueur. Cette année-là, Tesla vécut très modestement et mit un peu d'argent de côté.

L'argent qu'il avait mis de côté à Maribor lui permit de se payer une année à l'Université de Prague, où il poursuivit ses études de mathématiques et de physiques. Il poursuivit ses expériences sur cette grande idée stimulante qu'était le courant alternatif et qui occupait tout son esprit. Il avait vainement exploré un grand nombre de méthodes. Bien que ses échecs aient donné encore plus raison au professeur Poeschl sur le fait qu'il ne réussirait jamais, il ne voulait pas abandonner sa théorie. Il avait toujours l'espoir de trouver une solution à son problème. Il savait que la science électrique était nouvelle et grandissante, et il sentait au plus profond de lui-même, qu'il ferait la découverte importante qui révolutionnerait cette science naissante, la transformant en ce géant de puissance qu'elle sera dans le futur.

Tesla aurait adoré continuer ses études, mais il était temps pour lui de commencer à gagner sa vie. La mort de son père, survenue quelque temps après qu'il eut obtenu son diplôme de l'Université de Prague, fit qu'il dût subvenir à ses propres besoins. Trouver un travail était maintenant une nécessité. L'Europe faisait un accueil enthousiaste à la nouvelle invention américaine d'Alexander Graham Bell : le téléphone, et Tesla apprit qu'une station centrale allait ouvrir ses portes à Budapest. Le chef de l'entreprise était un ami de la famille. La situation semblait des plus prometteuses.

Sans attendre de connaître la situation en ville, Tesla, rempli d'espoir et de cette confiance en soi typique des nouveaux diplômés, se rendit à Budapest, s'attendant à être engagé comme ingénieur dans le nouveau projet de téléphone. À son arrivé, il découvrit rapidement qu'il n'y avait aucun poste à pourvoir, et qu'on ne pouvait pas lui en créer un car le projet n'en était encore qu'à la phase de discussion.

Toutefois, pour des raisons financières, il était impératif qu'il trouve immédiatement un emploi. Le mieux qu'il puisse trouver, s'avéra être bien plus modeste qu'il ne l'avait prévu. Le salaire était tellement microscopique qu'il n'oserait jamais en dévoiler le montant. Néanmoins, il était assez suffisant pour lui permettre de ne pas mourir de faim. Il travaillait en tant que dessinateur pour le gouvernement hongrois, au Bureau Central du Télégraphe, qui incluait le nouveau téléphone en développement dans sa juridiction.

Il ne fallut pas longtemps pour que les capacités remarquables de Tesla arrive jusqu'aux oreilles de l'ingénieur en chef. Très rapidement, il fut transféré à un poste avec plus de responsabilités, pour lequel il dut dessiner, faire des calculs et des estimations en rapport avec les installations du nouveau téléphone. Quand en 1881, à Budapest, le nouveau central téléphonique a finalement démarré, il supervisa toute l'opération.

Tesla était très heureux d'occuper ce nouveau poste. À l'âge de vingt-cinq ans, il était responsable de la totalité d'un projet d'ingénierie. Sa faculté d'invention fut entièrement consacrée à cela et il apporta beaucoup d'améliorations au dispositif de poste central du téléphone. C'est là-bas qu'il façonna sa première invention. À cette époque, elle s'appelait répéteur de téléphone ou amplificateur. Aujourd'hui, elle serait plus appelée haut-parleur — un ancêtre du diffuseur de son, si commun de nos jours à tous nos postes radio de maison. Cette invention ne fut jamais brevetée et ne fut jamais publiquement exposée. Tesla déclara plus tard qu'avec son originalité, sa forme, sa performance et son ingéniosité, il aurait mieux valu montrer son invention au côté de ses créations suivantes, plus connues du public. Néanmoins, son intérêt principal, dont la solution continuait de lui échapper, était toujours le problème du moteur à courant alternatif.

À toujours s'obstiner à être un travailleur infatigable, à toujours utiliser ses ressources énergétiques pour abattre le plus grand nombre d'activités en une journée, à toujours se rebeller parce que les jours, les heures et les secondes n'étaient jamais assez longues, à toujours s'en tenir à cinq heures de repos par jours, dont deux consacrées au sommeil, il utilisait sans cesse ses réserves vitales et a finalement dut régler ses comptes avec la nature. Il fut alors forcé d'arrêter de travailler.

Cette nouvelle maladie dont il souffrait, ne fut jamais diagnostiquée par les médecins qui le traitaient, et cette expérience lui coûta presque la vie. Aux yeux des médecins, il était à l'article de la mort. Ses étranges symptômes attirèrent l'attention d'un médecin de grande renommée qui annonça que la science médicale ne pouvait pas l'aider. Un de ses symptômes était une sensibilité accrue au niveau des organes des sens. Ses sens avaient toujours été aiguisés, mais cette sensibilité atteignait aujourd'hui son paroxysme. Les effets produits s'avéraient être une forme de torture. Entendre le tic-tac d'une montre, située trois chambres plus loin, ressemblait à un marteau cognant sur une enclume. Les vibrations du trafic quotidien, lorsqu'elles étaient transmises via une chaise ou un banc, martelaient son corps. Afin de les éliminer, il fallait positionner les pieds de son lit sur des patins en caoutchouc. Une simple conversation lui donnait l'impression d'être transporté au milieu d'un pandémonium tonitruant. Le moindre contact faisait comme si on lui assénait un terrible coup à l'intérieur du crâne. Un rayon de soleil qui le touchait lui faisait l'effet d'une implosion. Dans le noir, il pouvait repérer un objet à trois mètres, grâce à cette sensation particulièrement bizarre logée dans son front. Son corps tout entier était constamment secoué de spasmes et de tremblements. Il affirmait que son pouls pouvait passer de quelques légers battements par minute à plus de cent cinquante.

Tout au long de cette mystérieuse maladie, il se battit ardemment afin de retrouver son état normal. Il avait devant lui une tâche qu'il se devait d'accomplir — il devait trouver la solution au problème du moteur à courant alternatif. Durant ces mois de tourments, il eut la sensation que la solution se rapprochait de plus en plus, et qu'il devait vivre afin d'être présent lorsqu'elle émergerait de son inconscient. Pendant cette période, il ne put se concentrer sur aucun projet, ni celui-ci ni un autre.

Une fois la crise passée et les symptômes diminués, une amélioration, accompagnée de cette vieille envie de s'attaquer aux problèmes, se fit sentir. Il était incapable de renoncer à son grand défi. Il était devenu une part de lui. Travailler dessus n'était plus un choix. Il savait que s'il s'arrêtait, il mourrait. Tout comme il savait aussi que s'il échouait, il périrait. Il était empêtré dans un réseau invisible de structures immatérielles qui se resserraient autour de lui. Ce sentiment, que la solution se rapprochait de lui — il pouvait la toucher du bout des doigts — suscitait à la fois regret et exultation. Il avait peur qu'une fois le problème résolu, celui-ci laisserait un grand vide dans sa vie.

Pourtant, en dépit de son optimisme, cela demeurait un énorme problème sans réponse.

Une fin d'après-midi de février 1882, une fois sa sensibilité revenue à la normale, lui permettant de reprendre le travail, il alla se balader dans le parc de la ville de Budapest en compagnie d'un ancien camarade de classe appelé Szigeti. Alors qu'un magnifique coucher de soleil, aux couleurs flamboyantes, se répandait dans le ciel, Tesla se lança dans un de ses loisirs préférés — réciter de la poésie. Quand il était plus jeune, il avait appris par cœur de nombreux volumes. Il fut donc heureux de constater que la terrible punition infligée à son cerveau n'avait pas pour autant endommagé sa mémoire. Une des œuvres qu'il pouvait réciter du début à la fin était Faust de Goethe.

Le panorama de couleurs que le soleil couchant dessinait dans le ciel, lui rappela quelques-unes des magnifiques lignes de Goethe :

Le soleil penche et s'éteint, le jour expire ;
Mais il se hâte d'aller éclairer d'autres contrées, et d'y porter une nouvelle vie.
Ô que n'ai-je des ailes, pour m'enlever dans les airs
Et le suivre le long de sa carrière que rien ne suspend jamais !

Tesla, grand, maigre et décharné, mais avec un regard de feu, assorti aux nuages enflammés des cieux, agita les bras en l'air et balança son corps au rythme des paroles enivrantes qu'il récitait. Il fit face aux couleurs particulières du ciel, comme s'il s'adressait au globe rouge luminescent et que celui-ci envoyait ses masses informes ambrées, teintées et chromées, vers les coupoles de la voute céleste.

Soudain, la figure animée de Tesla se figea. On aurait dit qu'il venait d'entrer en transe. Szigeti lui parla mais ne reçut aucune réponse en retour. Il recommença et Tesla l'ignora une nouvelle fois. Son ami était sur le point d'agripper cette imposante figure immobile et de la secouer pour la réveiller. Soudain, Tesla ouvrit la bouche.

« Regarde-moi ! », dit-il, laissant échapper les mots comme un enfant débordant d'émotion, « Regarde-moi l'inverser. » Il regardait toujours le soleil, comme si cette sphère incandescente l'avait plongé dans une transe hypnotique.

Szigeti se rappela la métaphore de Goethe que Tesla venait de réciter : « Le soleil penche ... le jour expire ; mais il se hâte d'aller éclairer d'autres contrées, et d'y porter une nouvelle vie. » Une description poétique du soleil couchant, auquel s'ajoutaient les mots de Tesla « Regarde-moi ! Regarde-moi l'inverser. » Tesla parlait-il du soleil ? Voulait-il dire qu'il pouvait arrêter la descente du soleil qui tombait à l'horizon, inverser le cours de l'action et faire en sorte qu'il se dirige de nouveau vers son zénith ?

« Asseyons-nous et reposons-nous un instant », dit Szigeti. Il le dirigea vers un banc mais Tesla ne voulait pas bouger.

« Ne vois-tu donc pas ? », explosa Tesla, surexcité. « Tu vois avec quelle lenteur il se déplace ? Là, je mets en route l'interrupteur — et je l'inverse. Tu vois ! Il se déplace aussi lentement dans l'autre sens. Regarde ! Je l'arrête. Et je le fais repartir. Il n'y a pas d'étincelles. Il n'y rien qui provoque d'étincelles. »

« Mais je ne vois rien », dit Szigeti. « Le soleil ne fait pas d'étincelles. Tu es sûr que tu n'es pas malade ? »

« Tu ne comprends pas », rayonnait un Tesla toujours surexcité. Il tournoyait comme pour conférer une bénédiction à son compagnon. « Je pense à mon moteur à courant alternatif. J'ai résolu le problème. Tu ne vois pas que c'est là, juste devant mes yeux, se déplaçant presque silencieusement ? C'est la rotation du champ magnétique qui en est à l'origine. Tu vois comment le champ magnétique tourne et emporte avec lui l'armature ? N'est-ce pas magnifique ? N'est-ce pas sublime ? N'est-ce pas simple ? J'ai trouvé la solution. Maintenant, je peux mourir heureux. Non, il faut que je vive, je dois retourner travailler et confectionner ce moteur, afin que le monde puisse en profiter. Les hommes ne seront plus jamais esclaves de tâches difficiles. Mon moteur les libérera, il donnera au monde les résultats escomptés.»

Szigeti comprit enfin. Tesla lui avait déjà parlé de son problème de moteur à courant alternatif et du fait qu'il y cherchait une solution. Szigeti comprit alors toute la subtilité derrière chacune des paroles prononcées par le scientifique. Cependant, Tesla ne lui avait jamais parlé de son don à visualiser des objets, qu'il conservait dans un coin de son esprit.. Il fallut donc qu'il lui explique sa vision et qu'il avait soudainement trouvé la solution à son problème, en admirant le coucher du soleil.

Tesla était à présent un peu plus calme, même s'il était sur un petit nuage dans une sorte d'extase presque religieuse. Il respirait profondément, à cause de l'excitation, et ses poumons surventilés l'avaient plongé dans un état d'euphorie.

Ramassant une brindille, il s'en servit tel un scribe afin de dessiner un diagramme sur la surface poussiéreuse de la promenade. Alors qu'il expliquait à son ami les principes techniques de sa découverte, celui-ci comprit rapidement la beauté de son schéma et ils restèrent ainsi, à discuter de toutes les possibilités, toute la nuit durant.

La conception d'un champ magnétique rotatif était une brillante idée. Elle apportait au monde scientifique un nouveau principe d'une grandeur sublime, dont la simplicité et l'utilité ouvraient un nouvel empire d'applications très utiles. Tesla y avait trouvé la solution à ce problème, alors que son professeur avait affirmé que cela était impossible.

Jusqu'à maintenant, les moteurs à courant alternatif présentaient ce qui semblait être un problème insoluble, car le champ magnétique créé par les courants alternatifs changeait aussi rapidement que le sens du courant. Au lieu de produire une force de rotation, il créait une vibration totalement inutile.

Jusqu'ici, toute personne qui avait essayé de créer un moteur à courant alternatif n'avait utilisé qu'un seul circuit, comme pour les moteurs à courant continu. Le moteur ressemblait à une machine à vapeur monocylindrique qui calait au point mort, en début ou en fin de course.

Ce que Tesla a fait, fut d'utiliser deux circuits, chacun positionné sur la même fréquence de courant alternatif, mais dans lesquels les ondes de courant ne coïncidaient pas les unes avec les autres. Cela revenait à ajouter un second cylindre à un moteur. Les pistons des deux cylindres étaient connectés à un arbre de transmission, afin que leurs manivelles soient positionnées dans l'angle de chacune de façon à leur permettent d'atteindre la tête, ou la fin de la course, à différents moments. Les deux ne pouvaient être au point mort en même temps. Si l'un était au point mort, le second était là pour prendre le relai et redémarrer la machine, atteignant déjà une puissance de course.

Bien entendu, cette analogie simplifie encore plus la situation, car la découverte de Tesla était bien plus importante et essentielle. Ce que Tesla avait découvert était un moyen de créer un champ magnétique rotatif, un tourbillon magnétique dans l'espace qui possédait de fantastiques propriétés, nouvelles et intrigantes. C'était véritablement une nouvelle conception. Dans les moteurs à courant alternatif, un champ magnétique préétabli était déclenché par des moyens mécaniques afin de produire une rotation dans une armature, en connectant successivement, sur un commutateur, chacune des séries de bobines, installées autour de la circonférence d'une armature cylindrique. Tesla créa un champ de force qui tournait à très haute vitesse dans l'espace et qui pouvait verrouiller hermétiquement, en son sein, une armature, ne nécessitant aucune connexion électrique. Le champ rotatif avait la propriété de transférer de l'énergie sans fil, à travers l'espace, aux bobines d'un simple circuit fermé d'une armature isolée, grâce à ses lignes de forces. Cela lui permettait de créer son propre champ magnétique et de l'enfermer dans le tourbillon magnétique tournant, produit par les bobines de champ. Le besoin d'avoir un commutateur était maintenant totalement nul.

Maintenant que Tesla avait trouvé une magnifique solution à son problème scientifique le plus difficile, il n'était pas au bout de ses peines. Les difficultés ne faisaient que commencer. Néanmoins, au cours des deux mois qui suivirent, il était au comble du bonheur à l'idée de pouvoir jouer avec son nouveau jouet. Il n'avait pas besoin de construire des modèles en cuivre et en fer : il en construisait une grande variété dans son atelier mental. Un flux constant de nouvelles idées parcourait perpétuellement son esprit. Il déclara qu'elles arrivaient si vite qu'il ne pouvait ni les utiliser ni toutes les noter. Durant cette courte période, il fit évoluer chaque type de moteur, auquel, plus tard, il donna son nom.

Il travailla sur la conception de dynamos, moteurs, transformateurs et tous autres appareils pour un système à courant alternatif complet. Il multiplia l'efficacité du système à deux phases, en le faisant simultanément fonctionner sur trois courants alternatifs, ou plus. C'était sa fameuse invention du système polyphasé.

Les constructions mentales étaient agencées avec beaucoup de soin : la taille, la force, la forme et le matériel. Elles étaient testées mentalement, soutint Tesla, en fonctionnant des semaines durant, après quoi il les examinait minutieusement, à la recherche du moindre signe d'usure. Il avait un esprit peu commun, utilisé à des fins peu communes. S'il lui arrivait de construire une « machine mentale », sa mémoire pouvait tout retenir, jusqu'au moindre détail même les dimensions les plus parfaites.

Cependant, l'état de bonheur suprême dans lequel Tesla se trouvait, allait bientôt disparaître. La station centrale téléphonique, pour laquelle il travaillait et qui était dirigée par ce fameux ami de la famille, Puskas, fut vendue. Quand Puskas retourna à Paris, il recommanda Tesla pour un poste dans un établissement de Paris avec lequel il était associé. Tesla saisit l'opportunité qui se présentait à lui. Paris, se disait-il, constituerait un merveilleux tremplin d'où il pourrait se lancer et faire connaître son invention au monde.

Tesla, le surhomme naissant, arriva à Paris avec peu de bagages, mais avec la tête remplie de merveilleuses découvertes sur le champ magnétique rotatif ainsi qu'une multitude d'importantes inventions créées à partir de celui-ci. S'il avait été un inventeur ordinaire, il se serait mêlé aux gens arborant un regard indiquant qu'il savait quelque chose d'important, mais qu'il gardait secrète la nature de ses inventions. Il aurait eu peur que quelqu'un lui vole son secret. Toutefois, l'attitude de Tesla fut tout le contraire de cela. Il avait quelque chose à offrir au monde et il voulait que le monde connaisse la fascinante histoire dans son intégralité, accompagnée de tous les détails techniques. Il n'avait pas encore appris, et il n'apprit jamais d'ailleurs, l'art d'être fin et rusé. Son plan de vie reposait sur une simple base. Il se souciait moins des avantages offerts par l'instant qui passe, mais plus à celui qui lui permettait d'atteindre son but ultime. Il voulait donner à la race humaine sa nouvelle découverte du système polyphasé à courant alternatif, de façon à ce que tout le monde puisse en bénéficier. Il savait que son invention valait de l'or, mais il ignorait comment il pourrait l'extraire. Il savait qu'il existait une loi plus importante, qui lui permettrait d'être dédommagé, en vertu de laquelle il pourrait tirer de biens meilleurs bénéfices de la part du cadeau qu'il avait offert au monde : sa découverte. La méthode de travail, qui permettrait à cela de fonctionner, ne l'intéressait pas plus que ça. Ce qu'il voulait, c'est quelqu'un qui l'écouterait parler de tous les détails fascinants de sa découverte.

Tout dans l'apparence de Tesla, de son mètre quatre-vingt en passant par sa minceur, son attitude discrète, sa confiance en lui ainsi que sa façon d'être toujours habillé avec soin, semblait dire, « Je vous mets au défi d'énoncer un problème mécanique que je ne puisse résoudre. » Cette attitude coïncidait avec ses vingt-cinq ans et s'accordait parfaitement avec ses capacités.

Grâce à la lettre de recommandation de Puskas, il obtint un poste à la Continental Edison, une compagnie française qui fabriquait des dynamos, des moteurs, et qui installait des systèmes d'éclairage sous les brevets Edison.

Il prit ses quartiers Boulevard St-Michel mais passait ses soirées dans les meilleurs cafés de la ville, et ce, aussi longtemps que lui durait son salaire. Il prit contact avec beaucoup d'américains, qui travaillaient pour des entreprises d'électricité. Dès que ceux qui comprenaient le monde de l'électricité lui prêtaient une oreille attentive, il abordait le sujet de son système à courant alternatif pour les dynamos et les moteurs.

Est-ce que quelqu'un lui vola son invention ? Il y avait peu de chance. Il ne pouvait même pas la donner. Personne ne semblait s'y intéresser, même un peu. La proposition la plus intéressée qu'il reçut, fut celle du Dr. Cunningham, un contremaître américain du secteur agricole où Tesla a été employé et qui lui suggéra de créer une entreprise par actions.

Ayant sa grande idée d'invention à système de courant alternatif qui lui martelait le cerveau et qui lui demandait de quelle façon elle pourrait être développée, il lui était très dur de travailler toute la journée sur des machines à courant continu. Toutefois, ces jours-ci, sa santé était redevenue solide. Il se levait un peu après cinq heures du matin, marchait jusqu'à la Seine, nageait pendant une demi-heure puis rejoignait Ivry, située près des portes de Paris, là où il travaillait. Ce voyage nécessitait une heure de marche intense. Il était déjà sept heures et demie lorsqu'il arriva. Il passait l'heure suivante à avaler un petit-déjeuner copieux, qui ne suffisait d'ailleurs pas à le faire tenir jusqu'à midi.

Le travail qu'on lui confiait à l'usine Continental Edison était divers et varié, mais était plus particulièrement celui d'un ingénieur débutant. Très vite, on lui demanda de voyager en tant que « dépanneur », ce qui l'obligeait à se rendre dans les installations électriques, un peu partout en France et en Allemagne. Tesla n'appréciait pas vraiment ce rôle de « dépanneur », mais cela ne l'empêcha pas de faire un travail consciencieux et d'étudier avec beaucoup d'attention les difficultés rencontrées lors de ses visites dans les centrales électriques. Rapidement, il fut capable de soumettre quelques améliorations pour les dynamos produites par son entreprise. Il exposa ses suggestions et fut autorisé à les appliquer sur certaines machines. Une fois qu'elles furent testées, les résultats rencontrèrent un franc succès. On lui demanda ensuite de créer des régulateurs automatiques, dont la demande était très forte. Une fois encore, il ne déçut personne.

La compagnie avait été placée dans une situation embarrassante et menacée de lourdes pertes, à cause d'un accident survenu dans la ville de Strasbourg en Alsace, puis en Allemagne, là où une centrale et des éclairages électriques avaient été installés. Lors de la cérémonie d'ouverture, à laquelle l'Empereur Guillaume Ier fut présent, un court-circuit dans le câblage provoqua une explosion et la destruction d'un des murs. Le gouvernement allemand refusa d'accepter l'installation. Au début de l'année 1883, Tesla fut envoyé sur place pour remettre les choses dans l'ordre et arranger la situation. Le problème technique ne présentait aucune difficulté apparente, mais il lui parut nécessaire d'utiliser beaucoup de tact et de bon sens dans le traitement de la masse de charges administratives exigée par le gouvernement allemand, en prévention d'autres accidents.

Une fois qu'il se fut bien occupé de la situation, il s'accorda un peu de temps afin de construire un vrai moteur à courant alternatif polyphasé, qui comportait sa découverte sur le champ magnétique rotatif. Il en avait tellement construit dans son esprit, depuis ce fameux jour de février, à Budapest, quand il avait fait sa grande découverte. À cet effet, il avait rapporté du matériel de Paris, et trouva un atelier mécanique, près de la gare de Strasbourg, où il pouvait faire une partie du travail. Au final, il n'avait pas autant de temps libre qu'il l'avait imaginé et, malgré le fait qu'il soit un mécanicien amateur mais néanmoins intelligent, cela requerra tout de même beaucoup de temps. Il était très pointilleux, façonnant chacune des pièces de métal aux dimensions exactes, au millième de centimètre près, puis les polissait avec beaucoup de soin.

Finalement, il y avait, dans ce magasin de Strasbourg, une collection de pièces diverses. Elle avait été créée sans aucun support graphique. Tesla pouvait parfaitement s'imaginer un dessin complet, très détaillé, de chacune des parties de la machine. Ces dessins étaient bien plus vivants que n'importe quel schéma et il se souvenait des dimensions exactes qu'il avait calculées mentalement pour chacun des éléments. Il n'aurait pas besoin de tester les pièces en les assemblant. Il savait qu'elles s'emboîteraient.

À partir de ces pièces, Tesla assembla rapidement une dynamo, afin de générer un courant alternatif biphasé, dont il avait besoin pour alimenter son moteur à courant alternatif, ainsi qu'un nouveau moteur à induction. Il n'y avait aucune différence entre le moteur qu'il avait confectionné et celui qu'il avait imaginé. Celui qu'il s'était représenté avait l'air tellement réel qu'il donnait l'impression d'être solide. Celui qu'il construisit dans l'atelier mécanique ne comportait aucun nouvel élément qu'il ne connaissait déjà. Il était exactement comme il l'avait imaginé, un an auparavant. Dans les mois qui suivirent la grande vision qu'il avait eue, lors de son envolée lyrique vers le soleil couchant à Budapest, il l'avait mentalement testé avec son équivalent ainsi qu'au travers de nombreuses variations.

Une fois l'assemblage terminé, il fit démarrer son générateur de puissance. L'heure du dernier grand test, afin de vérifier la validité de sa théorie, était arrivée. S'il fermait l'interrupteur et que le moteur tournait, sa théorie se révèlerait juste. Si rien ne se passait, si l'armature de son moteur restait immobile mais qu'elle vibrait tout de même, sa théorie serait fausse et il aurait bercé son esprit d'hallucinations, basées sur des fantasmes non sur des faits.

Il ferma l'interrupteur. Instantanément, l'armature se mit à tourner, montant à toute vitesse en un éclair. Elle continua ensuite à tourner, dans un silence presque religieux. Il ferma le commutateur et l'armature s'arrêta net. Puis, elle se remit à tourner dans le sens inverse presque aussi rapidement. C'était la justification complète de sa théorie.

Dans cette expérience, il n'avait testé que son système biphasé. Il n'avait pas besoin d'une démonstration en laboratoire pour se convaincre que ses systèmes triphasés, pour générer de l'électricité et utiliser ce courant pour transmettre et produire de l'énergie, allaient fonctionner encore mieux, et que son système monophasé fonctionnerait également tout aussi bien. Avec ce modèle fonctionnel, il était maintenant capable de transmettre aux esprits des autres, les visions qu'il gardait précieusement pour lui depuis tellement longtemps.

Ce test avait bien plus d'importance aux yeux de Tesla que la simple réussite d'une invention. Cela signifiait le triomphe de sa méthode de découverte de nouvelles vérités à travers des processus mentaux uniques, qu'il utilisait pour visualiser ses constructions bien avant qu'elles ne soient réellement façonnées. À partir de ces résultats, il en tira une confiance en lui sans limite. Il allait pouvoir travailler et penser comme il l'entendait, afin d'atteindre les buts qu'il s'était fixés.

Il y avait une bonne raison à l'assurance de Tesla. Il venait de fêter son vingt-septième anniversaire. Il avait l'impression que c'était hier que le professeur Poeschl l'avait vraisemblablement réduit au silence, pour avoir affirmé que l'on pouvait faire fonctionner un moteur avec un courant alternatif. Aujourd'hui, il venait de démontrer ce que le savant professeur avait précédemment déclaré comme étant impossible.

Tesla disposait à présent d'un tout nouveau système électrique, utilisant le courant alternatif. Ce qui était bien plus flexible et bien plus efficace que le système à courant continu. Maintenant qu'il l'avait, que pouvait-il bien en faire ? Les dirigeants de la compagnie Continental Edison, qui l'avait employé, avaient perpétuellement refusé d'écouter ses théories sur le courant alternatif. Il a même estimé qu'il serait inutile d'essayer de les intéresser dans le modèle fonctionnel. Il s'était fait beaucoup d'amis lors de son séjour à Strasbourg, parmi lesquels le maire de la ville, M. Bauzin, qui partageait son enthousiasme concernant les possibilités commerciales de ce nouveau système et espérait que cela aboutirait à la création d'une nouvelle industrie qui apporterait gloire et prospérité à la ville.

Le maire rassembla un certain nombre de Strasbourgeois fortunés. Tesla et le maire leur montrèrent le moteur en fonctionnement, et leur décrivirent le nouveau système et ses possibilités. D'un point de vue technique, la démonstration fut un succès. Mais autrement, elle fut un échec total. Aucun membre du groupe n'exprima la moindre once d'intérêt. Cela découragea Tesla. Le fait que la plus grande invention dans l'histoire de la science de l'électricité, avec toutes ses possibilités commerciales, soit complètement rejetée lui était incompréhensible.

M. Bauzin lui assura qu'il recevrait un meilleur accueil pour son invention à Paris, et ce sans l'ombre d'un doute. Toutefois, les retards de l'administration, avant d'accepter finalement l'installation complète à la gare de Strasbourg, différèrent son retour à Paris jusqu'au printemps 1884. Pendant ce temps, Tesla avait hâte de faire un retour triomphal à Paris. On lui avait promis une compensation considérable s'il réussissait à gérer la mission à Strasbourg, ainsi que pour toutes les améliorations qu'il avait apportées aux agencements des moteurs, des dynamos et des régulateurs automatiques pour dynamos. Il était fort probable que cela lui procurerait assez d'argent pour qu'il puisse construire une démonstration grandeur nature de son système de courant alternatif polyphasé, dans le but de montrer les énormes avantages de son système en action, par rapport au courant continu. Alors, il n'aurait aucun problème à se procurer le capital nécessaire.

Quand il retourna dans les bureaux de la compagnie à Paris et demanda son règlement pour Strasbourg ainsi que pour son régulateur automatique, il se rendit compte qu'on l'avait, comme on le dit de nos jours, « mené en bateau ». Tesla utilisa des noms fictifs lorsqu'il raconta l'histoire. M. Smith, le supérieur qui l'assigna à ce projet, lui disait maintenant qu'il n'avait aucun pouvoir sur les arrangements financiers, mais que cela était du ressort de M. Brown. M. Brown lui expliqua qu'il gérait les arrangements financiers mais qu'il n'avait aucune autorité pour lancer les projets ou pour effectuer les paiements, autres que ceux ordonnés par le directeur général, M. Jones. M. Jones lui expliqua que ces questions relevaient des cadres de son département et qu'il n'avait pas pour habitude d'interférer avec leurs décisions. Tesla devait donc aller voir le cadre en charge des affaires techniques, M. Smith. Tesla se retrouva enfermé dans ce cercle vicieux plusieurs fois, toujours avec le même résultat, et finit par abandonner, écœuré. Il décida de ne pas renouveler son offre de système de courant alternatif, et de ne pas montrer son moteur en action, et démissionna sur le champ.

Tesla aurait, sans doute, droit à un montant de plus de 25 000 dollars pour les régulateurs qu'il avait conçus, ainsi que pour les services qu'il avait rendus à Strasbourg. Si les dirigeants avaient été dotés de quelques notions de bons sens, ou d'un tant soit peu d'honnêteté, ils auraient essayé de régler les choses en lui offrant 5 000 dollars, au moins. Tesla, qui manquait d'argent, aurait indubitablement accepté un tel montant, bien qu'il sache pertinemment qu'on l'escroquait.

Une telle offre aurait probablement maintenu Tesla sur le registre du personnel de la compagnie, qui aurait gardé pour elle la possession du plus grand inventeur mondial. Un inventeur qui, à l'époque, avait clairement démontré qu'il était un employé de grande valeur.

Pour quelques malheureux milliers de dollars, ils perdirent non seulement un homme qui leur aurait fait économiser plusieurs fois ce montant chaque année, mais aussi une occasion d'avoir le monopole mondial de la plus grande et plus rentable invention électrique jamais réalisée.

Un des administrateurs de la compagnie, M. Charles Batchellor, gestionnaire du bureau d'application, qui fut l'ancien assistant et ami personnel de Thomas A. Edison, pressa Tesla d'aller aux États-Unis et de travailler avec Edison. Là-bas, il aurait une chance de travailler aux améliorations des dynamos et des moteurs Edison. Tesla décida de suivre la suggestion de M. Batchellor. Il vendit ses livres et tous ses autres effets personnels, excepté quelques articles qu'il comptait prendre avec lui. Il rassembla ses ressources financières très limitées, acheta un billet pour son voyage en train ainsi qu'un autre pour son voyage transatlantique vers New York. Il n'avait pour tout bagage qu'un petit paquet de vêtements, qu'il portait sous le bras, et quelques objets fourrés dans ses poches.

Les dernières heures furent très remplies et, alors qu'il était sur le point de monter dans le train, au moment où celui-ci s'apprêtait à quitter la gare, il se rendit compte que son bagage avait disparu. Il chercha rapidement son portefeuille, là où il avait rangé ses billets de train et de bateau ainsi que tout son argent. Il découvrit avec horreur que celui-ci avait aussi disparu. Il y avait un peu de monnaie qui traînait dans ses poches, mais il ne savait pas exactement combien — il n'avait, de toute façon, pas le temps de compter. Son train était en train de partir. Que devait-il faire ? S'il manquait ce train, il manquerait aussi le bateau. Et sans billets, il ne pourrait embarquer ni sur l'un ni sur l'autre.. Il courut le long du train en mouvement, essayant de se décider. Ses longues jambes lui permirent de maintenir la cadence sans trop de difficulté, tout du moins au début, mais maintenant, celui-ci prenait de la vitesse. Il se décida finalement à sauter à bord. Il découvrit que la petite monnaie qu'il avait sur lui était suffisante pour lui permettre de s'acheter un billet de train, et qu'il subsisterait un reste minime. Il expliqua la situation aux contrôleurs du bateau, assez sceptiques, et lorsque personne d'autre ne se présenta à sa place pour embarquer au moment d'appareiller, il fut autorisé à monter à bord.

Pour une personne aussi méticuleuse que Tesla, un aussi long voyage sur un navire, sans vêtements appropriés, était une expérience éprouvante. Il s'était attendu à faire face à quelques gênes après être monté à bord avec le peu de vêtements qu'il avait prévu d'emporter avec lui, mais c'est quand il a perdu le peu de choses qu'il possédait, que la gêne s'est transformée en véritable épreuve. Le tout associé au souvenir de déception et de ressentiment causé par ses récentes expériences.

Le bateau n'offrait que peu d'intérêt pour lui. Il l'explora de fond en comble, et en faisant cela, il rencontra quelques membres d'équipage. Il y avait de l'agitation au sein du personnel. Tesla en ressentait également. Il exprima sa sympathie aux membres de l'équipage à l'égard de leurs mésaventures. Ils estimaient être mal traités. Les griefs touchant l'équipage en étaient arrivés à un point où la moindre étincelle pouvait tout faire exploser. L'étincelle se produisit d'ailleurs quelque part sur le bateau, pendant que Tesla se trouvait sous le pont, dans les quartiers de l'équipage. Le capitaine et certains officiers prirent les choses en main et, accompagnés de quelques membres fidèles d'équipage, ils décidèrent de régler le problème avec des cabillots de bois en guise d'armes. Rapidement, la situation se transforma en une vraie bataille. Tesla se retrouva coincé au milieu d'un combat, au sein duquel, dès que quelqu'un voyait une tête, il la frappait.

Si Tesla n'avait pas été jeune, ainsi que grand et fort, son importante carrière aurait très bien pu s'arrêter là. Il avait de long bras, conformément à son mètre quatre-vingt. Il pouvait étendre le poing au bout de son bras aussi loin qu'un adversaire le ferait avec une matraque, et sa taille lui permettait de surpasser les autres combattants, de sorte que sa tête n'était pas facile à atteindre. Il frappait dur et souvent, ne sachant jamais pour ou contre côté il se battait. Il était debout sur ses pieds lorsque le combat s'arrêta, chose qu'on ne pouvait pas dire pour bon nombre des membres d'équipage. Les officiers avaient maîtrisé ce qu'ils appelaient une mutinerie, mais eux aussi portaient des marques montrant qu'ils avaient pris part au combat. Il ne faisait aucun doute que Tesla n'allait pas être invité à s'asseoir à la table du capitaine pendant la traversée.

Il passa le reste du voyage à soigner ses nombreuses contusions, assis à méditer à la poupe du bateau qui faisait lentement route vers New York. Bientôt, il poserait le pied sur la « terre d'opportunités » et rencontrerait le célèbre Edison. Il était destiné à apprendre qu'il s'agissait réellement d'une « terre d'opportunités », mais également à découvrir quelque chose qui lui ouvrirait les yeux sur la réalisation des promesses.

QUATRE

En été 1884, à sa sortie du centre d'immigration de Castle Garden, à Manhattan, Nikola Tesla n'avait en sa possession que quatre centimes, un livre contenant ses propres poèmes, quelques articles techniques qu'il avait rédigés, des calculs pour la conception d'une machine volante et quelques travaux mathématiques visant à résoudre un calcul intégral extrêmement complexe. Il avait également la lettre de M. Batchellor le présentant à M. Edison et l'adresse d'un ami. Dans la lettre pour Edison, Batchellor avait écrit : « Je connais deux grands hommes, vous êtes l'un d'eux, l'autre est ce jeune homme. »

N'ayant pas assez d'argent pour payer les frais de transport, Tesla dut marcher plusieurs kilomètres pour arriver à la maison de son ami. La première personne à laquelle il s'adressa pour demander son chemin, fut un policier bourru. La manière dont il lui donna ces informations, laissa Tesla penser qu'il était prêt à commencer un combat sur le sujet. Même si Tesla parlait un très bon anglais, tout ce qu'il comprit du jargon du policier, fut la direction qu'indiquait sa matraque.

Alors qu'il se dirigeait dans ce qu'il espérait être la bonne direction, réfléchissant à la manière dont il pourrait trouver de quoi manger et un logement avec seulement quatre centimes en poche, si jamais il ne trouvait pas son ami, il passa devant la vitrine d'un magasin où il aperçut un homme travaillant sur une machine électrique qui lui sembla familière. Il entra dans le magasin juste au moment où l'homme s'apprêtait à abandonner la réparation de l'appareil, considérant la tâche impossible.

« Laissez-moi m'en occuper, » lui dit Tesla, « je vais la faire marcher. » Et sans plus de cérémonie, il se mit au travail. Ce fut difficile, mais la machine se remit finalement à fonctionner.

« J'ai besoin d'un homme comme vous pour s'occuper de ces satanées machines étrangères, » annonça l'homme. « Vous cherchez un travail ? »

Tesla le remercia et lui indiqua qu'il était déjà en chemin pour un autre travail, après quoi l'homme lui remit vingt dollars. Tesla ne s'attendait pas à recevoir une compensation pour ce qu'il pensait n'être qu'une simple faveur, ce qu'il dit à l'homme, mais celui-ci insista que son travail les méritait amplement et qu'il était heureux de le payer. Tesla n'avait jamais autant apprécié une aubaine. Pour le moment, il était maintenant assuré de pouvoir manger et de trouver un logement. Grâce aux indications qu'il lui donna, cette fois offertes plus gracieusement, Tesla parvint à trouver son ami qu'il invita à passer la nuit chez lui. Le lendemain, il se rendit au siège de la société Edison, à New York, puis sur la South Fifth Avenue (maintenant appelée West Broadway).

La recommandation de M. Batchellor lui permit de rencontrer facilement M. Edison, qui s'employait alors activement à résoudre des problèmes en rapport avec sa nouvelle centrale électrique et son système d'éclairage électrique. La première se trouvait dans le centre-ville de Pearl Street et alimentait une zone assez restreinte du territoire.

Lors de leur première rencontre, Tesla fut favorablement impressionné par Edison. Il s'émerveilla qu'un homme avec une éducation aussi limitée, puisse réaliser autant de choses dans un domaine aussi technique que l'était celui de l'électricité. Cela a conduit Tesla à se demander si tout le temps qu'il avait passé à acquérir une formation très vaste n'avait pas été gaspillé. Aurait-il été plus avancé s'il avait débuté son travail pratique sur base de l'expérience, comme l'avait fait Edison ? Mais il conclut rapidement que le temps et les efforts qu'il avait consacrés à sa formation constituaient le meilleur des investissements.

Quant à Edison, il n'avait pas été aussi impressionné par Tesla. Edison était un inventeur qui obtenait ses résultats grâce aux méthodes par tâtonnement. Tesla, lui, calculait tout mentalement et résolvait ses problèmes avant de réellement « travailler » dessus. Par conséquent, les deux géants parlaient un langage technique complètement différent. Il y avait un dernier élément qui les opposait : Edison appartenait à l'école de pensée du courant contenu et Tesla à celle du courant alternatif. A cette époque, les électriciens pouvaient devenir très émotifs, et l'étaient, à propos de leurs différences d'opinions sur ce sujet. Les discussions suscitaient toute la ferveur d'un débat politique ou religieux, et toutes les choses désobligeantes étaient associées aux partisans de la partie adverse. L'insulte la moins désobligeante que l'on pouvait faire à un adversaire était qu'il avait une faible mentalité. Lorsque Tesla décrivit avec enthousiasme son système polyphasé, et dit à Edison qu'il pensait que le courant alternatif était le seul type de courant utilisable dans un système d'énergie et d'éclairage, Edison lui rit au nez. Edison utilisait le courant continu dans son système. Il lui répondit brutalement qu'il n'était pas intéressé par le courant alternatif, qu'il n'aurait aucun avenir, que quiconque toucherait à ce domaine ne ferait que perdre son temps. Il ajouta qu'en plus, c'était un courant extrêmement dangereux, alors que le courant continu était sûr. Tesla ne fléchit pas au cours de leur discussion, mais il ne parvint pas non plus à convaincre Edison d'écouter sa présentation sur son système polyphasé. Tout les séparait au niveau technique.

Néanmoins, puisque Batchellor avait affirmé que Tesla avait réalisé un excellent travail sur les machines à courant continu d'Edison en Europe, il obtint, sans trop de difficultés, une place dans l'équipe d'Edison, et s'occupa des travaux de routine mineurs. Quelques semaines plus tard, il eut l'occasion de prouver ses capacités. Edison avait installé l'une de ses centrales électrique sur l'Oregon, le navire à vapeur le plus rapide et le plus perfectionné de l'époque. L'installation électrique fonctionna bien pendant plusieurs mois, mais finalement, les deux dynamos tombèrent en panne. Il était impossible de retirer les dynamos pour en installer de nouvelles, il était donc indispensable de réparer les anciennes d'une manière ou d'une autre, ce qui était impossible à faire sans les ramener à l'atelier, d'après ce qu'on avait dit à Edison. La date d'appareillage du bateau prévue était maintenant dépassée, et Edison se retrouvait dans l'embarras en raison du retard qu'avaient engendré ses machines.

Edison demanda à Tesla d'aller sur le bateau pour voir ce qu'il était possible de faire. C'était l'après-midi. Emportant avec lui des outils qu'il pensait avoir besoin, Tesla embarqua à bord de l'Oregon. Il constata que des courts-circuits avaient grillé certaines des bobines d'induit, et que des circuits ouverts s'étaient développés ailleurs sur les machines.

Tesla appela les membres de l'équipage pour l'assister, et travailla toute la nuit et vers 4 heures du matin, les deux machines fonctionnaient à nouveau comme au premier jour de leur installation. Retournant à l'atelier au bas de la Fifth Avenue à 5 heures du matin dans la faible lueur de l'aube, il croisa un groupe d'hommes qui en sortaient. Parmi eux se trouvait Edison, Batchellor, qui était entre-temps revenu de Paris, et plusieurs autres qui avaient terminé leur travail de nuit et rentraient chez eux.

« Voilà notre parisien qui court les nuits,» dit Edison

« Je reviens juste de l'Oregon,» répondit Tesla. « Les deux machines fonctionnent.»

Edison, impressionné, secoua la tête et se détourna sans dire un mot. Lorsqu'il eut rejoint le groupe, il dit à Batchellor, d'une voix forte pour que Tesla l'entende : « Batchellor, cet homme est vraiment formidable.»

Par la suite, Tesla monta en grade parmi les membres de l'équipe et il commença à pouvoir s'occuper des problèmes de conception et de fonctionnement. Il trouvait son travail intéressant et s'y investissait plus de dix-huit heures par jour, de 10h30 du matin jusqu'à 5 heures du matin le lendemain, tous les jours, même le dimanche. Edison, en constatant son assiduité, lui dit : « J'en ai eu des assistants très travailleur, mais vous, vous remportez la palme.» Tesla découvrit plusieurs manières d'améliorer la conception des dynamos pour un fonctionnement plus efficace. Il présenta son projet à Edison, et insista sur l'augmentation de la puissance de sortie et sur la réduction des coûts de fonctionnement qui pourraient résulter des changements qu'il proposait. Edison, conscient de l'importance que présentait une plus grande efficacité, lui répondit : « Si vous réussissez, je vous donnerai cinquante mille dollars.»

Tesla conçut vingt-quatre types de dynamos, il en retira les aimants de champ à noyau allongé pour les remplacer par des petits noyaux plus productifs, et fournit certains contrôles automatiques, sur lesquels des brevets furent déposés. Quelques mois plus tard, quand il termina sa tâche et qu'on constata que certaines des nouvelles machines construites et testées étaient à la hauteur de ses promesses, Tesla demanda qu'on lui verse ses 50 000 dollars. Edison lui lança : « Tesla, vous ne comprenez pas l'humour américain.» Tesla fut choqué de constater que ce qu'il avait pris pour une réelle promesse, n'avait finalement été que la mauvaise plaisanterie du jour. Il ne reçut pas un sou de compensation pour ses nouvelles conceptions et inventions, ni pour l'énorme travail supplémentaire qu'il avait fourni, en complément de son salaire hebdomadaire qui n'était pas très élevé. Il démissionna sur le champ. C'était au printemps 1885.

Au cours de la période de moins d'un an qu'il avait passé en compagnie d'Edison, Tesla avait acquis une bonne réputation dans les milieux de l'électricité, ainsi, dès qu'il fut disponible, on lui suggéra d'en profiter. Un groupe de promoteurs lui proposa de créer une entreprise à son nom. L'occasion de pouvoir lancer son système de courant alternatif se présentait, il accepta alors la proposition avec enthousiasme. Mais quand il avança instamment son projet, les promoteurs l'informèrent qu'ils n'étaient pas intéressés par le courant alternatif. Ce qu'ils voulaient de lui, c'était qu'il développe une lampe à arc utilisable pour éclairer les rues et les usines. En l'espace d'un an, il avait mis au point cette lampe, déposé plusieurs brevets sur son invention, dont la fabrication et l'utilisation étaient lancé.

D'un point de vue technique, l'entreprise avait été une réussite, mais Tesla souffrit à nouveau financièrement à cause de celle-ci. Il avait perçu un salaire relativement faible au cours de la période d'élaboration. D'après l'accord, il devait recevoir sa rémunération principale sous la forme d'actions de l'entreprise. Il reçut un certificat d'action magnifiquement gravé, puis, par quelques manipulations qu'il ne comprit pas, il fut forcé de quitter l'entreprise et on dénigra ses capacités d'ingénieur et d'inventeur. Quand il essaya de convertir le certificat en liquidités, il découvrit que les actions des entreprises nouvellement créées n'ayant pas démontrées leur pouvoir de gagner des dividendes, n'avaient que peu de valeur. L'opinion qu'il avait des hommes financiers, qu'ils soient de l'Ancien ou du Nouveau Monde, commençait vraiment à devenir très peu flatteuse.

L'expérience la plus difficile de la vie de Tesla arriva alors. Il n'avait aucune source de revenu, et, du printemps 1886 au printemps 1887, il fut contraint de travailler comme travailleur journalier. « J'ai vécu une année remplie de terrible chagrin et de profond ressentiment, où ma souffrance ne faisait qu'accentuer mon besoin matériel,» a-t-il dit. La situation économique n'était pas au mieux dans le pays. Non seulement il avait des difficultés à obtenir que quelqu'un écoute son projet de courant alternatif, mais il faisait aussi face à une énorme concurrence parmi les travailleurs pour trouver de quoi se loger et se nourrir, et il lui était extrêmement difficile de décrocher même les tâches les plus ingrates qui étaient payées un salaire de misère. Il ne discutait jamais de cette période, probablement parce qu'elle avait été tellement désagréable, qu'il en avait effacé tous les souvenirs de sa mémoire. Quelques travaux de réparations électriques, voire même creuser des fossés pour 2 dollars par jour, figurent parmi les quelques tâches qu'il effectua. Il était plus indigné de gâcher ainsi ses capacités que de l'humiliation personnelle qui en ressortait. Son éducation, avait-il dit, avait l'air d'une plaisanterie.

Au début de l'année 1887, durant l'hiver, alors qu'il creusait des fossés, il attira l'attention de l'un des contremaîtres de l'équipe, lui aussi forcé par les circonstances d'accepter du travail sous-qualifié. L'homme fut impressionné par l'histoire de Tesla sur ses inventions et ses aspirations concernant son système de courant alternatif. Grâce à ce contremaître, révéla Tesla, il put faire la connaissance de M. A. K. Brown, de la Western Union Telegraph Company, qui investit une partie de son propre argent dans son projet et intéressa l'un de ses amis à y participer.

Ces deux messieurs organisèrent et financèrent la Tesla Electric Company et, en avril 1887, créèrent un laboratoire au 33-35 South Fifth Avenue (aujourd'hui West Broadway), près de Bleecker Street, non loin de l'atelier de la société Edison. Edison avait refusé l'idée du courant alternatif de Tesla, et maintenant ils étaient devenus voisins. Tesla avait son propre laboratoire, où il commençait à développer des idées concurrentes. C'était dans cette zone limitée que devait se dérouler la grande bataille de l'industrie de l'électricité, qui reposait sur une question : lequel du courant continu ou alternatif devrait être utilisé ? Edison était déjà reconnu et entièrement dévoué au courant continu. Ses centrales électriques fonctionnaient dans plusieurs villes et, de surcroît, il était soutenu par le célèbre financier, J. P. Morgan. Nikola Tesla, en revanche, était un inconnu et ne bénéficiait que d'un modeste soutien financier. Le courant continu était, sur le plan technique, très simple, alors que le courant alternatif était, quant à lui, complexe. Toutefois, Tesla savait que ces difficultés renfermaient des possibilités d'utilisations infinies.

Les jours sombres de la vie de Tesla étaient terminés. Cependant, il allait rapidement découvrir que l'approbation ou le rejet de son système de courant alternatif ne reposait pas sur des critères techniques, mais plutôt sur des considérations financières, les réactions émotionnelles et les préjugés, et sur le fait que la nature humaine était un facteur bien plus important que les vérités scientifiques. Il n'en resta pas moins qu'il vit très rapidement ses plus grands espoirs et rêves se réaliser, et que ses efforts furent enfin récompensés par une grande réussite.

Une fois qu'il eut établi un semblant de conditions équitables, en vertu desquelles il pouvait poursuivre son travail, l'étoile montante du génie de Tesla enflamma les cieux électriques telle une météorite. Dès que la Tesla Electric Company ouvrit ses laboratoires sur la South Fifth Avenue, il se lança dans la construction de plusieurs pièces de mécanismes électriques de dynamo. Il n'avait besoin de faire aucun calcul, ni d'établir de plans. Tout était limpide dans son esprit, et ce, jusqu'aux moindres détails de chaque pièce d'appareil. Il produisit ainsi très rapidement les unités grâce auxquelles il présenta les principes de son système polyphasé à courant alternatif. La seule pièce de l'appareil qu'il avait construite quand il était à Strasbourg, le premier modèle de la machine asynchrone, apportait la preuve concrète que tous ses calculs étaient corrects.

Les appareils créés dans son nouveau laboratoire étaient identiques à ceux qu'il avait conçus à Budapest, durant les deux mois qui avaient suivi son incroyable révélation sur le principe du champ magnétique tournant. Il expliqua qu'il n'avait apporté aucune modification aux machines qu'il avait construites mentalement à cette époque. Lorsque ces machines furent construites physiquement, toutes fonctionnaient, exactement comme il l'avait prévu. Cinq années s'étaient écoulées depuis qu'il avait élaboré leur conception. Et entre-temps, il n'avait pas couché une seule ligne sur papier, pourtant il se souvenait parfaitement de tous les moindres détails.

Tesla produisit, aussi rapidement qu'il était possible de construire les machines, trois systèmes complets de mécanismes à courant alternatif pour des courants monophasés, biphasés et triphasés, et réalisa des expériences avec les courants quadriphasés et même hexaphasés. Dans chacun des trois systèmes principaux, il produisit des dynamos pour générer des courants, des moteurs pour produire de l'énergie à partir des dynamos, des transformateurs pour augmenter ou diminuer la tension, ainsi que plusieurs appareils pour le contrôle automatique des mécanismes. Et il ne se contenta pas de construire les trois systèmes, il fournit aussi les méthodes pour pouvoir les interconnecter et des modifications permettant des utilisations différentes de chacun des systèmes. Quelques mois après l'ouverture du laboratoire, il soumit son moteur biphasé au professeur W. A. Anthony, de l'université de Cornell, afin qu'il soit testé. Le professeur Anthony rapporta qu'il était aussi efficace que le meilleur des moteurs à courant continu.

Tesla construisait à présent non seulement les machines qu'il visualisait, mais il calculait les théories mathématiques de base qui sous-tendent tous ces appareils. La théorie mathématique était si fondamentale qu'elle couvrait non seulement les principes s'appliquant aux machines fonctionnant à 60 cycles par seconde (qui est la fréquence standard utilisée à notre époque) mais pouvait tout aussi bien s'appliquer à un éventail de courants de basses, et hautes fréquences. Avec le courant continu d'Edison, il n'était pas possible de travailler avec des potentiels supérieurs à 220 volts sur des réseaux de distribution, mais il était possible de produire et de transmettre des courants de plusieurs milliers de volts avec un courant alternatif, permettant ainsi une distribution économique, qui pouvait être réduite à des tensions inférieures pour l'utilisation du consommateur.

Tesla chercha à obtenir un seul brevet couvrant l'ensemble du système ainsi que tous ces constituants : les dynamos, les transformateurs, les systèmes de distribution et les moteurs. Ses conseils en propriété individuelle, Duncan, Curtis & Page, déposèrent la demande de ce brevet le 12 octobre 1887, six mois après l'ouverture du laboratoire, et cinq ans et demi après qu'il eut inventé le champ magnétique rotatif.

Cependant, l'Office des brevets s'opposa à considérer une application aussi « fourre-tout » et insista pour qu'elle soit divisée en sept inventions distinctes, avec une application individuelle déposée pour chacune. Deux groupes d'applications distinctes furent déposés, respectivement le 30 novembre et le 23 décembre. Ces inventions étaient si originales et couvraient un domaine encore tellement inexploré de la science électrique qu'elles ne rencontrèrent pratiquement aucun problème auprès de l'Office des brevets, et les brevets furent délivrés au bout de six mois. (Ils portaient les numéros : 381968 ; 381969 ; 381970 ; 382279 ; 382280 ; 382281 et 382282. Ils couvraient ses moteurs monophasés et polyphasés, son système de distribution et ses transformateurs polyphasés. En avril 1888, l'année suivante, il fit une demande et se vit accorder cinq brevets de plus, comprenant les systèmes triphasés à trois et quatre fils. Ils furent numérotés : 390413 ; 390414 ; 390415 ; 390721 et 390820. Au cours de la même année, il fit une autre demande et se vit octroyer dix-huit brevets de plus, numérotés : 01520 ; 405858 ; 405859 ; 416191 ; 416192 ; 416193 ; 416194 ; 416195 ; 418248 ; 424036 ; 433700 ; 433701 ; 433702 ; 433703 ; 445207 ; 445067 ; 459772 et 464666.)

Alors que l'Office des brevets commençait à délivrer une succession de brevets fondamentaux à Tesla, la profession d'ingénierie électrique commença à s'intéresser à cet inventeur pratiquement inconnu. Ils prirent vite conscience de l'importance que revêtaient ses découvertes novatrices et l'invitèrent à donner une conférence devant l'American Institute of Electrical Engineers, le 16 mai 1888. Cette invitation fut la preuve de sa « percée ». Tesla accepta l'invitation et s'investit totalement dans la préparation de la conférence qui, pensait-il, lui permettrait de révéler au monde électrique, la grande histoire de son système perfectionné à courant alternatif ainsi que des avantages non négligeables qu'il possédait par rapport au courant continu.

Cette conférence devint un grand classique du domaine de l'ingénierie électrique. Tesla y présentait la théorie et les utilisations pratiques de son courant alternatif dans le domaine de l'énergie. Ces dernières, ainsi que ses brevets, décrivaient les fondations, en matière de circuits électriques, de machines, de fonctionnement, et de la théorie sur laquelle reposait presque l'ensemble du système électrique du pays, et qui est encore utilisée aujourd'hui. Aucune avancée d'ampleur comparable n'a été effectuée dans le domaine du génie électrique depuis.

La conférence tenue par Tesla, les inventions et les découvertes qu'il y présenta, firent de lui le père fondateur de l'ensemble du domaine du système d'énergie à courant alternatif et lui permirent d'être reconnu comme un inventeur extraordinaire dans le domaine de l'électricité, et ce devant toute la profession du génie électrique.

Il est difficile de se rendre compte de l'explosion incroyable d'avancée et de progrès électriques qui sortirent du laboratoire de Tesla dans les quelques mois qui suivirent son installation. Il créa un raz de marée de développements qui emporta, dans une grande déferlante, le monde électrique vers la nouvelle ère de l'énergie, même s'il a fallu plusieurs années bien sûr pour que l'exploitation commerciale démarre. Le monde de l'ingénierie électrique était stupéfait, déconcerté et même perplexe par toutes les découvertes que le laboratoire de Tesla lui faisait rapidement parvenir, et il était rempli d'admiration pour le nouveau génie prodige qui été venu grossir ses rangs.

Le système d'énergie élaboré par Nikola Tesla, qui utilisait le courant à haute tension pour la transmission, permit aux centrales électriques, utilisant le courant continu, de ne plus fonctionner uniquement que comme des entreprises strictement locales, n'étant capables d'alimenter qu'une zone comprise dans un rayon d'un kilomètre et demi tout au plus. Ses moteurs utilisaient un courant alternatif qui pouvait être transmis, de manière économique, sur des centaines de kilomètres, et il mettait à disposition un système bi et triphasé économique pour les lignes de transmission.

Les changements extraordinaires que Tesla apporta à l'industrie électrique avec ses inventions et ses découvertes sur le courant alternatif, peuvent être constatés en tenant compte du handicap avec lequel fonctionnaient les centrales à courant continu d'Edison jusque-là. L'électricité était générée dans les centrales par des dynamos relativement petites, le courant était ensuite distribué aux consommateurs par des conducteurs en cuivre, installés dans des canalisations souterraines. Une partie de l'énergie électrique introduite dans ces conducteurs à la centrale, n'arrivait pas à l'autre bout de la ligne, l'électricité étant convertie en chaleur inutile par la résistance des conducteurs sur le chemin.

L'énergie électrique se compose de deux facteurs : le courant, ou quantité d'électricité, et la tension, ou pression sous laquelle le courant circule. Des pertes de résistance surviennent quelque soit la tension. Un ampère de courant subit une perte précise causée par la résistance, et cette perte reste la même, que la pression soit de 100, 1000, ou même 100 000 volts. Si la valeur du courant ne change pas, alors la quantité d'énergie transportée le long d'un câble variera en fonction de la tension. Par exemple, il y a 100 000 fois plus d'énergie transportée le long d'un fil parcouru par un courant d'un ampère à 100 000 volts qu'il n'y en a quand le courant n'est que d'un ampère et la pression, d'un volt.

Si la quantité de courant transportée par un fil est doublée, les pertes de chaleur seront multipliées par quatre. Si le courant est triplé, ces pertes seront multipliées par neuf, et si le courant est quadruplé, les pertes seront jusqu'à seize fois supérieures. Cette situation instaure des limites précises quant à la quantité de courant pouvant être chargée dans les conducteurs.

En outre, s'ensuivait également une chute de pression. Dans un conducteur d'un kilomètre de long, de par la taille choisie et en transportant des courants moyens, il y aurait une perte d'environ 30 volts. Pour compenser dans une certaine mesure cette perte, les dynamos ont été conçues pour générer 120 volts, au lieu des 110 volts standards sur lesquels les lampes étaient conçues. A côté de la centrale, le consommateur recevrait un surplus de tension, et un kilomètre plus loin, le courant délivré s'élèverait à 90 volts. Les premières lampes à incandescence à filament de carbone d'Edison avaient une brillance plutôt faible à 110 volts et procuraient un éclairage encore moins satisfaisant à 90 volts.

Par conséquent, la génération et la distribution d'électricité par courant continu devint une affaire beaucoup plus localisée. La centrale électrique Edison pouvait alimenter une zone de moins d'un kilomètre et demi de diamètre. Pour pouvoir alimenter une grande ville, il aurait fallu installer une centrale à chaque kilomètre carré, ou même moins si l'on voulait pouvoir fournir un courant uniforme satisfaisant. En dehors des grandes villes, la situation devenait encore plus difficile. Cela deviendrait un lourd handicap si l'on souhaitait faire de l'électricité la source d'énergie universelle.

Le système de courant alternatif de Tesla, qu'Edison avait rejeté avec tant de véhémence quand on lui en avait fait la proposition, libéra l'électricité de l'emprisonnement local. Ses moteurs à courant alternatif étaient non seulement plus simples et flexibles que les machines à courant continu, mais, grâce à une méthode très efficace, il était possible d'utiliser les transformateurs, constitués de deux bobines de fil enroulés sur un noyau en fer, pour augmenter la tension et en même temps abaisser le courant de manière proportionnelle, ou inversement. Cependant, la quantité d'énergie nécessaire resterait pratiquement identique.

Les fils de cuivre achetés au kilomètre entraînaient un investissement important. Le diamètre du fil imposait quant à lui, une limite à la quantité de courant qu'il pouvait transporter. Avec le système de courant continu d'Edison, il n'y avait aucun moyen pratique pour transformer un courant électrique. La tension restait la même, et lorsque le courant augmentait jusqu'à la capacité de charge du fil, il était impossible d'amplifier davantage le circuit.

Avec le système Tesla, les quantités d'énergie qu'un fil pourrait transporter serait grandement augmentées en amplifiant la tension et en maintenant le courant en dessous de la limite de charge du circuit. Dans le système à courant alternatif polyphasé de Tesla, un petit fil pourrait transporter un millier de fois, voire plus encore, d'énergie électrique qu'il n'en aurait été possible dans le système à courant continu d'Edison.

Grâce au système de courant alternatif de Tesla, l'électricité pouvait être délivrée à de grandes distances de la centrale, de manière économique. Si on le souhaitait, on aurait pu brûler du charbon à l'embouchure d'une mine pour générer de l'électricité et délivrer le courant à bas prix aux villes éloignées. On aurait tout aussi bien pu produire de l'électricité grâce à une source d'énergie hydraulique disponible et la transmettre à des points éloignés où elle pourrait être utilisée.

Tesla délivra le géant électrique du cordon ombilical qui le reliait à la centrale et lui apporta la liberté géographique. Il lui donna l'opportunité de s'étendre dans les grands espaces et de réaliser des miracles. Il instaura les bases de notre système de superpuissance actuel. Une avancée d'une telle ampleur aurait à coup sûr des répercussions explosives, et l'explosion suivrait certainement, dès que quelqu'un en allumerait la mèche.

CINQ

La conférence et la démonstration spectaculaires de Tesla devant l'American Institut of Electrical Engineers de New York, concentra l'attention de l'ensemble de la communauté d'électriciens sur son travail. Il ne faisait aucun doute dans l'esprit de la grande majorité des ingénieurs en électricité, que les découvertes de Tesla symbolisaient le début d'une nouvelle ère pour l'industrie électrique. A quoi pourraient-elles donc bien servir ? Il y avait peu de fabricants qui pourraient en tirer parti. Ses découvertes se trouvaient dans la même situation qu'un diamant de quatre kilo et demi. Personne ne remettrait en question la valeur de la pierre, mais qui serait en mesure de l'acheter ou d'en faire usage ?

A cette époque, Tesla n'avait pas particulièrement focalisé son esprit sur la commercialisation de son travail. Il était au beau milieu d'un programme de travail expérimental qui était loin d'être terminé, et il souhaitait d'abord le finir avant de s'engager dans de nouvelles activités. Il s'attendait à ce qu'il n'y ait pas d'alternatives quant à la création de sa propre entreprise et la fabrication de ses dynamos, moteurs et transformateurs. S'engager dans cette voie l'éloignerait de son projet expérimental initial, qui le fascinait grandement et qu'il ne voulait surtout pas interrompre. Par conséquent, en ce qui le concernait, commercialiser ses inventions était un problème qui pouvait être remis à plus tard. Tout du moins, tant que le financement actuel de son travail n'était pas interrompu.

L'homme à la tête de la Westinghouse Electric Company de Pittsburgh, George Westinghouse, était un visionnaire. Il était déjà connu comme étant l'inventeur de grands nombres d'appareils électriques, mais plus particulièrement pour son frein à air pour trains et pour avoir fait fortune grâce à l'exploitation de ses propres inventions. Il a constaté les fabuleuses possibilités commerciales que présentaient les inventions de Tesla, ainsi que l'imposante supériorité du courant alternatif sur le courant continu. C'était un homme d'affaire pragmatique et il n'était pas limité dans son choix entre les deux systèmes.

D'un autre côté, Thomas Edison, homme à la tête de l'Edison General Eletric Company, était quant à lui soumis à une limitation. L'invention d'Edison était la lampe électrique à incandescence. Ayant développé ce projet, il fut forcé de constater qu'il fallait qu'il trouve un moyen de l'utiliser à des fins commerciales. Afin de vendre ses lampes au public, il était nécessaire de rendre l'électricité accessible pour pouvoir les allumer. Il fallait donc créer des centrales électriques et des systèmes de distributions. Déjà, un autre type de lampe électrique était disponible — la lampe à arc — mais elle ne l'intéressait que peu. Le système des centrales électriques Edison était alimenté par un courant continu à basse tension. A cette époque, on utilisait des moteurs à courant direct, et la plupart des hommes ne croyait pas possible la création d'un moteur à courant alternatif fonctionnel. Par conséquent, du point de vue d'Edison, le système à courant continu offrait un certain nombre d'avantages d'ordre pratique.

Westinghouse n'avait pas de projet favori comparable à celui de la lampe à incandescence, autour duquel il a dû placer des conditions de protection, telles que des limitations du courant continu. De cette façon, il pouvait regarder d'un point de vue impartial et purement objectif les découvertes de Tesla sur le courant alternatif. Il prit sa décision un mois après la conférence de Tesla. Après avoir fait cela, il adressa une brève note à Tesla, pour prendre rendez-vous et le rencontrer dans son laboratoire.

Les deux inventeurs ne s'étaient jamais rencontrés, mais chacun connaissait déjà bien le travail de l'autre. Westinghouse, né en 1846, avait dix ans de plus que Tesla. Il était petit, corpulent, barbu, impressionnant à regarder et avait l'habitude de conduire ses affaires de manière très franche, au point qu'il pouvait se montrer assez brusque. Tesla, âgé de trente-deux ans, était grand, brun, beau, mince et élégant. Debout dans le laboratoire de Tesla, ils ne pouvaient pas avoir l'air plus différent l'un de l'autre. Toutefois, ils avaient trois choses en commun : ils étaient tous deux des inventeurs, des ingénieurs et ils aimaient l'électricité. Tesla avait des dynamos, des transformateurs et des moteurs dans son laboratoire, avec lesquels il pouvait faire la démonstration de ses découvertes et modèles dans des conditions réelles d'utilisation. Dans cet endroit, Westinghouse se sentait comme chez lui, et il devint rapidement convaincu par l'inventeur et ses inventions.

Westinghouse fut favorablement impressionné et décida d'agir rapidement. Tesla relata l'histoire à l'auteur.

« Je vous donnerai un million de dollars pour vos brevets sur le courant alternatif, plus les royalties », annonça-t-il à un Tesla surpris. Toutefois ce dernier ne laissa rien transparaître du fait qu'il avait été complètement abasourdi.

« Si vous m'offrez une royalty d'un dollar par cheval, j'accepterai votre offre », répondit Tesla.

« Un million, un dollar de royalty par cheval », répéta Westinghouse.

« C'est acceptable », dit Tesla.

« Marché conclu », déclara Westinghouse. « Vous recevrez un chèque et un contrat dans quelques jours ».

Voilà le cas de deux grands hommes, chacun ayant la capacité de voir l'avenir d'un point de vue gigantesque et ayant une totale confiance en l'autre, qui organisait une énorme transaction avec une indifférence totale pour les détails.

A l'époque, la somme mise en jeux était incontestablement un record pour une invention. Alors que Tesla aimait à penser à son système polyphasé complet comme à une seule invention, il avait néanmoins vendu près de vingt inventions pour lesquelles les brevets avaient déjà été délivré. Beaucoup d'autres étaient encore à venir. Avec un total de quarante brevets impliqués dans la transaction, dont la plupart était de nature basique, il reçut, par conséquent, près de 25 000 dollars par brevet. Westinghouse conclut ainsi une véritable affaire en achetant les brevets en grandes quantités.

Westinghouse s'arrangea avec Tesla pour qu'il vienne à Pittsburg pendant un an, et ce avec un « salaire élevé », afin d'agir comme consultant dans l'application commerciale de ses inventions. L'offre généreuse, faite par le magnat de Pittsburg pour l'acquisition de ses brevets, effaça toutes les inquiétudes qu'aurait pu avoir Tesla quant au fait de consacrer la majeure partie de son temps à exploiter ses inventions à des fins commerciales, via sa propre entreprise. Par conséquent, il pouvait se permettre de donner un an de son temps.

L'appareil, dont Tesla fit la démonstration à Westinghouse lorsque ce dernier visita son laboratoire, et qui fonctionnait à merveille, était conçu pour fonctionner avec un courant de 60 cycles. Les recherches que Tesla avait menées lui indiquaient que c'était à cette hauteur de fréquence que la machine fonctionnait avec la meilleure efficacité. Avec de plus hautes fréquences, il y avait une économie de la quantité de fer requise, mais la baisse d'efficacité et les difficultés de conception qui sont apparues, n'étaient pas compensées par l'économie très faible du coût du métal. Avec de plus basses fréquences, la quantité de fer nécessaire augmentait, et l'appareil prenait de l'ampleur plus rapidement que l'accroissement de l'efficacité le justifiait.

Tesla alla à Pittsburg et espéra résoudre tous les problèmes en moins d'un an. Cependant, il rencontra là-bas des ingénieurs qui faisaient face à un tout autre problème : celui de créer un moteur dont la conception assurerait tout d'abord la certitude d'un bon fonctionnement ; puis une économie de fonctionnement ; ensuite une économie dans l'utilisation de matériaux ; enfin une facilité de fabrication, ainsi que d'autres problèmes. Tesla avait tous ces problèmes en tête, mais il n'était pas autant dans l'urgence que ces ingénieurs. En plus de cela, il était inflexible dans le choix des 60 cycles comme fréquence standard pour le courant alternatif, alors que les ingénieurs, qui avaient une expérience avec les 133 cycles, n'étaient pas certains qu'une fréquence inférieure soit la mieux adaptée pour les moteurs Tesla. En tout cas, il y avait des conflits entre l'inventeur, essentiellement intéressé par les principes, et les ingénieurs, intéressés par les problèmes pratiques de conception. Le fonctionnement des moteurs Tesla, en courant monophasé de petites tailles, a fait ressortir des problèmes très précis. Dans ce type de conception, des artifices ont dû être incorporés dans le moteur, afin de produire certaines des caractéristiques d'un courant biphasé à partir du courant monophasé qui avait été fourni pour le faire fonctionner.

Tesla était profondément écœuré par la situation. Il avait l'impression que les conseils qu'il donnait concernant sa propre invention n'étaient pas acceptés. Alors, il quitta Pittsburgh. Westinghouse était persuadé que la situation s'arrangerait d'elle-même. Tesla révéla des années plus tard, qu'afin de le persuader de ne pas partir, Westinghouse lui offrit vingt-quatre milles dollars par an, soit un tiers du revenu net de la compagnie et son propre laboratoire, s'il restait et dirigeait le projet de développement de son système. Tesla, maintenant riche et désireux de retourner à ses recherches initiales, refusa son offre.

Les travaux de développement continuèrent après le départ de Tesla. Très vite, des modèles pratiques furent produits pour toutes les tailles de moteurs et de dynamos, puis leur fabrication démarra. Tesla était heureux de constater que le choix sur lequel il avait insisté, à savoir la fréquence de 60 cycles, avait été adopté comme fréquence standard, malgré le fait qu'il ait été remis en question au motif qu'elle était moins efficace dans les petites unités.

De retour à son laboratoire new-yorkais, Tesla déclara que, lors de son année à Pittsburgh, il n'avait pas apporté une seule contribution utile à la science électrique. «Je n'étais pas libre à Pittsburgh», expliqua-t-il. «J'étais totalement dépendant et je ne pouvais pas travailler. Il faut que je sois totalement libre pour être créatif. Quand je me suis libéré de cette situation, les idées et les inventions ont traversé mon cerveau à une vitesse impressionnante.» Durant les quatre années qui suivirent, il consacra une grande partie de son temps à poursuivre les développements de son système polyphasé. Il déposa quarante-cinq brevets qui lui seront accordés par la suite. Ceux accordés dans les pays étrangers porteraient le total à plusieurs fois ce nombre.

Les idées de ces deux géants parmi les inventeurs — Edison et Tesla — se livraient une bataille impitoyable. Des développements incroyables étaient parvenus des laboratoires des deux génies, visibles l'un de l'autre sur la South Fifth Avenue à New York, .

Il y eut des conflits considérables entre Edison, qui était un fervent défenseur du courant continu, et les partisans du courant alternatif. La Thomson-Houston Company et la Westinghouse Electric Company avaient considérablement développé ce domaine d'éclairage électrique de série et de lampes à arcs, avant que le système d'énergie de Tesla n'ait été développé. Edison, qui avait déjà eu maille à partir avec ces concurrents, attaquait le système de courant alternatif en le déclarant dangereux à cause des tensions élevées qu'il utilisait. L'arrivée du système de Tesla jeta de l'huile sur le feu.

Tesla croyait que, lorsque les autorités de la prison d'état de New York avaient adopté le courant alternatif à haute tension pour l'électrocution des prisonniers condamnés, Edison avait orchestré le projet de façon à discréditer le courant alternatif. Il n'y a aucun doute quant à l'aide que le choix des autorités de la prison à donné au groupe du courant continu. Néanmoins, leur décision était indubitablement basée sur le fait que le courant continu ne pouvait pas, et ceux par n'importe quels moyens pratiques, être produit aux tensions élevées exigées, alors que les potentiels de courant alternatif pouvaient très facilement être augmentés. A la même tension et à la même intensité de courant, le courant continu est tout aussi mortel que le courant alternatif. Cependant, cette « guerre des courants », comme dans les autres guerres, était régies par les émotions plutôt que par les simples faits.

La tâche de fournir les Etats-Unis en énergie électrique — chose que George Westinghouse entreprit lorsqu'il commença à exploiter les brevets de Tesla — était énorme. Elle avait non seulement besoin d'ingénieurs de talent mais aussi de capitaux. La Westinghouse Electric Company connut une formidable expansion de son volume d'affaires. Toutefois, cette augmentation à la hausse est arrivée à un moment où le pays entrait dans une phase de dépression commerciale et financière. Westinghouse se retrouva rapidement en difficultés.

De plus, c'était une époque où les gigantesques intérêts financiers en concurrence se battaient pour le contrôle de la structure industrielle du pays, à travers le contrôle du capital. C'était une époque de fusions, une période où les intérêts financiers créaient de plus grandes unités de production en unissant de plus petites sociétés dans des domaines connexes. Ces combinaisons étaient souvent forcées, sans égard pour les désirs des propriétaires de ces compagnies.

Une de ces fusions, faite en interne et arrangée par consentement mutuel, rassembla la Thomson-Houston Company et l'Edison

General Electric Company, deux des plus importants concurrents de la Westinghouse Electric, afin de créer celle que l'on connaît aujourd'hui comme la General Electric Company. C'était un défi aux intérêts financiers concurrents.

Westinghouse avait développé son affaire de façon très rapide en exploitant les brevets de Tesla. Puisque sa structure financière avait ainsi perdu un certain degré de flexibilité, il devint vulnérable face aux opérateurs financiers et se retrouva rapidement à la périphérie d'une fusion qui impliquait l'union de son entreprise avec plusieurs autres petites compagnies. Les intérêts financiers de la situation présente exigeaient que la Westinghouse Electric Company soit réorganisée afin de faire un pas en avant, entraînant avec elle une fusion de l'U.S. Electric Company et de la Consolidated Electric Light Company. La nouvelle unité serait connue sous le nom de la Westinghouse Electric and Manufacturing Company.

Avant que cette réorganisation ne s'accomplisse, les conseillers financiers, occupant des postes stratégiques, insistèrent pour que Westinghouse abandonne quelques-uns de ses plans et de ses projets qu'ils considéraient comme inopportuns ou préjudiciables à l'obtention d'une nouvelle compagnie sur une nouvelle base qui serait plus solide d'un point de vue financier.

Une des conditions était que Westinghouse se débarrasse de son contrat avec Tesla concernant le paiement des royalties à 1 dollar par cheval sur tous les articles de courant alternatif vendus sous ses brevets. (Il n'existe aucune preuve écrite de ce contrat. L'auteur a trouvé deux sources d'informations. L'une concordait parfaitement avec l'histoire racontée ici. L'autre stipulait que le paiement du million de dollars était une avance sur les royalties. C'est d'ailleurs comme cela que Tesla le lui avait décrit, déclarant qu'aucune autre royalty n'avait été versée). Les conseillers financiers ont souligné que, si les affaires que Westinghouse s'attendait à faire avec les brevets de Tesla dans l'année qui allait suivre étaient loin d'être aussi bonnes que les estimations, la somme qu'il devrait déboursé en vertu de ce contrat serait énorme, totalisant plusieurs millions de dollars. Cela, au moment de la réorganisation, apparaissait comme un fardeau dangereux, mettant en péril la stabilité qu'ils s'efforçaient d'atteindre pour la nouvelle organisation.

Westinghouse protesta vigoureusement contre cette procédure. Il insista sur le fait que ce paiement était en raccord avec les procédures habituelles et ne serait pas un fardeau pour l'entreprise, car il était compté dans les coûts de production, était payé par les clients, et qu'il ne sortait pas des bénéfices de l'entreprise. Westinghouse, lui-même un inventeur de grande envergure, avait un grand sens de la justice quand il gérait ses affaires avec des inventeurs.

Toutefois, les conseillers financiers n'allaient pas laisser cela passer outre. Ils mirent Westinghouse au pied du mur, en insistant sur le fait que le million de dollars qu'il avait versé à Tesla était une compensation plus que convenable pour une invention, et qu'en faisant cela, il avait mis en péril la structure financière de sa compagnie et compromis l'intérêt de ses banquiers. Il a été affirmé, que toute autre mise en péril de la réorganisation, du fait de quelques efforts visant à conserver le contrat sur les royalties, entraînerait le retrait du soutien qui permettrait de sauver la compagnie.

La situation en était réduite à la technique du fameux « soit/soit ».

Westinghouse a été réquisitionné pour gérer les négociations avec Tesla. Aucune autre situation n'aurait pu être plus embarrassante pour lui. Cependant, Westinghouse était un réaliste parmi les réalistes. Il n'hésitait jamais à affronter les faits en face et ce avec une franchise brutale. « Je vous donnerai un million de dollars pour vos brevets sur le courant alternatif, plus les royalties ». Il avait été clair et concis lorsqu'il avait acheté les brevets de Tesla. Maintenant, il devait trouver un moyen de se sortir de cette situation. Puis, l'argent a parlé, et il détenait cet argent. Tesla occupait à présent la position dominante. Il avait en main un contrat parfaitement valide, qui valait plusieurs millions, et il pouvait le poursuivre en justice pour l'obliger à en respecter les termes.

Le procès couronné de succès d'Edison contre les contrefacteurs de son brevet sur la lumière électrique, occasionnant des désastres pour beaucoup d'entreprises qui avaient violées les droits de propriété de son brevet, avait amené l'ensemble du monde industriel à avoir un respect nouveau et sain, pour les droits des brevets.

Westinghouse n'avait aucune raison de croire que Tesla aurait la moindre envie d'abandonner son contrat, ni qu'il ne permettrait que ses termes soient modifiés afin de fournir un taux de royalties plus faible. Il savait que la fierté de Tesla avait été blessée par le désaccord avec les ingénieurs de Pittsburgh et qu'il pourrait ne pas être d'humeur conciliante. D'un autre côté, Westinghouse savait qu'il avait réussi à faire adopter les idées de Tesla. Son plus grand réconfort venait du fait qu'il avait conclu le contrat en toute bonne foi, et toujours avec cette même foi, il essayait de gérer une situation bien moins satisfaisante. Peut-être pourrait-il offrir à Tesla un poste de direction dans la compagnie, au lieu d'un contrat. Un tel arrangement offrirait des avantages mutuels.

Il n'y a aucun moyen de fixer la valeur précise que détenait le contrat de Tesla. Ses brevets couvraient chaque département du nouveau système d'énergie à courant alternatif, et les royalties pouvaient être collectées sur les équipements des centrales électriques et des moteurs. A cette époque, l'industrie électrique venait à peine de démarrer. Personne ne savait ce que le futur réservait, ni n'avait vu l'énorme volume d'affaires qui allait se développer. (Les dernières données disponibles indiquent qu'en 1941, les machines produisant de l'électricité en fonctionnement aux Etats-Unis avaient une puissance de 162 000 000 chevaux, et qu'elles étaient pratiquement toutes alimentées par du courant alternatif. En supposant que la croissance était uniforme entre 1891 et 1941, la puissance installée en 1905, lorsque les premiers brevets de Tesla auraient expirés, aurait été d'environ vingt millions. Ce chiffre est, apparemment, trop élevé.

Selon un recensement des stations centrales américaines mené par T. Commerford Martin (Electrical World, 14 mars 1914), la puissance des générateurs en fonctionnement en 1902 étaient de 1 620 000. En 1907, ce chiffre était passé à 6 900 000. Au prorata, par année, ce chiffre serait de 5 000 000 en 1905, l'année où les premiers brevets de Tesla auraient expiré. Lors de cette période, beaucoup de fabricants qui avaient utilisé la vapeur, ont installé des dynamos dans leurs usines et ont exploité les centrales isolées. Celles-ci ne seraient pas incluses dans les chiffres des stations centrales, mais, si cela avait été le cas, ça aurait porté la puissance totale à peut-être 7 000 000 de chevaux. Tesla aurait dû toucher sept millions de dollars de royalties pour cet équipement, sur la base de son arrangement d'un dollar par cheval. De plus, il aurait eu droit de toucher des royalties sur les moteurs qui utilisaient la puissance générée par ces dynamos. Si seulement les trois quart du courant généré étaient utilisés pour l'énergie, cela lui aurait permis de gagner 5 000 000 dollars supplémentaires, soit un total de 12 000 000 de dollars).

Ce serait une tâche difficile pour n'importe quel cadre, peut importe qu'il soit avisé ou intelligent, que de faire renoncer un contrat à un homme, alors que celui-ci pourrait lui faire gagner plusieurs millions, ou de l'inciter à accepter une réduction des taux s'élevant à des millions.

Westinghouse rendit visite à Tesla, le rencontrant dans le même laboratoire sur South Fifth Avenue, là où, quatre ans plus tôt, il avait acheté les brevets. Sans y aller par quatre chemins, il lui expliqua la situation.

« Votre décision », dit le magnat de Pittsburg, « déterminera le sort de la Westinghouse Company. »

« Supposons que je refuse d'abandonner mon contrat. Que feriez-vous alors ? », demanda Tesla.

« Dans ce cas, vous aurez à traiter avec les banquiers, car je n'aurais plus aucun pouvoir sur la situation », répondit Westinghouse.

« Et si j'abandonne ce contrat, vous sauverez votre compagnie et garderez le contrôle, vous pourrez ainsi poursuivre votre projet de donner mon système polyphasé au monde ? », continua Tesla.

« Votre système polyphasé est, à mon sens, la plus grande découverte jamais faite dans le domaine de l'électricité », déclara Westinghouse. « Ce sont mes efforts pour le donner au monde qui ont causés toutes ses difficultés, mais je compte continuer. Quoi qu'il arrive, je poursuivrai mes projets originaux d'étendre le courant alternatif à tout le pays. »

« M. Westinghouse », dit Tesla, se redressant de toute la hauteur de son mètre quatre-vingt et souriant au magnat de Pittsburgh, qui était lui-même un grand homme, « vous avez été mon ami, vous avez cru en moi quand d'autres ne le faisaient pas. Vous avez été assez courageux pour continuer et me payer un million de dollars alors que d'autres manquaient de courage. Vous m'avez soutenu même lorsque vos ingénieurs ne voyaient pas les grandes choses qui nous attendaient, comme vous et moi le faisions. Vous êtes resté à mes côtés en tant qu'ami. Les bénéfices qu'apportera mon système polyphasé à la civilisation représentent bien plus à mes yeux que l'argent en jeu. M. Westinghouse, vous allez sauver votre compagnie afin que vous puissiez développer mes inventions. Voici votre contrat et voici le mien— je les déchirerai tous les deux et vous n'aurez plus à vous inquiéter pour les royalties. Est-ce que cela vous convient ? »

Joignant le geste à la parole, Tesla déchira le contrat et le jeta à la poubelle. Westinghouse, grâce au formidable geste de Tesla, put retourner à Pittsburg et utiliser les installations de la compagnie réorganisée que l'on connaît aujourd'hui comme la Westinghouse Electric and Manufacturing Company, afin de remplir la promesse qu'il avait faite à Tesla, celle de rendre son système de courant alternatif accessible au monde.

Il n'y a probablement aucune trace dans l'histoire d'un sacrifice aussi magnifique fait au nom de l'amitié, que celui du remarquable cadeau que Tesla fit à Westinghouse, à savoir les 12 000 000 de dollars de royalties impayées. Bien que Westinghouse perçoive, de son côté, des bénéfices indirects provenant de celui-ci.

Il est aussi probable que l'incapacité à payer ces royalties à Tesla, ait engendré un des plus grands handicaps dans les progrès scientifique et industriel que la race humaine n'ait jamais connu. Quelques années plus tard, Tesla, toujours grand intellectuel loin de l'apogée de sa plus forte croissance et toujours avec une profusion d'inventions et de découvertes de grande ampleur, dont l'importance était égale à ses premiers projets qui fournirent le monde en énergie électrique, se retrouva sans fonds pour développer ses découvertes. De ce fait, beaucoup d'entre elles furent perdues.

Presque cinquante ans après cette majestueuse renonciation à la richesse au nom de l'amitié, au cours desquels Tesla avait eu l'occasion de voir les Etats-Unis et le monde dans son ensemble, devenu riche grâce à la puissance qu'il avait mis à sa disposition, il a été invité à répondre à la citation honorifique de l'Institute of Immigrant Welfare, avec un discours. Tesla, qui avait alors près de quatre-vingt ans, ne put se présenter en personne. Il avait connu des décennies de pauvreté, durant lesquelles il avait dû faire face au ridicule du fait de son incapacité à développer les inventions qu'il déclarait avoir créées, et avait été forcé de déménager fréquemment d'hôtel en hôtel, car il était incapable de payer ses factures. En dépit de ces expériences, il n'avait développé aucune rancune envers Westinghouse au nom de qui il avait sacrifié ses 12 000 000 de dollars de royalties. Au lieu de cela, il conserva son amitié chaleureuse d'origine. C'est ce qui est indiqué par la déclaration dans le discours qu'il envoya à l'Institut devant être lu lors du diner qui se tenait à l'hôtel Biltmore, le 12 mai 1938 :

« George Westinghouse était, à mon sens, le seul homme sur cette planète qui était capable de prendre en charge, d'après les circonstances de l'époque, mon système de courant alternatif, et le seul à gagner la bataille contre le pouvoir des préjugés et de l'argent. Il était un pionnier doté d'une stature imposante, l'un des vrais nobles du monde dont l'Amérique peut être fière et à qui l'humanité doit une immense dette de gratitude. »

SIX

Quand Tesla a quitté l'usine de Westinghouse à Pittsburgh en 1889 pour retourner à son laboratoire de New York, il est entré dans un nouveau monde. Le magnifique système polyphasé qu'il avait déjà produit n'était qu'un petit échantillon des merveilles qui restaient à découvrir et il lui tardait de commencer à explorer le nouveau domaine.

Il ne pénétrait pas dans un domaine qui lui était totalement inconnu et dans lequel il devrait avancer dans le noir dans l'espoir de tomber sur quelque chose de valeur, même si n'importe qui d'autre à cette époque aurait été dans cette position. Lors de cet après-midi fatidique de février à Budapest en 1882, quand il a reçu la vision du champ magnétique tournant, celle-ci s'est accompagnée d'une illumination qui lui a révélé l'ensemble du cosmos, dans ses variations infinies et ses myriades de manifestations, telle une symphonie de courants alternatifs. Pour Tesla, les harmonies de l'univers étaient jouées sur une échelle de vibrations électriques d'une vaste gamme d'octaves. Sur l'une des octaves inférieures se trouvait une note unique, le courant alternatif de 60 cycles par secondes, et sur l'une des octaves supérieures, la lumière visible avec sa fréquence de milliards de cycles par secondes.

Tesla avait à l'esprit de nombreuses expériences dans lesquelles il explorerait cette région de vibrations électriques présente entre son courant alternatif et les ondes lumineuses. Il augmenterait la fréquence du courant alternatif à travers les régions intermédiaires inconnues. Si une note dans les octaves inférieures avait réussi à produire une invention aussi magnifique que le champ magnétique tournant et le système polyphasé, qui pourrait imaginer toutes les possibilités que recelaient d'autres notes dans les octaves supérieures ? Et il y avait des milliers d'octaves à explorer. Il construirait un harmonium électrique en produisant des vibrations électriques sur toutes les fréquences, puis étudierait leurs caractéristiques. Il serait alors capable, du moins l'espérait-il, de comprendre le motif de la symphonie cosmique des vibrations électriques qui touche l'univers tout entier.

À trente-trois ans, Tesla était maintenant un homme fortuné. La Westinghouse Company lui avait versé un million de dollars pour sa première série d'inventions. Cinq cent mille dollars de ce montant furent versés à A.K Brown et son associé qui avait financé ses expériences. Des inventions encore plus grandes devaient suivre. Il n'aurait jamais plus besoin d'argent. Il croyait alors que ses brevets sur le courant alternatif lui rapporteraient des millions en royalties. Il pourrait les dépenser aussi librement qu'il le souhaitait, pénétrer les secrets de la Nature et appliquer ses découvertes au bien-être humain. C'était sa responsabilité d'être aussi engagé. Il savait qu'il était doué, aucun autre homme n'ayant été doté d'une telle vision, d'un tel talent et d'une telle capacité. Ce serait donc à son tour de doter le monde des trésors divins de la connaissance scientifique, qu'il aurait extraits des recoins secrets de l'univers et qu'il transformerait en agences, grâce aux activités de son esprit puissant, afin d'égayer la vie, alléger les travaux et accroître le bonheur de l'humanité.

Son attitude était-elle arrogante ? Si c'était le cas, ses intentions n'étaient pas égoïstes. Pour lui, peut importait ce qu'il pensait tant qu'il restait objectif dans sa pensée, et ses réflexions pourraient se traduire par des faits démontrables. Que cela pouvait-il faire qu'il se trouve meilleur que les autres hommes : ce point de vue ne s'est-il pas conformé aux faits ? Supposons qu'il se considère lui-même comme un homme au grand destin. Ne pourrait-il pas apporter des preuves pour étayer cette affirmation ? Il n'était pas nécessaire que Tesla voit réellement un événement se produire pour profiter de sa réalisation. N'avait-il pas déclaré dans sa jeunesse qu'il inventerait un moteur à courant alternatif pratique, seulement pour s'entendre dire par son professeur que cet objectif était impossible à atteindre — et n'avait-il pas déjà accompli cette « impossibilité » ? N'avait-il pas pris les dynamos à courant continu d'Edison, que tout le monde considérait comme un grand génie, et grandement amélioré leur conception et leur fonctionnement. En outre, n'avait-il pas produit un système largement supérieur pour produire, distribuer et utiliser de l'électricité ? À tout cela, Tesla pourrait répondre par l'affirmative, sans aller au-delà des limites de la modestie concernant ses réalisations.

Son attitude n'était pas celle d'un égoïste. C'était l'attitude de quelqu'un ayant foi en lui-même et dans la vision qui lui a été donnée. Pour un homme avec de grandes capacités, qui a foi en lui et les ressources financières nécessaires pour atteindre ses buts, le monde des inventions est sans limites. Cela correspondait à l'image de Tesla alors qu'il regagnait son laboratoire de la Cinquième Avenue à New York, à la fin de l'année 1889.

Tesla avait étudié une large gamme de fréquences de courant alternatif afin de sélectionner la fréquence sur laquelle son système polyphasé fonctionnerait le plus efficacement. Ses calculs ont indiqué des changements importants dans les caractéristiques et les effets lorsque la fréquence du courant était augmentée. Ses observations avec les machines électriques qu'il a construites ont confirmé ses calculs. Il a noté que, de plus en plus petites quantités de fer étaient nécessaires lorsque les fréquences étaient augmentées, et il voulait maintenant explorer les très hautes fréquences, au cours desquelles des effets inhabituels devraient se produire sans qu'il y ait la moindre trace de fer dans le circuit magnétique.

Lorsqu'il était encore à Budapest, après sa découverte du champ magnétique tournant, il s'était livré à un jeu de calcul mental sur les propriétés des courants alternatifs, de la fréquence la plus basse à celle de la lumière. Personne n'avait encore exploré ce domaine. Toutefois, neuf ans plus tôt, en 1873, James Clerk Maxwell, de l'université de Cambridge en Angleterre avait publié sa magnifique présentation sur la théorie électromagnétique de la lumière. Ses équations ont indiqué qu'il y avait une vaste gamme de vibrations électromagnétiques au-dessus et en-dessous de la lumière visible, des vibrations de longueurs d'ondes beaucoup plus longues et beaucoup plus courtes. Pendant que Tesla était occupé à fabriquer des modèles de son système polyphasé en 1887, le professeur Heinrich Hertz, en Allemagne, a également testé la théorie de Maxwell dans la gamme des ondes de quelques mètres de long. Il fut capable de produire ces ondes par la décharge d'étincelle d'une bobine d'induction, d'absorber ces ondes depuis l'espace, et de les changer à nouveau en une toute petite étincelle à une certaine distance de la bobine.

Le travail d'Hertz a appuyé la théorie de Tesla qu'il y avait une découverte intéressante à faire sur presque chaque note de la gamme entière de vibrations, entre celles connues du courant électrique et celles de la lumière. Tesla était sûr que s'il pouvait continuellement accroître la fréquence des vibrations électriques jusqu'à ce qu'elles égalent celle de la lumière. Il serait alors en mesure de produire de la lumière grâce à un procédé direct et très efficace au lieu du procédé extrêmement peu rentable utilisé dans la lampe à incandescence d'Edison, dans laquelle les ondes lumineuses utiles représentent une infirme partie des vagues de chaleur gaspillées émises dans le procédé, et seulement cinq pour cent de l'énergie électrique a été efficacement utilisée.

Tesla a commencé ses investigations en construisant des dynamos tournantes à courant alternatif pouvant comprendre jusqu'à 384 pôles magnétiques. Avec ces appareils, il était capable de générer des courants allant jusqu'à 10 000 cycles par seconde. Il a constaté que ces courants à haute fréquence présentaient de nombreuses possibilités fascinantes pour la transmission de puissance encore plus efficace que son système polyphasé très pratique de 60 cycles par secondes. Il a donc poursuivi une ligne de recherche parallèle sur les transformateurs pour élever et abaisser la tension de ces courants.

Par la suite, des dynamos de courant alternatif à haute fréquence, semblables à celles conçues par Tesla en 1890, ont été développées par F.W. Alexanderson en émetteurs sans fil à haute puissance. Ces derniers ont placé la transmission sans fil transatlantique, plus de deux décennies plus tard, sur une base pratique si solide que le gouvernement ne permettait pas que le contrôle de celle-ci revienne à un pays étranger et a fait en sorte que les États-Unis conservent leur position prédominante dans le monde du sans fil.

Les transformateurs de courant à haute fréquence que Tesla avait mis au point s'avérèrent particulièrement performants. Ils ne contenaient aucune trace de fer. À vrai dire, la présence de fer nuisait à leur bon fonctionnement. Il s'agissait de transformateurs à noyau d'air et ils se composaient simplement de bobines primaires et secondaires concentriques.

Les tensions qu'il était capable de produire avec ces transformateurs, plus tard connus sous le nom de bobines de Tesla, étaient très élevées. Lors de ses premières expériences, il est parvenu à un potentiel électrique lui permettant de créer des étincelles de quelques centimètres, mais en très peu de temps, il a réalisé d'énormes progrès et réussi à produire des arcs électriques. En travaillant avec ces tensions, il a rencontré des difficultés concernant l'isolation de son appareil. Il a alors développé la technique qui est maintenant utilisée universellement dans les appareils à haute tension, celle de plonger l'appareil dans l'huile et de chasser tout l'air des bobines. Une découverte d'une grande valeur commerciale.

Il y avait cependant une limite, au-dessus de laquelle l'utilisation de générateurs rotatifs à courants à haute fréquence n'était pas possible. Pour y remédier, Tesla se mit à développer un type de générateur différent. Il n'y avait rien d'original dans l'idée de base qu'il a utilisée. Dans les dynamos rotatives, le courant est produit en déplaçant un fil dans un cercle devant un certain nombre de pôles magnétiques à la suite. Le même effet peut être obtenu en faisant aller et venir le fil avec un mouvement oscillant devant un pôle magnétique. Personne, cependant, n'avait encore produit une dynamo à mouvement alternatif pratique. Tesla en produisit une qui était très pratique pour son usage particulier; mais qui n'avait autrement que peu d'utilité. Plus tard, il a estimé qu'il aurait mieux pu employer le temps passé dessus. C'était un ingénieux moteur à cylindre unique sans soupapes et pouvait fonctionner en comprimant l'air ou la vapeur. Il était muni d'orifices comme un petit moteur marin à deux temps. Une tige partait du piston jusqu'à la tête de cylindre à chaque extrémité, et à chaque extrémité des tiges, une bobine plate de fil était attachée qui, par l'action à mouvement alternatif du piston, provoquait le mouvement de va et vient dans le champ d'un électro-aimant. Le champ magnétique, par son effet amortisseur, a servi de volant.

Tesla a réussi à obtenir une vitesse de 20 000 oscillations par minute, et à maintenir un tel degré remarquable de constance dans le fonctionnement qu'il a proposé le maintien d'une vitesse de fonctionnement tout aussi constante pour son système polyphasé de 60 cycles et l'utilisation de moteurs synchrones, démultipliés à un niveau convenable, comme les horloges qui fourniraient l'heure exacte partout où le courant alternatif était disponible. Cette proposition a fourni le fondement de nos horloges électriques modernes. Comme pour beaucoup d'autres de ses suggestions pratiques et utiles, il n'a pas fait breveter cette idée, et n'en a retiré aucun avantage financier.

Grâce à son système polyphasé, Tesla a acquis une compréhension approfondie du rôle que jouent les deux facteurs, à savoir la capacité électrique et l'inductance, dans les circuits à courant alternatif. Le premier agissant comme un ressort et le second comme un réservoir de stockage. Ses calculs ont indiqué qu'avec des courants de fréquence suffisamment élevés, il serait possible de produire de la résonance avec des valeurs relativement faibles d'inductance et de capacité électrique. Produire de la résonance est le fait d'accorder un circuit de manière électriquement. Les effets mécaniques analogues à la résonance électrique sont à l'origine du fait qu'un pendule décrive un large arc de cercle lorsqu'on exerce sur lui une série de pressions très légères mais parfaitement chronométrées, ou de la destruction d'un pont par des soldats marchant à l'unisson sur celui-ci. Chaque petite vibration renforce les précédentes jusqu'à ce que les effets se fassent ressentir.

Dans un circuit électrique accordé, un condensateur fournit la capacité et une bobine de fil alimente l'inductance. Un condensateur se compose habituellement de deux plaques métalliques parallèles très proches l'une de l'autre, mais séparées par un matériau isolant. Chaque plaque est reliée à l'une des extrémités de la bobine d'inductance. La taille du condensateur et de la bobine est déterminée par la fréquence du courant. La combinaison bobine-condensateur et le courant sont accordés l'un à l'autre. Le courant peut être décrit comme circulant dans le condensateur jusqu'à ce que celui-ci soit complètement chargé. Il circule ensuite élastiquement dans la bobine d'inductance, qui stocke l'énergie en créant son champ magnétique. Lorsque le courant cesse de circuler dans la bobine, le champ magnétique s'effondre et rend à la bobine l'énergie précédemment utilisée dans la construction du champ magnétique, provoquant ainsi le reflux du courant vers le condensateur pour le charger jusqu'à ce qu'il déborde à nouveau, de sorte qu'il soit prêt à répéter le processus. Cette circulation dans les deux sens, entre le condensateur et la bobine, se déroule en même temps que l'inversion périodique du courant alternatif qui fournit l'énergie lorsque la résonance est établie. Chaque fois qu'elle a lieu, le courant de charge arrive au bon moment pour lui donner un coup de main, de sorte que les oscillations augmentent jusqu'à atteindre des valeurs considérables.

Lors d'une conférence donnée quelques années plus tard à propos de ce plan de réglage électrique des circuits, Tesla déclarera :

« La première question à laquelle il faut répondre, est de savoir si les effets de la résonance pure sont productibles. Les théories et les expériences montrent qu'une telle chose est impossible dans la nature car, comme les oscillations deviennent plus énergiques, les pertes de corps vibrants et des milieux environnants augmentent rapidement. Il est aussi nécessaire de vérifier les vibrations, car autrement, elles ne cesseraient d'augmenter. Heureusement que la résonance pure ne peut pas être produite car, si elle l'était, il est impossible de dire quels dangers pourraient guetter l'expérimentateur innocent. Mais, dans une certaine mesure, la résonance peut être produite, l'ampleur des effets étant limitée par la conductivité et l'élasticité imparfaite des milieux, ou de façon générale, les pertes par frottement. Plus ces pertes sont faibles, plus les effets sont frappants. »

Tesla appliqua les principes de réglage électrique à ses bobines et découvrit qu'il était capable de produire des effets de résonance considérables et d'accumuler des tensions très élevées. Les principes de syntonisation qu'il a développés en 1890 sont ceux qui ont rendu possible notre radio moderne et le développement de l'art du « sans fil ». Il travaillait déjà avec ces principes et les démontraient avant même que les autres, ceux qui avaient reçu le financement, n'aient commencé à apprendre les premières leçons d'électricité.

Cherchant une nouvelle source de courants de haute fréquence, plus élevée que ce qui pourrait être produit par n'importe quel appareil mécanique, Tesla s'est servi d'une découverte faite l'année de sa naissance en 1856 par Lord Kelvin en Angleterre, pour laquelle aucune utilisation n'avait été trouvée jusque-là. Jusqu'à l'époque de la découverte de Kelvin, on pensait que, lorsque qu'un condensateur était déchargé, l'électricité circulait d'une plaque à l'autre, comme de l'eau versée dans un verre, créant ainsi l'équilibre. Kelvin a montré que le processus était beaucoup plus intéressant et complexe ; que son action ressemblait au tressautement qui se produit quand un ressort tendu est libéré. Il a montré que l'électricité se précipite d'une plaque à l'autre, et ainsi de suite, le processus continuant jusqu'à ce que toute l'énergie emmagasinée soit utilisée en surmontant les pertes par frottement. Ces pointes surviennent à une fréquence extrêmement élevée, des centaines de millions par seconde.

La combinaison de décharges de condensateur et des circuits accordés ouvre un nouveau domaine en science électrique, aussi significatif et important que le système polyphasé de Tesla. Il a élaboré des méthodes remarquablement simples et automatiques pour charger les condensateurs à basse tension (courant continu et alternatif), et les décharger par le biais de ses nouveaux transformateurs à noyau d'air, ou bobines Tesla, pour produire des courants de très haute intensité qui oscillent à la fréquence extrêmement élevée de la décharge du condensateur. Les propriétés de ces courants étaient différentes de tout ce qui avait été vu auparavant. Il était une nouvelle fois un pionnier dans un tout nouveau domaine offrant d'incroyables possibilités. Il travaillait avec acharnement dans son laboratoire ; et lorsqu'il était étendu dans son lit la nuit pour ses cinq heures de repos, dont deux heures de sommeil, il élaborait de nouvelles expériences.

Tesla a annoncé l'effet chauffant des courants de haute fréquence sur le corps en 1890 et proposa leur utilisation en tant que dispositif thérapeutique. En cela, il a été un pionnier, mais bientôt de nombreux imitateurs, ici et à l'étranger, ont prétendu en être les initiateurs. Il ne fit aucun effort pour protéger sa découverte ou empêcher le piratage de son invention. Lorsque la même observation fut faite trente-cinq ans plus tard dans des laboratoires utilisant des oscillateurs de tube à vide comme source des courants de haute fréquence, elle a été saluée comme une nouvelle découverte et développée comme une merveille moderne. La découverte originale de Tesla est cependant la base d'une vaste gamme d'applications électroniques très récentes, dans lesquelles

les courants de haute fréquence sont utilisés pour produire de la chaleur à des fins industrielles.

Quand il a donné sa première conférence sur le sujet devant l'Institut américain des ingénieurs électriciens au Columbia College, en mai 1891, il fut en mesure de produire des décharges d'étincelles de près de 13 cm, ce qui indique un potentiel d'environ 100 000 volts. Plus important encore, il fut capable de produire des phénomènes, notamment des rideaux de flammes électriques, et une variété de nouvelles formes d'éclairage — des lampes électriques comme aucun expérimentateur n'en avait jamais vu auparavant, encore moins rêvé dans son imagination la plus folle.

Cette conférence fit sensation dans les milieux d'ingénierie. Tesla y était déjà célèbre depuis les révélations étonnantes qu'il avait faites devant cette même organisation, lorsqu'il a décrit sa découverte du système de courant alternatif polyphasé. Cette découverte était l'accomplissement intellectuel d'une intelligence déroutante, rendue impressionnante par l'importance commerciale considérable de la découverte. Cependant, les expériences avec les courants à hautes fréquences et à fort potentiel étaient spectaculaires ; le crépitement des étincelles à haute-tension, l'éclat des rideaux de flammes électriques à fort potentiel, les brillantes ampoules et tubes de feu électrique, les effets physiques étonnants qu'il a produits avec les nouveaux courants ont profondément touché les spectateurs surpris.

L'homme qui pouvait produire ces deux découvertes de pointe en l'espace de deux ans devait être davantage qu'un simple génie! Les nouvelles de sa nouvelle réalisation traversèrent rapidement le monde, et la renommée de Tesla reposa désormais sur un double fondement.

La renommée mondiale qui lui est tombé dessus à cette époque était malheureuse. Tesla aurait fait montre de qualités surhumaines s'il n'avait pas tiré une grande satisfaction de ce culte du héros qu'on lui vouait. Cinq ans seulement plus tôt, il errait affamé et sans le sou dans les rues de New York, rivalisant avec les hordes de chômeurs, toutes aussi affamées que lui, pour les quelques emplois existants nécessitant de la main-d'œuvre, pendant que sa tête débordait d'idées importantes qu'il était anxieux de dévoiler au monde. Personne n'aurait pris la peine de l'écouter à cette époque— et voila que maintenant, l'élite intellectuelle de la nation se mettait à l'honorer comme s'il était un génie sans égal.

Tesla était une figure spectaculaire à New York en 1891. Un homme grand, brun, beau, bien fait qui avait le don de porter des vêtements qui lui donnaient un air distingué, qui parlait parfaitement l'anglais tout en dégageant une atmosphère de culture européenne, qui était adorée à cette époque. Tous ceux qui le voyaient le considéraient comme une personnalité remarquable. Caché derrière son comportement calme, effacé et une extrême modestie qui se manifestait par une timidité exagérée, se dissimulait l'esprit d'un génie ayant accompli des merveilles électriques qui ont enflammé l'imagination de tous et dépassé la compréhension de la grande majorité de la population. De plus, Tesla était encore jeune, pas encore trente-cinq ans, il venait récemment de recevoir un million de dollars et était célibataire.

Un célibataire avec un million de dollars, de la culture et de la renommée ne pouvait pas éviter de se faire remarquer dans la période du début des années 1890 à New York, plus connues comme les « Gay Nineties ». Nombreuses étaient les matrones rusées dont les filles étaient en âge de se marier qui jetaient un regard envieux vers ce beau parti. Les dirigeants sociaux le considéraient comme une décoration fascinante pour leurs salons et les grands hommes d'affaires comme un homme de valeur à connaître. Les intellectuels de l'époque trouvaient ses réalisations presque incroyables, source d'inspiration.

Excepté lors des dîners officiels, Tesla dînait toujours seul, et sous aucun prétexte il n'aurait invité une femme à un dîner en tête à tête. Tesla, d'une manière inflexible, conservait une attitude tout à fait détachée, quels que soient les efforts déployés de la femme pour le séduire ou s'efforcer d'obtenir ses faveurs. Il avait des tables particulières qui lui étaient toujours réservées à l'hôtel Waldorf-Astoria et au restaurant Delmonico's. Celles-ci se trouvaient à l'écart car, dès qu'il pénétrait dans l'une ou l'autre de ces salles à manger, il devenait le point de mire de tous les regards et n'appréciait pas d'être ainsi fixé.

Malgré toute l'adulation dont il faisait l'objet, Tesla n'aspirait qu'à une chose, poursuivre ses expériences de laboratoire sans être dérangé par des distractions extérieures. Il y avait un immense empire de connaissances nouvelles qui ne demandait qu'à être explorer. Il était rempli d'enthousiasme pour son travail, un enthousiasme qui était aussi élevé que la tension des courants avec lesquels il travaillait, et de nouvelles idées lui venaient à l'esprit avec presque la même rapidité que les cycles dans son courant à haute fréquence.

Il existait trois grands domaines dans lesquels il souhaitait développer des applications qui étaient à présent parfaitement définies dans son esprit : un système de transmission d'énergie sans fil qui surpasserait son propre système polyphasé, un nouveau type d'éclairage et la transmission sans fil de renseignements. Il voulait travailler sur chacun d'entre eux en même temps. Il ne s'agissait pas de sujets séparés et isolés, ils étaient au contraire étroitement liés, toutes les notes sur cette vaste échelle cosmique de vibration étaient représentées par ses chers courants alternatifs. Il ne souhaitait pas jouer sur une seule note à la fois comme le ferait un violoniste ; il préférait jouer comme un pianiste, frappant plusieurs notes à la fois et les transformer en de magnifiques accords. S'il était possible d'occuper la place de chef d'orchestre et de jouer en même temps de tous les instruments dans un grand orchestre symphonique, il aurait été encore plus heureux. Sauf que les instruments de son orchestre seraient des appareils électriques oscillant en accord avec leurs courants énergisants ou avec leur environnement. S'il ne parvenait pas à réaliser ses désirs les plus chers, il subissait une pression psychologique qui le conduisait à travailler à un rythme qu'aucun individu de force normale n'aurait pu supporter sans qu'il n'en résulte un effondrement physique complet.

La conférence spectaculaire et la démonstration sur les courants de haute fréquence et à fort potentiel qu'il a donné devant l'Institut américain des ingénieurs électriciens au Columbia College en février 1891 a crée une sensation aussi intense que la précédente. Chacune a ouvert un tout nouveau domaine de recherches scientifiques et de découvertes pratiques. Les découvertes contenues dans les deux conférences auraient été suffisantes pour être présentées comme le fruit du travail de toute une vie et lui apporter une notoriété éternelle. Deux événements de ce genre, se produisant à un rythme rapide, semblaient presque incroyables, pourtant la carrière de Tesla paraissait tout juste bien lancée, il lui restait des travaux plus importants à découvrir.

Des sociétés savantes de tout le pays et en Europe lui demandèrent de donner des conférences, mais Tesla demanda à être excusé en raison de l'énorme pression qu'occasionnait son travail sur son temps. Les exigences sociales qu'on exigeait de lui étaient toutes aussi insistantes. Les groupes sociaux cherchaient par tous les moyens à lui rendre hommage, et accessoirement à briller en partageant sa gloire. Tesla n'était pas vulnérable à l'opportunisme des mondains qui cherchaient simplement à graviter dans son orbite, mais les « chasseurs de lion » intelligents de l'époque découvrirent bientôt son talon d'Achille : un intérêt intelligent pour ses travaux et une oreille attentive pour ses merveilleux rêves encore à venir.

Avec cette technique parfaitement orchestrée, Tesla fut capturé et bientôt complètement adulé. Il était l'invité d'honneur d'une série ininterrompue de réceptions et a du se plier aux obligations sociales inhérente à celles-ci en organisant à son tour des dîners raffinés au Waldorf-Astoria, suivi de quelques démonstrations dans son laboratoire sur South Fifth Avenue. Tesla n'a jamais fait quoi que ce soit à moitié. Lorsqu'il organisait un dîner, il ne laissait jamais rien au hasard en matière de cuisine, service et décoration. Il recherchait des poissons et de la volaille rares, des viandes d'excellence sans pareil, des alcools de choix et des vins exquis provenant des meilleurs crus. Tout le monde en ville ne parlait que des dîners de Tesla et y avoir été invité était une marque de distinction sociale, une preuve d'appartenance au groupe restreint de l'élite que formait les « 400 » de Ward MacAllister. Tesla présidait ces dîners comme un hôte très méticuleux, ou plus précisément, comme un monarque absolu d'antan, car il voulait goûter tous les aliments qu'on apportait dans la salle à manger et il se passait rarement une soirée sans que cet hôte grandiose ne renvoie en cuisine certaines sauces ou vin d'excellence incontestée qu'il considérait indignes de ses invités.

Après chacun de ces repas, Tesla escortait ses invités à son laboratoire situé sous Washington Square. Une fois là bas, ses démonstrations étaient encore plus spectaculaires que ses dîners. Il avait un don pour le spectaculaire et les appareils à l'aspect étrange dont son laboratoire était meublé fournissaient un arrière plan grotesque et bizarre aux représentations fantastiques de forces apparemment surnaturelles qui, avec des doigts invisibles, faisaient tourbillonner des objets, rayonner dans des couleurs insolites des globes et des tubes de différentes formes, comme si une partie d'un soleil lointain s'était soudainement transplantée dans la pièce sombre. Le crépitement du feu et le sifflement des rideaux de flammes provenant de ces monstrueuses bobines accompagnés des fumées sulfureuses de l'ozone produit par les décharges électriques suggéraient que la chambre de ce magicien était directement reliée aux voûtes grondantes de l'enfer. Cette illusion ne fut pas non plus dissipée quand Tesla laissa des centaines de milliers de volts d'électricité traverser son corps, allumer une lampe ou faire fondre un fil qu'il tenait à la main.

L'incroyable exploit de laisser des courants à très haute tension et fréquence traverser son corps sans danger était quelque chose que Tesla avait développé par ses expériences mentales, longtemps avant d'avoir l'occasion de les tester dans son laboratoire. Les courants alternatifs à basse fréquence, comme ceux qui sont maintenant utilisés sur les circuits d'éclairage de nos maisons, auraient produit un choc douloureux s'ils avaient traversé son corps, il en avait déjà fait la triste expérience. Cependant, lorsque les ondes lumineuses affectent le corps, aucune sensation douloureuse ne se produit. La seule différence entre les courants électriques et les ondes lumineuses, raisonna-t-il, était une question de fréquence. Les courants électriques oscillant au rythme de 60 fréquences par seconde et les ondes lumineuses à celui de milliards par seconde.

Quelque part entre ces deux extrêmes, la propriété productrice de choc de vibrations électromagnétiques doit disparaître ; et il a présumé que le point serait proche de la partie inférieure de l'écart. Tesla a divisé en deux facteurs les dommages infligés à l'organisme par un choc électrique. Premier facteur : la destruction des tissus par l'effet chauffant qui augmente ou diminue lorsque l'intensité du courant monte ou descend. Deuxième facteur : la sensation de douleur aiguë qui varie avec le nombre d'alternance du courant, chaque alternance produisant un stimulus unique transmis par les nerfs comme une douleur.

Il savait que les nerfs pouvaient répondre aux stimuli jusqu'à un rythme d'environ 700 par seconde, mais qu'ils étaient incapables de transmettre les impulsions reçues à un rythme plus rapide. À cet égard, ils agissent beaucoup comme l'oreille, qui est incapable d'entendre les vibrations d'air au-dessus d'une fréquence d'environ 15 000 par seconde, et comme l'œil, qui est aveugle aux vibrations de couleurs d'une fréquence plus élevée que celle de la lumière violette.

Quand il a construit ses dynamos à courant alternatif de haute fréquence, il avait des fréquences allant jusqu'à 20 000 par seconde avec lesquelles il pouvait tester sa théorie. Grâce à des tests où il passait son doigt entre les bornes, il fut capable de démontrer que les nerfs étaient incapables de percevoir les vibrations individuelles à ce rythme rapide. L'intensité du courant, qui portait la puissance de destruction du tissu, à l'intérieur de ces machines était encore bien trop élevée pour passer en toute sécurité à travers son corps, même s'il manquait la sensation de douleur.

En passant ces courants à travers les transformateurs à noyau d'air qu'il venait d'inventer, il pouvait augmenter leur tension de dix mille et réduire l'ampérage proportionnellement. La densité de courant serait ainsi réduite en-dessous du point où elle pourrait blesser les tissus. Il aurait alors un courant qui ne produirait pas de sensation et ne nuirait pas aux tissus. Il testa prudemment sa théorie en faisant passer les courants à travers deux de ses doigts, puis son bras, ensuite d'une main à l'autre à travers son corps et finalement de sa tête à ses pieds. Si une étincelle jaillit vers ou de son corps, il en résulterait une sensation de picotement au point de contact, mais celle-ci pourrait être éliminée en tenant un morceau de métal à l'endroit d'où l'étincelle pourrait jaillir pendant que le courant passe à travers les tissus sans produire aucune sensation.

Le contenu énergétique de ces courants, proportionnel au courant multiplié par la tension, pourrait être très élevé et produire des effets spectaculaires tels que la fusion des tiges métalliques, l'explosion de disques de plomb et l'éclairage de lampes à incandescence ou de tubes à vide après avoir traversé son corps sans douleur.

Les sociétés scientifiques européennes continuèrent leurs efforts afin de persuader Tesla d'accepter leurs invitations à donner des conférences devant celles-ci. Finalement il accepta. Il fixa des normes extrêmement rigoureuses en ce qui concernait le contenu de ses conférences et leur préparation a entrainé une énorme quantité de travail. Tout le matériel devait être entièrement neuf. Il ne répèterait jamais une expérience qu'il avait déjà présentée par le passé. Chaque déclaration technique devait être testée au moins vingt fois pour assurer une exactitude complète. Ses conférences duraient deux ou trois heures ; et il utilisait chaque minute de ce temps avec des démonstrations nouvelles et impressionnantes provenant de son flot constant de découvertes. Il se servait d'une grande variété d'appareils qu'il avait lui-même fabriqué et construit dans ses propres laboratoires pour illustrer son propos. Une conférence de Tesla, était donc un événement extrêmement important dans le monde scientifique et occasion plus impressionnante pour ceux ayant eu la chance de pouvoir y assister.

Tesla s'était arrangé pour donner une conférence devant l'Institut des ingénieurs électriciens à Londres le 3 février 1892 et une autre devant la Société internationale des électriciens à Paris le 19 février. Sa décision de donner des conférences aux européens a été influencée, dans une certaine mesure, par le fait qu'elles lui offraient l'occasion de visiter sa maison à Gospic, car d'après les dernières lettres qu'il avait reçues, l'état de santé de sa mère s'était dégradé.

Sa conférence devant l'Institut des ingénieurs électriciens rencontra un grand succès. Les revues anglaise d'ingénierie, comme on le verra, ont été avares en étendant la reconnaissance à Tesla pour la priorité dans la découverte du champ magnétique tournant et ont dénigré la valeur pratique de son système à courant alternatif polyphasé. Mais cette attitude n'était pas représentative de l'ensemble du corps des ingénieurs, plus généreux dans leurs louanges et leur enthousiasme. Les scientifiques anglais partageaient l'attitude des ingénieurs.

Lorsque Tesla est arrivé à Londres, il a été convié à de nombreux endroits par des hommes célèbres. À la Royal Institution, où l'immortel Michael Faraday avait continué ses recherches fondamentales dans le magnétisme et l'électricité, Sir James Dewar et un comité de scientifiques tout aussi célèbres, ont cherché à persuader Tesla de répéter sa conférence devant cette organisation. Tesla pouvait se montrer têtu lorsqu'il avait quelque chose en tête, et dans le cas présent, il montrait sa fermeté habituelle. L'obstination du célèbre scientifique écossais égalait celle de Tesla. Il escorta ce dernier jusqu'à la chaise de Faraday, une relique presque sacrée pour la science anglaise, l'assit sur ce trône avant de sortir un héritage tout aussi précieux, une bouteille de whisky, le reste de la réserve personnelle de Faraday, auquel il n'avait pas touché depuis près d'un quart de siècle. Sur ce, il versa un généreux demi-verre à Tesla. Sir James remporta la partie. Tesla céda et donna la conférence le lendemain soir.

Lord Rayleigh, l'éminent physicien anglais, présidait la réunion de la Royal Institution, qui a rassemblé l'élite du monde scientifique ainsi qu'une grande représentation de la noblesse du domaine. Après avoir assisté au déroulement des expériences de Tesla, aussi impressionnantes pour les scientifiques que pour les profanes, Rayleigh a couvert l'inventeur d'éloges.

Rayleigh déclara que Tesla possédait un vrai don pour la découverte des principes scientifiques fondamentaux, et l'exhorta à concentrer ses efforts sur une seule grande idée.

Au cours de cette conversation après la réunion, Tesla démentit ses capacités de grand découvreur ; mais en faisant cela, il cherchait seulement à se montrer modeste, car il savait qu'il était unique parmi les hommes grâce à sa capacité à découvrir des vérités fondamentales. Toutefois, il considéra très sérieusement la suggestion de Rayleigh qu'il devrait se concentrer sur une seule grande idée. On peut se demander cependant, si cette suggestion était si bonne que cela. L'esprit de Tesla avait une portée d'ampleur cosmique et s'est ajusté aux grandes avancées à travers les régions inconnues. Le conseil de Rayleigh était comme de suggérer à un explorateur, ayant une capacité unique pour pénétrer un continent inconnu et l'ouvrir à la civilisation, qu'il se s'installe quelque part et cultive la terre, puisque cela donnerait des rendements plus précis et spécifiques pour les efforts déployés.

Deux semaines plus tard, Tesla a donné sa conférence prévue à la Société de physique à Paris et la répéta devant la Société internationale des électriciens. Il s'agissait de sa deuxième visite à Paris depuis qu'il avait quitté son emploi à la Continental Edison Company dans cette même ville huit ans plus tôt. Immédiatement après avoir quitté la Westinghouse Company à l'automne 1889, il avait fait une brève visite à Paris pour assister à l'Exposition Internationale. À la même époque, il avait également rempli les conditions requises pour se voir attribuer la citoyenneté américaine. Entre-temps, la notoriété de son système polyphasé s'était répandue en Europe ; et à cela s'est ajoutée la gloire pour son travail spectaculaire avec les nouveaux courants de haute fréquence. Il fut reçu en héros à Paris, ainsi qu'à Londres.

Il serait intéressant de savoir ce qui traversait l'esprit des dirigeants de la Continental Edison Company alors qu'ils observaient les énormes contributions que l'ingénieur avait apportées à la science et à l'industrie. Ingénieur dont ils avaient perdu les services en raison de leurs tactiques économes quand ils se sont vu offrir en 1883 le système polyphasé que Westinghouse a payé un million de dollars à Tesla cinq ans plus tard, qu'ils auraient sans aucun doute pu acheter pour un montant relativement faible.

Une conférence de Tesla apportait une avalanche de nouvelles et fascinantes connaissances en électricité. Il submergeait complètement ses auditeurs d'une abondance d'expériences originales et, par conséquent, presque chaque contribution individuelle a perdu son identité dans la concentration éblouissante de la pléiade de développements surprenants.

Dans les conférences de 1892, intitulées « Expériences avec des courants de haut potentiel et de haute fréquence », Tesla a décrit plusieurs de ses découvertes dont l'utilisation vient seulement d'être généralisée aujourd'hui et qui sont considérées comme des inventions modernes. Parmi celles-ci, il y a le « néon » et autres lampes à gaz, ainsi que les lampes phosphorescentes. Beaucoup de découvertes décrites sont encore inutilisées, y compris, comme on le verra, la lampe « haute fréquence » à pastille de carbone nécessitant une connexion à un seul fil ; et d'autres encore, dont il découvrira par la suite, qui étaient les riches producteurs des mystérieux rayons X.

La transcription de ces conférences faisait 40 000 mots. Beaucoup de pièces d'appareil ont été utilisées et généralement, on pratiquait plusieurs expériences avec chacune. Il a décrit des lampes « sans fil », des tubes de verre rayonnants ne nécessitant aucune connexion à un fil pour fonctionner. Il a décrit des moteurs fonctionnant sur un fil, ainsi que des moteurs « sans fils ». Mais peut-être le développement le plus important qu'il ait décrit a été le tube électronique sensible, l'original de toutes nos radios modernes et autres tubes électroniques. L'appareil qui, il l'avait prédit, permettrait de recevoir des messages télégraphiques sans fil à travers l'Atlantique. Il faudra revenir plus tard en détail sur toutes ces découvertes.

Tesla avait eu l'intention de faire une courte visite à son domicile de Gospic une fois qu'il n'aurait plus eu de conférences à donner, mais les circonstances l'ont forcé à faire le voyage plus tôt que prévu. De retour à son hôtel après avoir donné sa deuxième conférence à Paris, il a apprit que sa mère était gravement malade. Il se précipita à la gare, et arriva juste à temps pour monter dans un train qui était sur le point de démarrer. Il télégraphia pour obtenir des moyens de transport spéciaux qui lui permettraient de raccourcir la durée de son voyage et réussir à atteindre Gospic dans les temps et voir sa mère en vie. Il arriva dans l'après-midi et elle mourût cette nuit-là.

Suite à la grande inquiétude qui avait tenaillé Tesla durant la nuit sans sommeil qu'il avait passé pour se rendre à Gospic, une mèche sur le côté droit de sa tête est devenue blanche du jour au lendemain. En l'espace d'un mois, ses cheveux avaient retrouvé leur couleur naturelle, noir de jais.

Presque immédiatement après la mort de sa mère, Tesla tomba gravement malade et dut passer plusieurs semaines en convalescence. Quand il recouvra la santé, il rendit visite à sa sœur Marica, à Plaski, pendant deux semaines. De là, il se rendit à Belgrade, capitale de la Serbie, où il arriva en mai et fut reçu comme un héros national.

Pendant les semaines d'inactivité physique forcée que lui a imposa sa maladie, Tesla s'est mis à faire le point sur lui-même et fut mécontent de la manière dont il avait mené sa vie. Aucun être humain ne pouvait ressentir autre chose qu'une réaction agréable en réponse à l'adulation dont on l'avait couvert au cours des deux dernières années. Tesla, en revanche, se targuait de sa sagesse d'avoir conçu sa vie d'une telle façon qu'il ne deviendrait pas une victime des faiblesses humaines, mais fonctionnerait bien au-dessus du niveau humain normal des limitations physiques et activités intellectuelles. Maintenant avec le recul, Tesla voyait que, dans la mesure où il s'était conformé à ses projets de vie, il avait réussi à atteindre son objectif de produire les travaux d'un surhomme à un rythme qui a stupéfié le monde. Cependant, il souligne que, lorsqu'il s'est soumis à la première flatterie des chasseurs de lions après sa conférence à New York en mai 1891, les activités sociales ont fait irruption dans son temps libre et ont entravé ses activités créatrices. Il avait laissé « l'homme magnifique » supplanté son « surhomme », et deux années de son temps si précieux avaient été en grande partie perdues. En plus de cela, il avait passé cette année totalement improductive à l'usine Westinghouse. À l'issue de cette période, il s'était juré qu'il ne travaillerait jamais plus pour qui que ce soit. Il s'est maintenant juré de mettre un terme aux activités sociales vides de sens dans lesquelles il s'était laissé entraîner.

Il n'était pas facile pour Tesla d'être fidèle à ses bonnes résolutions, étant donné que son voyage en Europe avait considérablement renforcé sa notoriété et des cérémonies triomphales étaient prévues pour son retour à New York. Néanmoins, il a rejeté toutes les invitations. Il est retourné à l'hôtel Gerlach où il a vécu une existence solitaire. Avec une réserve d'énergie physique refoulée en raison de la longue période d'abstinence qui l'a empêché de mener à bien sa lourde charge de travail quotidien, il a plongé avec beaucoup de vigueur dans son nouveau programme qui était d'ouvrir des domaines de merveilles scientifiques nouveaux et enchanteurs.

SEPT

La première mise en pratique publique du système de courant alternatif polyphasé de Tesla a été faite à la foire mondiale de Chicago, ouverte en 1893 pour célébrer le quatre centième anniversaire de la découverte de l'Amérique. Il s'agissait de la première exposition universelle pour laquelle l'éclairage électrique était une possibilité, les architectes ont saisi cette occasion pour obtenir des effets spectaculaires en illuminant la nuit, terrains et bâtiments, ainsi qu'en éclairant l'intérieur pendant la journée. La Westinghouse Electric Company a obtenu le contrat pour installer tout l'équipement d'alimentation et d'éclairage à la foire et a pleinement profité de cette occasion pour utiliser le système de Tesla et démontrer sa grande polyvalence. Celui-ci fournit tout le courant utilisé pour l'éclairage et la puissance.

Alors que l'Exposition universelle de Chicago était en réalité un monument à Tesla, ce dernier avait, de plus, un stand personnel qu'il utilisait pour démontrer ses dernières inventions. L'une de ses pièces était un œuf en métal tournant. Celui-ci était montré couché sur le côté au-dessus d'une petite plate-forme circulaire recouverte de velours. Lorsque Tesla appuya sur un interrupteur, l'œuf se redressa sur l'une de ses extrémités, avant de se mettre à tourner à grande vitesse comme par magie. La partie « magique » de cet exploit a su séduire un public, lequel cependant, n'a pas compris grand-chose à ses explications illustrant le principe du champ magnétique tournant produit par les courants alternatifs polyphasés. Une autre pièce présentait des tubes de verre suspendus dans l'espace ou tenus dans ses mains, éclairés d'une manière tout aussi « magique ».

Mais son exploit le plus impressionnant fut de laisser 1 000 000 volts traverser son corps. Il s'agissait d'un courant alternatif de très haute fréquence et à haute tension. Tesla avait découvert le moyen de produire de tels courants. Huit ans se sont écoulés depuis qu'Edison, qui avait qualifié le courant alternatif à haute tension de mortel, avait refusé de s'intéresser au système polyphasé de Tesla. Maintenant, le système de Tesla fournissait l'électricité de l'exposition universelle et le système de courant continu d'Edison était ignoré. Face aux accusations d'Edison concernant l'aspect dangereux du courant alternatif, Tesla a eu le dernier mot. Il a laissé passer la tension la plus élevée jamais produite de celui-ci à travers son propre corps pendant plusieurs minutes, sans le moindre signe de danger. Cet art de la mise en scène l'a fait aimer du public et lui apporta une renommée mondiale. Malheureusement, cela a éclipsé son travail le plus important, celui avec les courants polyphasés.

La prochaine grande réalisation obtenue par son système polyphasé était l'exploitation des chutes du Niagara. (Avant cela, avant même l'ouverture de la foire de Chicago, la viabilité de son système fut démontrée en Europe, mais cela fut réalisé à son insu. Un test pratique sur la transmission du courant alternatif polyphasé à 30 000 volts a été effectué entre la station hydroélectrique de Lauffen et Francfort, le courant étant utilisé pour fournir l'électricité d'une foire organisée dans cette ville. Cette installation a été construite en 1891. Le courant a servi à éclairer des lampes à incandescence, des lampes à arc mais aussi à faire fonctionner un moteur Tesla.) En 1886, une charte a été accordée pour développer l'énergie aux chutes. Le projet progresse lentement avant d'être repris par un groupe de New York qui a organisé la Cataract Construction Company, dont Edward Dean Adams a été nommé président. L'entreprise de M. Adams souhaitait développer l'énergie sur la plus grande échelle possible. L'approvisionnement total en énergie disponible aux chutes avait été estimé entre 4 000 et 9 000 chevaux. M. Adams organisa la Commission internationale du Niagara afin de déterminer les meilleurs moyens d'exploiter les chutes, et a fait de Lord Kelvin, le célèbre savant anglais, son président. Un prix de 3 000 dollars était offert au projet le plus pratique présenté.

Lorsqu'il était enfant, près de trente ans plus tôt, Tesla avait prédit qu'il serait un jour en mesure d'exploiter les chutes du Niagara. Voilà l'occasion toute trouvée. Entre-temps, il a permis à son rêve d'enfant de se réaliser en complétant la série d'inventions qui lui permettraient de changer l'énergie hydraulique des chutes en énergie électrique.

Cependant, le projet de prix et d'offre adopté par M. Adams n'a pas été bien accueilli par M. Westinghouse quand on l'a exhorté à soumettre une proposition. Il a répondu : « Ces personnes essaient d'obtenir la valeur de cent mille dollars d'informations pour trois mille dollars. Quand ils seront prêts à parler affaires, nous soumettrons nos idées. » Cette attitude inflexible provenant de Westinghouse représentait un handicap pour le projet de courant alternatif de Tesla. Le deuxième gros handicap venait du fait que Lord Kelvin s'était déclaré favorable à l'utilisation du courant continu.

Une vingtaine de projets ont été soumis au concours mais aucun n'a été accepté par la commission, et aucun prix n'a été décerné. Les grandes compagnies électriques, la Westinghouse, l'Edison General Electric et la Thomson-Houston n'ont présenté aucun projet. Cela s'est passé en 1890.

Des concepteurs originaux prévoyaient d'utiliser localement la puissance mécanique fournie par les roues hydrauliques ; mais le seul plan pratique était, à l'évidence, la production d'électricité grâce à des dynamos entraînées par des roues hydrauliques et la distribution du courant dans tout le district. Il y avait un excellent marché pour cela à Buffalo, une grande ville industrielle à environ vingt-deux milles de distance. Il y avait aussi toujours l'espoir que le courant pourrait être transmis à New York et desservirait les riches territoires intermédiaires. Si l'on avait utilisé du courant continu, la transmission de celui-ci à vingt-deux milles à Buffalo aurait été totalement irréalisable. En revanche, le système à courant alternatif de Tesla a rendu la transmission jusqu'à Buffalo extrêmement pratique et a fait de la livraison du courant à New York une possibilité.

En temps voulu, la Cataract Construction Company a décidé que le système hydroélectrique était le seul réalisable, et a demandé à la Westinghouse Electric Company et la General Electric Company de lui fournir des propositions et des offres sur un système d'énergie constitué de trois unités de production, chacune de 5 000 chevaux. Chacune a présenté une proposition pour installer un système de production polyphasé de Tesla. La General Electric Company, successeur de l'Edison General Electric Company, ayant entre-temps obtenu une licence pour utiliser les brevets de Tesla, a proposé de mettre en place un système triphasé et Westinghouse, un système biphasé. La première proposition portait sur la construction de la centrale. Une seconde proposition, pour laquelle des offres avaient été demandé, concernait la ligne de transport d'énergie entre les chutes du Niagara et Buffalo et un système de distribution dans cette dernière ville.

Des offres ont été demandées au début de l'année 1893, et en octobre de cette même année, M. Adams a annoncé l'acceptation du plan de la Westinghouse pour la centrale et celui de la General Electric pour la ligne de transmission. Ce dernier comprenait une transformation du courant biphasé provenant des générateurs en courant triphasé à transmettre à Buffalo. Ce changement a montré la souplesse du système polyphasé de Tesla.

La Westinghouse a terminé la centrale ; la pièce d'ingénierie électrique la plus gigantesque conçue ou réalisée jusque là, et en 1895 celle-ci se tenait prête à délivrer une puissance de 15 000 chevaux. En 1896, General Electric a achevé le système de transmission et de distribution, et l'énergie électrique extraite des chutes du Niagara a été délivré aux industries à travers les régions des chutes et de Buffalo, sans porter atteinte de quelque façon que ce soit à la beauté du spectacle qu'elles présentent. Cette installation a connu un tel succès que la société Westinghouse a mis en place sept unités de production supplémentaires, portant la puissance fournie à 50 000 chevaux. La General Electric Company construira plus tard une seconde centrale, équivalente à la première, utilisant également le courant alternatif. Aujourd'hui, les centrales électriques des chutes du Niagara sont directement liées au système d'énergie électrique de New York, chacune d'entre elles utilisant le système de Tesla.

Le Dr. Charles F. Scott, professeur émérite d'ingénierie électrique à l'université de Yale et ancien président de l'Institut américain des ingénieurs électriciens, qui était ingénieur chez Westinghouse quand cette société développait le système de Tesla, décrit le développement de l'exploitation des chutes du Niagara et ses résultats dans une revue commémorative des accomplissements de Tesla (publiée dans *Electrical Engineering*, août 1943, pp 351-555.) :

« Le développement simultané du projet Niagara et du système de Tesla était une coïncidence fortuite. Il n'y avait aucune méthode adéquate pour manipuler une grande puissance en 1890 ; mais pendant que le tunnel hydraulique était en construction, le développement du dispositif polyphasé a justifié la décision officielle du 6 mai 1893 d'utiliser le système de Tesla, cinq ans et cinq jours après l'émission de ses brevets. La méthode polyphasée a apporté du succès au projet Niagara ; et réciproquement le projet Niagara a apporté un prestige immédiat au nouveau système électrique. »

De l'énergie a été livrée à un premier client en août 1895, la Pittsburgh Reduction Company (à présent Aluminum Company of America) pour la production d'aluminium par le procédé Hall, procédé breveté lors de l'année 1886 riche en événements...

En 1896, la ligne de transport reliant les chutes du Niagara à Buffalo, situé à vingt-deux milles de distance fut inaugurée. Il faut comparer ce système universel et gigantesque, capable d'unir de nombreuses sources d'énergie dans un système de superpuissance, avec la multiplicité de « systèmes » lilliputiens qui ont déjà fourni le réseau électrique. Comme M. Adams l'a si bien expliqué : « Autrefois, les différents types de courant requis par les différents types de lampes et de moteurs étaient produits localement ; avec le système Niagara-Tesla, seul un type de courant est produit. Celui-ci est transmis à des lieux d'utilisation et ensuite transformé à la forme désirée. »

La démonstration du courant aux chutes, réalisée avec de grands générateurs, a immédiatement conduit à l'installation de systèmes d'alimentation similaires à New York— pour les lignes ferroviaire aérienne, les chemins de fer et le métro, pour l'électrification des chemins de fer à vapeur et pour les systèmes d'Edison, soit en faisant fonctionner les sous-stations pour convertir le courant alternatif en courant continu, soit en changeant complètement pour un service alternatif.

L'année 1896 a inauguré deux développements de grande importance pour l'extension de la puissance polyphasée, l'un commercial et l'autre en ingénierie. En échange des droits de brevet, la General Electric Company a obtenu les droits de licence d'exploitation des brevets de Tesla, plus tard rendus inexpugnable par près d'une vingtaine de décisions de la cour. La turbine Parsons, accompagnée de son principal ingénieur, a été transplantée en Amérique et a permis à George Westinghouse de mener à bien son premier brevet, une « machine à vapeur rotative », à l'aide d'une nouvelle méthode. L'apogée du moteur alternatif est arrivée au début des années 1900 ; le développement d'un siècle a permis de produire les grands moteurs qui poussent les alternateurs de 5 000 à 7 500 kilowatts du métro aérien de New York et du métro. Mais l'expansion rapide de la turbine à vapeur de différents types à bientôt condamné le moteur à la désuétude. Ce sont désormais les unités individuelles, possédant la capacité d'une vingtaine des plus grands moteurs, qui alimentent la métropole. Les centrales électriques fournissent maintenant plus de puissance que les milliers de stations centrales et d'usines isolées de 1890 réunies.

Le Pr. Scott conclut que : « L'évolution de l'énergie électrique depuis la découverte de Faraday en 1831 jusqu'à l'installation initiale du système polyphasé de Tesla en 1896 est sans aucun doute l'événement le plus extraordinaire de toute l'histoire de l'ingénierie. »

Lord Kelvin, qui avait à l'origine favorisé le courant continu pour les chutes, a reconnu plus tard que le courant alternatif disposait de beaucoup plus d'avantages pour les systèmes de distribution à grande distance, une fois seulement que le système fut mis en service. Il déclara : « Tesla a davantage contribué à la science de l'électricité que n'importe quel homme avant lui. »

Il n'aurait jamais dû y avoir l'ombre d'un doute concernant le mérite revenant à Tesla, pas seulement pour la découverte du champ magnétique tournant, mais aussi pour avoir inventé le premier moteur à courant alternatif pratique, le système polyphasé de courants alternatifs et les dynamos pour les produire, une variété des moteurs permettant de convertir les courants en puissance, un système de transformateurs polyphasés pour augmenter et abaisser des tensions, ainsi que des méthodes économiques pour transmettre l'énergie électrique sur de longues distances. Néanmoins, d'autres avant lui se sont injustement vu accordé le mérite et l'ont accepté. Tesla a réussi à établir ses prétentions, mais entre-temps le mal était fait après avoir formulé ces affirmations injustes. À ce jour la profession d'ingénieur électrique ainsi que le service public et les grandes industries électriques n'ont jamais octroyé à Tesla la reconnaissance qui lui est due. S'ils l'avaient fait, le nom de Tesla aurait été aussi connu que ceux d'Edison et Westinghouse.

Comme on a pu le voir, Tesla a conçu son invention du champ magnétique rotatif en 1882, et en l'espace de deux mois seulement, a fait évoluer le système électrique complet, y compris celui de tous les appareils qu'il fera breveter plus tard. En 1883, il décrit son invention aux officiels de la Continental Edison Company. En 1884, il démontre son moteur au maire de Strasbourg et aux autres. Cette même année, il décrit l'invention à Thomas A. Edison. En 1885, il cherche à ce que les fondateurs de la Tesla Arc Light Company développent son système. En 1887, il obtient le soutien financier et construit une série de dynamos et de moteurs qui seront testés par le Pr. Anthony de l'université Cornell. Le 12 octobre 1887, les premières demandes de brevet couvrant ses inventions fondamentales sont révélées au bureau des brevets. Les brevets lui ont été accordés à des dates différentes dans les premiers mois de 1888. Le 16 mai 1888, il présente une démonstration et une description de ses inventions fondamentales devant l'Institut américain des ingénieurs électriciens à New York. Voilà pour la petite histoire.

La première complication est survenue lorsque le Pr. Galileo Ferraris, un physicien de l'université de Turin, a présenté un article sur "Rotazioni elettrodynamiche" (Rotation électrodynamique) devant l'Académie de Turin en mars 1888. Cela s'est produit six ans après que Tesla ait fait sa découverte, cinq ans après qu'il ait démontré son moteur et six mois après qu'il ait déposé les brevets pour son système. Le Pr. Ferraris avait continué ses recherches dans le domaine de l'optique. Le problème qui l'intéressait tout particulièrement était la lumière polarisée. Durant cette période, il était jugé nécessaire de construire des modèles mécaniques pour démontrer tous les principes scientifiques. Il n'était pas très difficile de concevoir des modèles pour démontrer la nature de la lumière polarisée dans un plan, mais la lumière à polarisation circulaire présentait un problème autrement plus difficile.

Le Pr. Ferraris a réfléchi à ce problème en 1885, mais ne réalisa aucun progrès à ce sujet avant 1888, lorsqu'il se tourna vers les courants alternatifs pour trouver une solution. À cette période, la lumière était faussement perçue comme une vague ondulante en continu dans l'éther. Le Pr. Ferraris a considéré le courant alternatif en continu analogue à l'onde lumineuse polarisée dans un plan. Pour une représentation mécanique de l'onde lumineuse à polarisation circulaire, il a visualisé une deuxième série d'ondes de 90 degrés en déphasage avec la première, donnant un vecteur à angle droit à la composante qui devrait se manifester par rotation. Ceci est comparable à la solution trouvée par Tesla six ans plus tôt.

En organisant une démonstration dans son laboratoire, le Pr. Ferraris s'est servi d'un cylindre de cuivre suspendu sur un fil pour représenter les ondes lumineuses, entraînant l'action de deux champs magnétiques sur celui-ci à angle droit l'un de l'autre. Lors de la mise sous tension, le cylindre entre en rotation, s'enroule sur le fil autour duquel il a été suspendu et se soulève. C'était un excellent modèle des ondes lumineuses polarisées rotatives. Le modèle ne ressemblait en rien à un moteur, non pas que le scientifique de Turin ait eu l'intention qu'il soit considéré comme tel. C'était une démonstration en laboratoire en optique, utilisant une analogie électrique.

Dans son expérience suivante, le Pr. Ferraris a monté le cylindre de cuivre sur un axe et divisé chacune de ses deux bobines en deux parties, avant d'en placer une de chaque côté du cylindre en cuivre. Le dispositif est monté jusqu'à une vitesse de 900 tours par minute. Au-delà de ce point, il a perdu de la puissance si rapidement qu'il a complètement cessé de fonctionner. Le Pr. Ferraris a tenté l'expérience avec des cylindres de fer mais le résultat était sans commune mesure comparé aux cylindres en cuivre. Le Pr. Ferraris ne prévoyait aucun avenir pour le dispositif comme source d'énergie, mais il avait prédit qu'il trouverait une utilité en tant que principe de fonctionnement d'un compteur pour mesurer le courant.

Le Pr. Ferraris a ainsi démontré qu'il avait échoué à saisir le principe que Tesla avait développé. Le scientifique italien a constaté que l'utilisation du cylindre de fer magnétique interférait avec le fonctionnement de son dispositif, alors que Tesla qui suivait la bonne théorie, avait utilisé des noyaux de fer pour le champ magnétique de son moteur, une armature de fer, et obtenu un rendement de près de 95 pour cent pour son premier moteur qui avait une estimation d'environ un quart de puissance. L'efficacité de l'appareil de Ferrari était inférieure à 25 pour cent.

Le Pr. Ferraris était convaincu qu'il avait rendu un important service à la science en démontrant que le champ magnétique rotatif ne pouvait être utilisé sur aucune base pratique pour produire de la puissance mécanique à partir du courant alternatif. Il ne s'est jamais écarté de cette opinion, il n'a jamais prétendu non plus qu'il avait anticipé la découverte de Tesla d'un moyen pratique d'utilisation du champ tournant pour produire de l'énergie. Sachant que son procédé était entièrement différent de celui de Tesla, il n'a jamais cherché à obtenir une compensation concernant la découverte indépendante du moteur à courant alternatif. Il a même admis que Tesla était arrivé à sa découverte du champ magnétique tournant de manière indépendante, et qu'il ne pouvait en aucune façon avoir eu connaissance de son travail à lui avant d'être publié.

Une description des expériences du Pr. Ferraris a toutefois été publiée dans *The Electrician* à Londres, le 25 mai 1888 (page 86). Celle-ci s'est accompagnée de la déclaration suivante :

« Que l'appareil conçu par le professeur Ferraris mène à la découverte d'un moteur à courant alternatif, est une question que nous ne pouvons pas prédire, mais le principe en cause peut aussi avoir d'autres applications, notamment dans la construction de compteurs servant à mesurer l'approvisionnement en électricité... »

Un an avant cela, le Pr. Anthony avait déjà testé les moteurs à courant alternatif de Tesla aux États-Unis et annoncé qu'ils avaient atteint un ordre d'efficacité égal à celui des moteurs à courant continu ; et les brevets américains de Tesla avaient fait l'objet d'une annonce publique quelques mois auparavant.

Il était évident que les rédacteurs de cette publication de Londres ne se tenaient pas au courant des développements survenus aux États-Unis.

Tesla a répondu rapidement, pour informer les rédacteurs de leur oubli et soumettre un article décrivant ses moteurs et les résultats obtenus grâce à eux.

Les rédacteurs de *The Electrician* ne manifestèrent pas grand enthousiasme. Ils décidèrent de se retrancher le moins possible de leur position en faveur de Ferraris en publiant une note éditoriale :

« Notre numéro du 25 mai contenait un résumé d'un article écrit par le Pr. Galileo Ferraris décrivant une méthode pour produire un champ magnétique tournant obtenu au moyen d'une paire de bobines avec les axes à angles droits et traversées par des courants alternatifs. Nous avons attiré l'attention sur la possibilité que le principe de l'appareil pourrait être appliqué à la construction d'un moteur à courant alternatif. L'article de M. Nikola Tesla, qui apparaît dans nos colonnes cette semaine, contient la description d'un tel moteur, fondé exactement sur le même principe. (Vol. XX, p. 165, 15 juin 1888.) »

Aucune attention n'a été portée sur le fait que Ferraris était parvenu à la conclusion que le principe ne pourrait jamais être utilisé pour la fabrication d'un moteur pratique, alors que Tesla avait déjà produit un tel moteur.

Cette attitude envers le développement américain n'a pas disparu des revues d'ingénierie de Londres. Plus tard, l'*Electrical Review* (Londres: Vol. XXVIII, p. 291, 6 mars 1891) a publié un éditorial qui s'est ouvert sur cette déclaration :

« Depuis plusieurs années, depuis l'époque des investigations du Pr. Ferraris, suivies de celles de Tesla, de Zipernowski et d'une foule d'imitateurs, nous avons régulièrement entendu que la question des moteurs à courant alternatif était résolue. »

À cette époque, la société Westinghouse était déjà en train d'exploiter à des fins commerciales le système à succès et pratique polyphasé de Tesla aux États-Unis. Aucun mérite n'a été accordé à Tesla dans la presse d'ingénierie londonienne.

Une lettre de protestation envoyée par Tesla le 17 mars 1891, a été publiée quelques semaines plus tard par l'*Electrical Review* (p. 446). Il y disait entre autres :

« Dans tous les pays civilisés, les brevets sont obtenus presque sans faire une seule référence à quoi que ce soit qui puisse remettre en question la nouveauté de l'invention. Le premier essai publié, un compte-rendu de certaines expériences de laboratoire du Pr. Ferraris, a été publié en Italie six ou sept mois après la date de dépôt de ma demande de brevets de base... Pourtant, dans votre numéro du 6 mars, j'ai lu: «Depuis plusieurs années, depuis l'époque des investigations du Pr. Ferraris, suivies de celles de Tesla, de Zipernowski et d'une foule d'imitateurs, nous avons régulièrement entendu que la question des moteurs à courant alternatif était résolue.»

Personne ne peut dire que je n'ai pas reconnu de mon plein gré le mérite du Pr. Ferraris, et j'espère que mon exposé des faits ne sera pas mal interprété. Même si l'essai du Pr. Ferraris était paru avant la date de dépôt de ma demande, j'aurais, de l'avis de tous les hommes justes, eu droit à la reconnaissance d'avoir été le premier à produire un moteur pratique puisque le Pr. Ferraris nie dans son essai la valeur de l'invention pour la transmission d'énergie...

Ainsi, pour ce qui est des éléments essentiels du système — les générateurs avec deux ou trois courants de phase différentes, le système à trois fils, l'armature de la bobine fermée, les moteurs à courant continu du champ..., je resterais seul, même si l'essai du Pr. Ferraris avait été publié il y a des années...

La plupart de ces faits, sinon tous, sont parfaitement connus en Angleterre. Pourtant d'après certains journaux, l'un des principaux électriciens anglais n'hésite pas à dire que j'ai travaillé dans la direction indiquée par le Pr. Ferraris, et dans votre numéro susmentionné, il semblerait que l'on me traite d'imitateur.

Maintenant, je vous demande, où est passée cette équité anglaise bien connue. Je suis un pionnier et on me qualifie d'imitateur. Je ne suis pas un imitateur. Je produis une œuvre originale ou rien du tout.»

Cette lettre fut publiée mais l'*Electrical Review* n'a pas exprimé de regrets pour la déclaration inexacte et n'a pas non plus étendu la reconnaissance à Tesla.

Charles Proteus Steinmetz, qui connaîtra plus tard la gloire en tant que sorcier de l'électricité à la General Electric Company, est venu apporter son soutien à Tesla. Dans un rapport présenté devant l'Institut américain des ingénieurs électriciens, il a déclaré : « Ferraris n'a construit qu'un petit jouet, et ses circuits magnétiques, pour autant que je sache, ont été achevés dans l'air, pas dans le fer, non pas que cela fasse beaucoup de différences. » (Transactions, A.I.E.E., Vol. VIII, p. 591, 1891.)

D'autres ingénieurs américains se sont également rassemblés pour apporter leur soutien à Tesla.

Comme on l'a déjà mentionné, une exposition industrielle s'est tenue à Francfort, en Allemagne, en 1891. La marine des États-Unis y a envoyé Carl Hering, un ingénieur électrique qui avait beaucoup écrit pour les revues techniques, en qualité d'observateur pour rendre compte de tous les développements susceptibles d'intéresser la marine. Malheureusement, Hering n'avait pas pris connaissance des inventions contenues dans les brevets de Tesla avant de partir à l'étranger.

La première mise en pratique publique du système de Tesla était le développement le plus remarquable de l'exposition de Francfort. Les terrains et bâtiments étaient éclairés par de l'électricité apportée à la ville par une ligne de transport d'énergie à longue distance. L'électricité était transportée depuis la centrale hydroélectrique de Lauffen par un courant alternatif triphasé de 30 000 volts. Un moteur de deux chevaux fonctionnant au courant triphasé était exposé.

Hering a reconnu l'importance de ce nouveau développement et a renvoyé des rapports favorables, l'y décrivant comme d'origine allemande. Dans son article pour *Electrical World* (N.Y.), il a parlé avec enthousiasme du travail de Dolivo Dobrowolsky dans la conception du moteur triphasé et son système associé, le saluant comme une découverte scientifique remarquable et d'une énorme importance commerciale. Cela a donné l'impression que tous les autres inventeurs avaient raté le point essentiel, et que Dobrowolsky avait réalisé un réel exploit qui donnerait le ton des futurs développements d'énergie. Hering n'était pas le seul à avoir eu cette impression.

Ludwig Gutman, un ingénieur électrique américain et délégué du Congrès électrique de Francfort, a critiqué Dobrowolsky dans son article sur « l'inventeur système de champ tournant » qu'il a prononcé devant cet organisme. Il déclara :

«Comme cela fait plusieurs années qu'en Amérique nous jouissons de ce système, représenté par les moteurs Tesla, je dois m'opposer à l'affirmation faite récemment par M. de Dobrowolsky lors d'une réunion de l'Electrotechnische Zesellschaft qui a eu lieu ici à Francfort. Cet homme a dit: «Je crois pouvoir affirmer que le problème de moteur pour les grandes et les petites œuvres a été complètement résolu.» Cette affirmation va probablement trop loin. Le problème a déjà été résolu, théoriquement et électriquement, en 1889.» (*Electrical World*, N.Y.: 17 octobre 1891)

Dans un article publié dans l'*Electrotechnische Zeitschrift* (p. 149-150; 1891), Dobrowolsky est revenu sur son affirmation d'avoir produit le premier moteur à courant alternatif pratique. Il a affirmé que les pulsations de champ s'élevaient à 40 pour cent dans le moteur biphasé de Tesla, alors que dans son moteur triphasé, en fonctionnement à l'exposition de Francfort, ces dernières étaient grandement réduites.

Mais même cette nouvelle affirmation de Dobrowolsky a été rapidement écrasée. Cela lui a valu d'être attaqué par des sources américaines et anglaises, ainsi que par l'ingénieur en chef du projet dont son moteur faisait partie.

Le Dr. Michael I. Pupin, du département d'ingénierie de l'université de Columbia, a analysé l'affirmation de Dobrowolsky (ibid., 26 décembre 1891) et a démontré qu'il avait échoué à comprendre les principes de base du système de Tesla, et que le système triphasé qu'il revendiquait comme le sien, était inclus dans les inventions de Tesla.

C. E. L. Brown, l'ingénieur en charge du système novateur de transmission de 30 000 volts reliant Lauffen à Francfort et de son système de production triphasé, y compris le moteur Dobrowolsky, règle définitivement et complètement la question du mérite pour l'ensemble du système. Dans une lettre publiée dans *Electrical World* (7 novembre 1891), il conclu en déclarant: «Le courant triphasé, tel qu'il a été appliqué à Francfort, est le fruit du travail de M. Tesla et sera clairement spécifié dans ses brevets.»

M. Brown a envoyé des lettres du même genre à d'autres publications techniques, à l'intérieur desquelles il critiquait M. Hering pour avoir omis de reconnaître à Tesla le mérite qui lui revenait et pour avoir attribué celui-ci à Dobrowolsky.

Ces critiques ont finalement amené une réponse de M. Hering. Celle-ci est parue dans *Electrical World*, le 6 février 1892 :

« Dans les lettres qu'il a adressé à l'*Electrical World* et aux autres revues, M. C. E. L. Brown semble déterminé à insister sur le fait que j'ai négligé le travail de M. Tesla sur le courant tournant, je tiens donc à préciser que nul n'est plus désireux que moi de donner à M. Tesla le crédit qu'il mérite pour son travail. Je l'ai toujours considéré comme un inventeur original du système de champ magnétique rotatif et le premier à l'avoir mis en pratique, et je suis sûr de l'avoir mentionné dans mes articles. Si j'ai manqué, à un moment ou à un autre, de lui rendre le crédit qu'il lui revenait pour l'avoir développé, c'est parce que M. Tesla était trop modeste (ou peut-être prudent) pour faire savoir au monde ce qu'il avait accompli. Lorsque les articles qui ont causé ce débat ont été écrits, les brevets de M. Tesla ne m'étaient pas accessibles. Où commencent exactement les améliorations de M. Dobrowolsky, je n'ai pas été en mesure de l'établir... »

Bien qu'il ait pu être un inventeur indépendant, Dobrowolsky reconnait que le travail de Tesla est antérieur au sien... La modestie de ces deux messieurs mènerait, j'en suis sûr, à une bonne compréhension. En ce qui concerne le sujet qui nous intéresse, il peut être intéressant de dire ici qu'au cours d'une conversation que j'ai eu avec le Pr. Ferraris l'été dernier, cet homme m'a dit avec une pointe d'humilité que, bien qu'il ait mené des expériences avec le champ tournant plusieurs années avant que les travaux de Tesla ne soient publiés, il n'a pas pensé qu'il était possible que Tesla ait pu avoir connaissance de son travail et croyait donc que Tesla l'avait inventé de manière totalement indépendante. Il a également déclaré que Tesla l'avait davantage développé que lui (Ferraris) ne l'avait fait.

Ainsi, les scientifiques et ingénieurs des États-Unis, de l'Allemagne et de l'Italie ont donné à Tesla une reconnaissance claire et incontestée pour être l'unique inventeur du magnifique système électrique polyphasé dans ses moindres détails. Les revues françaises et britanniques ont ensuite suivies le mouvement.

Ainsi, en 1892, Tesla a été encensé par les cercles d'ingénierie comme étant l'inventeur incontesté du moteur à courant alternatif et du système polyphasé. Il n'y avait personne donc pour contester son affirmation ou chercher à le priver de son mérite lorsque sa notoriété a atteint le public grâce au fonctionnement de son système à l'Exposition universelle de Chicago en 1893, et plus tard lorsque son système a rendu possible l'exploitation des chutes du Niagara.

En temps voulu, cependant, de nombreuses personnes ont prétendu avoir apporté des améliorations sur les inventions de Tesla, et que de vastes efforts ont été entrepris pour exploiter ces « améliorations ». La Westinghouse Company, désormais propriétaire des brevets de Tesla, s'engage à défendre les brevets et à poursuivre les contrevenants. À la suite de cela, près d'une vingtaine de procès ont été portés devant les tribunaux, et tous se sont soldés par une victoire décisive de Tesla.

Voilà un échantillon des décisions radicales prononcées par le juge Townsend de la Circuit Cour du Connecticut aux États-Unis en septembre 1900, quand, au moment de porter un jugement sur le premier groupe de brevets de base il a dit entre autres :

« Il en revient au génie de Tesla d'avoir saisi les éléments indisciplinés, débridés et jusqu'ici opposés dans le domaine de la nature et de l'art et de les exploiter pour attirer les machines de l'homme. C'est lui qui, le premier a montré comment transformer le jouet d'Arago en une machine de puissance ; l'« expérience en laboratoire » de Bailey en un moteur pratiquement réussi ; l'indicateur en un pilote. Il a d'abord conçu l'idée que les obstacles même de l'inversion de direction, les contre-indications des alternances pourraient être transformés en rotations productrices de puissance, un champ de force tourbillonnant. »

Ce que d'autres considèrent seulement comme des obstacles invincibles, lui parvient à saisir les courants infranchissables et les forces contradictoires, et en harmonisant leurs directions, il utilise la puissance des chutes dans les moteurs pratiques des villes éloignées.

Les ressentiments et les antagonismes engendrés par la série invariable de décisions réussies, fait que les personnes qui ont été touchées déchargent leur antagonisme sur Tesla, bien qu'en dix ans il n'ait détenu aucun intérêt personnel dans les brevets.

La situation qui s'est développée est parfaitement décrite par B. A. Behrend, qui sera plus tard vice-président de l'Institut américain des ingénieurs électriciens :

« C'est un trait particulier des hommes ignorants que de toujours passer d'un extrême à l'autre, et ceux qui étaient autrefois les admirateurs dévoués de M. Tesla, qui chantaient ses louanges avec ferveur, cherchent maintenant à le tourner en dérision. Il y a quelque chose de profondément mélancolique dans cette perspective, et je ne peux m'empêcher de songer à Nikola Tesla sans repenser à mon sujet et condamner l'injustice et l'ingratitude qu'il a reçu aussi bien des mains du public que de celles de la profession d'ingénieur. » (*Western Electrician*, septembre 1907)

Avec les milieux scientifiques et de l'ingénierie et les tribunaux qui vont jusqu'à l'honorer d'être celui qui a découvert et inventé les principes et les machines qui ont créé le système électrique moderne, Tesla se dresse sans rival, comme le génie qui a donné au monde l'âge de l'énergie électrique, qui a rendu possible notre système industriel de production de masse. Le nom de Tesla devrait donc, en toute logique, être le nom le plus célèbre dans le monde de l'ingénierie d'aujourd'hui.

GLOIRE ET RICHESSE

HUIT

En mars 1893, suite à ses conférences en Europe et en Amérique, Nikola Tesla retourna à son laboratoire. Il élimina toutes les activités sociales de son programme de vie, et, débordant d'énergie, il s'adonna entièrement au travail expérimental relatif à son système sans fil. Il réalisa des expériences répétées au cours desquelles, il travailla à l'amélioration de son principe visant à accorder les circuits en résonance les uns avec les autres. Il fabriqua plus d'une centaine de bobines qui couvraient une grande variété de caractéristiques de réglages électriques. Il élabora également de nombreux oscillateurs pour produire des courants de haute fréquence, ainsi que des condensateurs et des inducteurs pour régler à la fois les bobines réceptrices et émettrices sur n'importe quelle fréquence ou longueur d'onde désirée.

Il démontra qu'il était capable de provoquer une réponse ciblée et puissante de l'une des centaines de bobines, émise par un oscillateur sur une longueur d'onde particulière, alors que toutes les autres restaient inertes. Cependant, il découvrit que les bobines électriques accordées possédaient en outre les mêmes propriétés que les cordes musicales accordées, dans le sens où elles vibrent sur la note fondamentale, mais aussi sur une large gamme d'harmoniques supérieurs, mais surtout inférieurs. Cette caractéristique aurait pu être utilisée dans le cadre de l'élaboration d'antennes émettrices et réceptrices, mais elle compromettait la réponse précise et exclusive du réglage des bobines. À faible distance, et avec les courants puissants que Tesla utilisait dans son laboratoire, les harmoniques représentaient un handicap, mais si une plus grande distance séparait les bobines émettrices et réceptrices, ce problème devenait mineur.

Tesla comprit qu'il lui serait difficile d'organiser une première démonstration de son système mondial d'informations et d'énergie, il élabora donc un système de compromis dans lequel il utiliserait un émetteur central et des postes de relais plus petits positionnés à certaines distances.

Dans une interview avec Arthur Brisbane, le célèbre rédacteur, Tesla fit part de l'infaillibilité de son projet dans l'édition du journal *The World* du 22 juillet 1894. Il déclara :

« Vous me prendriez pour un rêveur et un fou si je vous révélais ce que j'espère réellement. Mais je peux vous dire en toute confiance, qu'il me tarde d'envoyer des messages à travers la terre sans l'utilisation d'aucun fil. J'ai également bon espoir de transmettre, de la même manière, l'énergie électrique, sans entraîner aucun gaspillage. Je suis certain que la transmission de messages par la terre sera un succès. Je dois tout d'abord déterminer exactement combien de vibrations à la seconde sont causées en perturbant la masse d'électricité terrestre. Ma machine de transmission doit vibrer aussi souvent pour s'accorder avec l'électricité générée par la terre. »

À cet effet, il a, au cours de l'hiver suivant, conçu et construit sa station de transmission et une station de réception. Elle fonctionnait bien dans le périmètre délimité par son laboratoire et entre des points de la ville. Tesla, semblable à l'artiste qui n'est jamais satisfait de son travail et doit toujours ajouter ici et là des petites touches pour finaliser son œuvre, continua à faire des améliorations pour s'assurer que l'essai, qui devait se dérouler au printemps quand il emmènerait son récepteur sur un petit bateau sur l'Hudson River pour tester sa réponse sur de grandes distances, serait parfait.

Malheureusement, comme pour César, la tragédie vint s'abattre sur Tesla lors des Ides de mars. Pour ce dernier, cela arriva ce jour funeste du 13 mars 1895 lorsqu'un incendie se déclara dans la nuit dans les parties inférieures de l'immeuble où se trouvait son laboratoire et ravagea tout le bâtiment. Les deux étages où étaient entreposés ses équipements s'effondrèrent dans les sous-sols, et furent complètement détruits. Tout partit en fumée. Tesla avait investi la majeure partie de sa fortune dans les équipements qui se trouvaient dans ce bâtiment. Comme il n'avait contracté aucune assurance, il perdit tout.

La perte monétaire représentait le facteur le moins important dans le choc qu'avait subi Tesla. Les instruments ainsi que les innombrables expériences sur de nombreux sujets avec lesquels ils étaient associés, faisaient partie intégrante de Tesla. Le travail de toute sa vie fut anéanti. Tous ses dossiers, ses documents, ses souvenirs, ses fameuses inventions qui avaient été exposées lors de l'Exposition Universelle n'étaient plus que poussière. Son laboratoire, où il avait révélé ses merveilles aux élites et à l'intelligentsia de New York, aux hommes et aux femmes les plus célèbres du pays et du monde, n'était plus. Et cette tragédie est survenue au moment où il s'apprêtait à faire la première démonstration de son système sans fil.

Tesla se retrouva dans une situation financière difficile. Le laboratoire appartenait à la Tesla Electric Company, détenue par Tesla et A. K. Brown qui, avec un associé, avaient dressé des fonds pour financer les démonstrations du système polyphasé à courant alternatif de Tesla avant que celui-ci ne soit vendu à Westinghouse pour un montant de 1 000 000 de dollars. Une partie de cet argent fut divisée en espèces entre les associés, comme indiqué ; et le reste fut réinvesti dans le laboratoire pour de futures recherches. Les ressources de la compagnie étaient maintenant disséminées et les ressources personnelles de Tesla étaient presque sur le point de disparaître. Il percevait de l'Allemagne des royalties de brevet pour ses moteurs asynchrones et ses dynamos. Ce revenu lui suffisait pour payer ses frais de subsistance, mais ne lui permettait pas de maintenir financièrement un laboratoire expérimental.

M. Adams, directeur du groupe Morgan qui avait développé la centrale hydroélectrique aux chutes du Niagara, en utilisant le système polyphasé de Tesla, est alors venu au secours de l'inventeur. Il proposa et entreprit la création d'une nouvelle société qui financerait la poursuite des expériences de Tesla, et s'engagea à souscrire cent mille dollars sur l'offre d'un demi million de dollars du capital-actions de la société.

Grâce à ce soutien, Tesla put monter un nouveau laboratoire. Il s'installa au 46 East Houston Street, et commença à y travailler en juillet 1895, quatre mois après la destruction de son laboratoire sur South Fifth Avenue.

M. Adams paya quarante mille dollars comme premier acompte de sa souscription. Il s'intéressa grandement aux travaux de Tesla, et passa beaucoup de temps dans le laboratoire. De par son expérience avec la centrale électrique des chutes du Niagara, il savait que Tesla était, techniquement, très pragmatique. M. Adams fut très impressionné par son projet de transmission sans fil d'informations et d'énergie. Il déclara qu'il était prêt à aller encore plus loin que son plan initial de soutien financier, il proposa alors que son fils fasse aussi partie de ce projet, en tant que partenaire actif de Tesla.

Un tel arrangement reviendrait à une alliance entre Tesla et le puissant groupe financier Morgan. C'est grâce au soutien de J. P. Morgan que la General Electric Company reçut des directives financières et que la construction de la station Waterside, la première grande centrale électrique Edison à New York, devint possible, et c'est un groupe de Morgan qui, en rendant possible le développement aux chutes du Niagara, à donné un formidable élan au système de Tesla. La renommée qui résulterait d'un accord avec Morgan serait probablement bien plus puissante que l'aide financière en jeu. Grâce à cette alliance, l'avenir financier de Tesla était assuré. Grâce à elle, il aurait le soutien du plus grand génie organisationnel et les plus grands pouvoirs de concrétisation du monde. Le tragique incendie qui avait provoqué cette situation pouvait se révéler être une bénédiction.

Tesla prit sa décision. Personne ne sut jamais, ce qui le fit parvenir à ce choix. Il rejeta l'offre de M. Adams. D'un point de vue pratique, son choix ne s'expliquait pas. Mais personne ne réussit à démontrer son sens pratique sur les questions commerciales et financières.

Grâce aux quarante mille dollars souscrits par M. Adams, Tesla put continuer activement ses recherches pendant environ trois ans. Il aurait sûrement pu obtenir des souscriptions bien supérieures s'il avait investi ne serait-ce qu'un minimum d'effort pour se les procurer, mais son principal intérêt reposait dans l'avancement de ses expériences, plutôt qu'à s'inquiéter au sujet de ses futurs besoins financiers. Il était convaincu que l'avenir lui amènerait plusieurs millions de dollars, en réponse aux milliards qu'il lui apporterait grâce à ses inventions.

Tesla mit environ un an pour équiper son laboratoire et construire toute une série d'appareils expérimentaux. La plupart des choses qu'il utilisait ne pouvait être achetée sur le marché, tout devait être spécialement conçu par ses ouvriers, d'après ses instructions. Au printemps 1897, il était prêt à effectuer sur son émetteur et sur son récepteur sans fil, les tests de distance qui avait été interrompu par l'incendie deux ans plus tôt.

Le succès de ces tests fut annoncé par Tesla lors d'une interview avec un représentant d'*Electrical Review* qui fut publiée le 9 juillet 1897. Il déclarait :

« Cela fait des années que presque tous les inventeurs télégraphiques rêvent de la possibilité de communiquer sans fil. De temps en temps, une référence concernant les expériences apparaissait dans les revues techniques, démontrant la croyance presque unanime des électriciens qu'un jour, les fils seraient supprimés. Plusieurs expériences ont été menées pour établir les possibilités, mais ce fut M. Nikola Tesla qui proposa une théorie et réalisa l'expérience qui prouva que la communication sans fil est bien un fait, et certainement pas une vague hypothèse. En effet, après six années de travail minutieux et consciencieux, M. Tesla est parvenu à un stade où il est possible d'entrevoir l'avenir.»

Un représentant d'*Electrical Review* reçut la confirmation de Tesla en personne qui, en plus d'être conformiste, établit comme fait accompli la communication électrique sans fil, et que la méthode employée et les principes en jeu rendaient infaillible la transmission des messages ainsi que leur réception intelligible entre deux points distants. Il avait déjà fabriqué un appareil de transmission et un récepteur électrique qui, une fois éloigné, devenait sensible aux signaux émis par le transmetteur, indépendamment des courants terrestres ou des points cardinaux. Et il y était parvenu avec une dépense d'énergie étonnamment faible.

«Bien évidemment, M. Tesla refuse d'expliquer tous les détails de son invention, mais laisse entendre qu'il s'est servi de ce que nous pouvons appeler, pour l'instant, l'équilibre électrostatique: si celui-ci vient à être perturbé sur n'importe quel endroit de la terre, la perturbation peut être détectée à distance grâce à des appareils appropriés, et ainsi les moyens de signalisation et de lecture des signaux deviennent possible une fois que les instruments sont mis à disposition. M. Tesla a fait part de sa conviction dans ces possibilités, mais seulement après s'en être assuré en réalisant un test des appareils qu'il avait conçus. Il restait encore beaucoup de travail à faire, et il a depuis, consacré une attention et une étude minutieuse au problème.

«Les détails ne sont pas encore disponibles, pour des raisons évidentes, et nous ne faisons maintenant que rapporter en détails les déclarations de M. Tesla selon lesquelles il a effectivement établi une communication sans fil sur une grande distance et ce avec une faible dépense d'énergie. Il ne lui restait maintenant plus qu'à perfectionner ses appareils pour pouvoir effectuer n'importe quelle mesure. L'expérience réalisée autrefois par Samuel Morse sur une distance de 60 kilomètres, avait été menée sur une base bien moins certaine que les possibilités du sans fil d'aujourd'hui.

«Le travail de M. Tesla sur les hautes fréquences et les courants à haut potentiel est remarquable. Déjà en 1891, il avait prédit les résultats actuels, à la fois en matière d'éclairage au tube électronique (ou lampe) et d'intercommunication sans fil. Le premier s'était transformé entre ses mains en un moyen grâce auquel il pourrait démontrer au public les phénomènes des forces moléculaires électrostatiques. D'innombrables expériences furent réalisées, et M. Tesla est parvenu à rendre ce qui était à l'époque considéré comme une fréquence impressionnante de 10000 oscillations par seconde, ce qui est maintenant une vitesse modérée à 2000000 oscillations par seconde.»

Cette annonce marqua la naissance de la radio moderne comme celle que nous utilisons encore aujourd'hui. Elle naquît sur un bateau qui remontait l'Hudson River et qui avait à son bord le poste récepteur, celui-ci se trouvait alors à quarante kilomètres du laboratoire de Houston Street, une distance qui représentait une petite fraction de la portée du poste, mais qui suffisait pour démontrer ses capacités. Au lieu de la déclaration très modeste faite par Tesla et la manière encore plus prudente dont l'*Electrical Review* a traité la nouvelle, une telle performance aurait plutôt mérité une annonce sensationnelle. Tesla devait non seulement protéger ses droits de brevet, qui seraient compromis par une divulgation prématurée, mais il devait également veiller à ne pas devenir la victime des voleurs d'inventions et de brevets, auxquels il avait déjà eu affaire. L'*Electrical Review* craignait d'accueillir la nouvelle avec un enthousiasme excessif et ainsi mettre «sa tête sur le billot», avant même d'avoir eu connaissance de tous les détails.

Les brevets fondamentaux sur le système de Tesla furent publiés le 2 septembre 1897, seulement deux mois après sa déclaration, et portaient les numéros 645.576 et 649.621. Il y décrivait toutes les caractéristiques essentielles de la radiodiffusion et des circuits de réception que nous utilisons encore de nos jours. Une fois la protection de ses brevets assurée, Tesla ne mit pas longtemps avant de faire part de ses découvertes au public. Sa présentation se transforma en une démonstration spectaculaire au Madison Square Garden.

La transmission sans fil d'informations est la réalisation de l'un des plus vieux rêves de l'homme, qui a toujours cherché à éliminer les distances par la communication à travers l'espace sans qu'il n'y ait de lien matériel sur l'étendue intermédiaire. Les premiers expérimentateurs, qui faisaient surtout des tests sur le téléphone, cherchaient désespérément à trouver une méthode de communication électrique sans fil qui transmettrait la voix à travers l'espace, de la même manière que l'air porte le son. En 1879, David Edward Hughes remarqua que, lorsqu'une étincelle électrique était produite n'importe où dans sa maison, il entendait un bruit dans le combiné de son téléphone. Il retraça l'effet de l'action des granules de carbone en contact avec un disque de métal dans son transmetteur téléphonique qui agissait comme un détecteur d'ondes d'espace en les collant légèrement ensemble, réduisant ainsi la résistance de la masse et produisant un « clic » dans le combiné.

Le professeur A. E. Dolbear de l'Université Tufts, intensifia cette observation et mit en place, en 1882, un dispositif de démonstration en se servant de ce principe, mais en retirant l'appareil téléphonique. Il utilisa une bobine d'allumage pour générer des ondes et une masse de granules de carbone pour les détecter. Il s'agissait exactement du système « sans fil » qui fut « découvert » quatorze ans plus tard par Marconi.

Edison, engagé par la Western Union Telegraph Company pour briser le monopole détenu par Bell grâce à son invention du téléphone, parvint, en 1885, à envoyer un message « sans fil » à partir d'un train en mouvement. Un fil tendu sur le train, tel un câble télégraphique suspendu aux poteaux installés le long des rails, a permis de combler les quelques centimètres par un effet inductif, ce même effet qui provoque un désagrément en créant de la « diaphonie », ou un mélange des conversations sur deux circuits téléphoniques situés à proximité l'un de l'autre. W. M. Preece, en Angleterre, réalisa une expérience similaire, à peu près au même moment. La portée très limitée de ces appareils les empêchaient d'avoir une quelconque utilité pratique.

En 1880 et 1881, Alexander Graham Bell mit au point une technique de communication sans fil complètement différente. Celle-ci fut nommée radiotéléphone, mais Bell insista sur l'appellation de photophone. Le photophone transmettait la voix à travers un rayon lumineux. Le microphone consistait en un verre extrêmement fin, ou d'un miroir en mica, qui vibrait sous l'action de la voix. Le miroir reflétait ainsi un rayon de lumière, généralement la lumière du soleil, sur un appareil de réception quelque peu éloigné. Le récepteur, très simple, était composé d'un tube à essais de chimiste dans lequel on avait introduit un matériau spécifique. Le sommet du tube était fermé par un bouchon duquel sortaient deux petits tubes de caoutchouc qui y étaient insérés, et dont les extrémités se plaçaient dans les oreilles. Une grande variété de matériaux pouvait être placée dans le tube pour agir comme détecteurs. Lorsque le rayon lumineux, qui se mettait à vibrer par l'action de la voix, entrait en contact avec le matériau contenu dans le tube à essais, cela produisait une absorption de chaleur et faisait vibrer l'air à l'intérieur du tube, recréant ainsi la voix qui avait été transportée par le rayon de lumière. Bell utilisait également du sélénium comme détecteur, celui-ci réagissait aux rayons visibles et produisait un effet électrique. Bien entendu, ces expériences n'avaient guère de valeur pratique en tant que fondation d'un système de communication sans fil.

À Londres, en 1845, Michael Faraday décrivit sa théorie sur la relation entre la lumière et les lignes de force électromagnétique. En 1862, James Clerk Maxwell publia une analyse des travaux réalisés par Faraday et introduisit une base mathématique à la théorie selon laquelle les ondes lumineuses seraient électromagnétiques, et que ces ondes pouvaient avoir une existence bien plus courte ou beaucoup plus longue que la longueur d'onde connue de la lumière visible. Le défi des scientifiques était alors de prouver l'existence de ces ondes.

Entre 1886 et 1888, à Bonn, en Allemagne, le professeur Heinrich Hertz entreprit de chercher des ondes plus longues que celles de la lumière ou de la chaleur. Il les produisait par la décharge d'étincelle issue d'une bobine de Ruhmkorff, puis les récupérait dans l'espace, sur une faible distance, sous la forme d'une minuscule étincelle qui franchissait l'écart dans une sphère de cuivre. Au même moment, en Angleterre, Sir Oliver Lodge cherchait à mesurer les toutes petites ondes électriques dans les circuits filaires.

Voilà dans quelle situation se trouvait le monde scientifique, lorsque Tesla débuta son travail en 1889. La méthode pour permettre la communication sans fil, qu'il présenta en 1892 et 1893, et que nous décrirons dans un instant, démontre à quel point son formidable concept et ses connaissances extrêmement avancées dominaient entièrement tous ses contemporains.

Lorsque Tesla quitta l'usine de Westinghouse, en automne 1889, il se tourna immédiatement vers la prochaine étape de son développement d'un champ de courant alternatif: un nouveau système de distribution d'énergie grâce à des courants alternatifs de haute fréquence, qui serait une découverte bien plus spectaculaire que son système polyphasé. Au cours des deux années qui suivirent, il explora les principes selon lesquels l'énergie pouvait être distribuée par diffusion sans fil, ce qu'il avait démontré à l'aide de puissantes bobines dans son laboratoire. La distribution des informations, qui fut plus tard appelée « transmission sans fil », n'était qu'une étape sur l'ensemble du projet.

En 1892, Tesla décrivit le premier tube électronique conçu pour être utilisé comme un détecteur dans un système radio, et dont il démontra les caractéristiques lors de ses conférences à Londres et à Paris, au cours des mois de février et mars de la même année. (Cependant, le tube fut développé en 1890). L'année suivante, en février et mars 1893, au cours des conférences tenues au Franklin Institute à Philadelphie et lors de la convention du National Electric Light Association qui se déroula à St. Louis, il présenta son système de radiodiffusion en expliquant en détails les principes utilisés.

Le tube électronique de Tesla, son invention de 1890, était l'ancêtre des tubes de détection et d'amplification en usage aujourd'hui. En février et mars 1892, la démonstration qu'il fit de ce tube devant quatre sociétés : l'Institute of Electrical Engineers, la Royal Society of London, la Société Française de Physique et l'International Society of Electrical Engineers de Paris, devint de notoriété publique dans les archives de ces sociétés. Au cours de ces conférences, il déclara :

« S'il y a un mouvement mesurable qui se trouve dans l'espace, alors ce balai devrait le révéler. Il s'agit, en quelque sorte, d'un rayon de lumière, sans frottement, et dépourvu d'inertie.

«Je pense que nous pouvons lui trouver des applications pratiques en télégraphie. Par exemple, avec ce type de balai, il serait possible d'envoyer des missives de l'autre côté de l'Atlantique, à n'importe quelle vitesse, car sa sensibilité est telle, que le moindre changement l'affecte.»

Le «balai» dans le tube de Tesla était un rayon d'électrons. Cependant, l'électron n'avait pas encore été découvert. Néanmoins, Tesla donna une description précise de sa nature, démontrant ainsi son interprétation des phénomènes étranges avec une justesse incroyable. Ce rayon électronique était si sensible qu'un petit aimant en forme de fer à cheval de quelques centimètres de largeur, et éloigné de près de deux mètres, provoquerait le mouvement du rayon d'électrons dans l'une ou l'autre direction, en fonction de la position dans laquelle se trouverait l'aimant.

Si quelqu'un approchait le tube à quelques mètres, le rayon, ou balai, se balancerait vers le côté opposé du tube. Si on marchait autour du tube, et ce même à trois mètres de distance, le rayon se déplacerait de la même manière, en pointant l'extrémité de son centre dans la direction de l'objet en mouvement. Le moindre mouvement d'un doigt, ou même la contraction d'un muscle, ferait balancer le rayon.

Lors de la conférence de 1892, celle où il avait décrit ce premier tube électronique, Tesla avait fait la présentation de lampes que l'on pouvait allumer sans qu'elles fussent reliées à un fil (lumière sans fil), ainsi qu'un moteur qui fonctionnait sans connexion aux bobines à induction (énergie sans fil). Il présenta à nouveau ces inventions lors de son exposition à la Chicago Columbian Exposition au début de l'année 1893.

C'est avec toute cette expérience accumulée, qui lui apportait la certitude que son système était pratique et fonctionnel, que Tesla fit, en février et mars 1893, une déclaration très prudente et conservatrice concernant ses projets au Franklin Institute et à la convention de la National Electric Light Association. Même à ces conférences de 1893, Tesla aurait pu organiser une démonstration de la transmission sans fil d'informations en plaçant une de ses bobines résonantes, surmontée d'un de ses tubes à «balai» électroniques, ou bien l'une de ses lampes à air à basse pression, dans la salle de conférence et la faire réagir aux signaux émis par une bobine sous tension de longueur d'onde similaire, mais installée très loin du bâtiment. Il pratiquait couramment cette expérience dans son laboratoire.

Cependant, cela aurait eu un effet strictement local, alors que son système de radiodiffusion était élaboré à l'échelle mondiale et demandait des appareils bien plus puissants que ceux qu'il avait construits jusqu'ici. Tesla, pensant que ce serait faire preuve de malhonnêteté intellectuelle, refusa de s'abaisser à faire passer un effet purement local pour la démonstration d'un système mondial, et ce même si les effets observés auraient été identiques. Malgré tout, cette démonstration du sans fil aurait été bien plus spectaculaire et marquante que n'importe quelle autre mise en scène de n'importe quel autre inventeur des six années à venir, et plus.

Lors de la réunion de la National Electric Light Association en 1893, Tesla décrivait ainsi son système mondial :

« En relation avec les effets de résonance et les problèmes de transmission d'énergie sur un unique conducteur, qui était considéré auparavant, je voudrais dire quelques mots sur un sujet qui obsède constamment mes pensées et qui concerne le bien-être de tous. Je veux parler de la transmission de signaux intelligibles, ou peut-être même d'énergie, sur n'importe quelle distance et sans l'utilisation de fils. Je suis de plus en plus convaincu de la faisabilité de ce projet, et bien que je sache pertinemment que la grande majorité des scientifiques ne croiront pas que de tels résultats puissent être réalisés de façon pratique et dans l'immédiat, je pense malgré tout, que tous sont conscients des avancées de ces dernières années, réalisées par un certain nombre de chercheurs qui nous encourage à réfléchir et expérimenter dans cette direction. Ma certitude s'est renforcée à un point tel, que je ne considère plus le projet de transmission d'informations ou d'énergie comme une possibilité purement théorique, mais comme un sérieux problème d'ingénierie électrique, que nous nous devons de réaliser un jour.

« L'idée de transmettre des informations sans fil est la conclusion naturelle d'après les derniers résultats en matière de recherches électriques. Certains passionnés ont exprimé leur conviction que la téléphonie, sur n'importe quelle distance, par induction dans l'air est possible. Mes efforts d'imagination ne s'aventurent pas aussi loin, mais je suis convaincu qu'il est possible de perturber, grâce à de puissantes machines, les conditions électrostatiques terrestres, et ainsi de transmettre des signaux intelligibles, et, peut-être, de l'énergie. En réalité, qu'est-ce qui nous empêche de concrétiser ce projet ?

« Nous savons maintenant que les vibrations électriques peuvent être transmises par un conducteur unique. Pourquoi alors ne pas essayer de nous servir de la terre à cet effet ? Nous ne devons pas nous inquiéter de la notion de distance. Pour le voyageur fatigué qui compte les bornes, la terre peut paraître énorme, mais pour le plus heureux des hommes, l'astronome, qui a les yeux rivés vers les cieux, et qui estime grâce à certains critères la circonférence du globe, elle lui apparaît bien petite. C'est pourquoi je pense qu'il doit en être ainsi pour *The Electrician*, car, quand il prend en compte la vitesse à laquelle une perturbation électrique se propage à travers la terre, toutes ses notions de distance doivent alors entièrement disparaître.

« Un point très important serait tout d'abord de connaître la capacité de la terre, ainsi que la charge qu'elle contiendrait si elle était électrifiée. Même si nous n'avons aucune preuve concrète qu'un corps chargé existe dans l'espace, sans avoir à proximité d'autres corps de charge opposée, il y a une forte probabilité que la terre soit un tel corps, puisque, quelque soit le processus qui l'ait séparée (il s'agit de l'opinion répandue sur son origine), elle doit tout de même avoir conservé une charge, comme dans tout processus de séparation mécanique…

« Si nous pouvons déterminer à quelle période la charge terrestre, lorsqu'elle est perturbée, se met à osciller, par rapport à un système ou un circuit connu de charge opposée, nous détiendrons alors sans doute une information inestimable pour le bien-être de l'humanité. Je suggère de rechercher cette période au moyen d'un oscillateur électrique ou d'une source de courants alternatifs.

« L'une des bornes de cette source devra être connectée à la terre, comme aux conduites principales d'eau de la ville, par exemple, et l'autre au corps isolant d'une large surface. Il peut arriver que la couche d'air conducteur externe, ou espace libre, contienne une charge opposée, et qu'elle forme avec la terre un condensateur d'une très grande capacité. En pareil cas, la période de vibration peut être très faible et une machine de dynamo alternative pourrait servir pour cette expérience. Je transformerais ensuite le courant en potentiel électrique aussi élevé que possible, et je connecterais les extrémités de la haute tension secondaire à la terre ainsi qu'au corps isolant. En faisant varier la fréquence des courants, tout en observant attentivement le potentiel du corps isolant, et en surveillant les perturbations à plusieurs points avoisinants de la surface terrestre, nous pourrions détecter la résonance.

« Si, comme le croyait, selon toute probabilité, la majorité des scientifiques, la période s'avérait extrêmement petite, alors une machine de dynamo ne nous servirait pas. Il serait donc nécessaire de fabriquer un véritable oscillateur électrique, et il ne serait peut-être pas possible d'obtenir des vibrations aussi rapides. Mais que cela soit possible ou non, que la terre soit chargée ou non, et quelle que soit sa période de vibration, il est sans aucun doute possible (et nous en avons la preuve quotidiennement) de produire une perturbation électrique suffisamment puissante pour être détectée par des appareils appropriés, à n'importe quel endroit de la surface terrestre…

« Ainsi, en théorie, une grande quantité d'énergie ne serait pas nécessaire pour produire une perturbation perceptible sur une grande distance, ou même sur toute la surface du globe. Or, il ne fait aucun doute que, sur n'importe quel point situé dans un rayon limité des sources, un appareil performant et à auto-induction correctement réglé pourrait être activé par résonance. Mais ce n'est pas tout, une autre source, *s1*, semblable à *s*, ou quelque soit le nombre attribué à cette source, peut être définie pour fonctionner en synchronisme avec la dernière, les vibrations seraient ainsi intensifiées et s'étendraient sur une grande zone, ou bien, un flux d'électricité pourrait être produit par ou allant vers la source *s1*, si elle est de la même, ou de phase opposée, à la source *s*.

« Je suis persuadé qu'il est possible de faire fonctionner des appareils électriques dans une ville, via la terre ou un système de canalisation, par la résonance d'un oscillateur électrique positionné à un point central. Mais la solution pratique à ce problème serait bien moins avantageuse pour l'homme que la concrétisation du projet de transmission d'informations, ou, peut-être, d'énergie, sur n'importe quelle distance à travers la terre ou par des moyens environnants. Si cela est en effet possible, la distance n'aura plus d'importance. Des machines appropriées doivent tout d'abord être conçues avant de nous attaquer au problème, et je me suis longuement penché sur cette question. J'ai l'intime conviction que ce projet est réalisable, et j'espère que nous pourrons le voir de notre vivant.»

Il fit une déclaration similaire lors de la conférence qui se déroula devant le Franklin Institute, de laquelle nous pouvons citer un autre paragraphe:

«Si, grâce à de puissantes machines, nous pouvons produire de rapides variations du potentiel terrestre, un fil de terre atteignant une certaine hauteur serait alors traversé par un courant qui pourrait être intensifié en connectant l'extrémité libre du fil à un corps d'une certaine taille… L'expérience, qui présenterait un grand intérêt scientifique, aurait sûrement plus de succès si elle était réalisée à bord d'un bateau en haute mer. Ainsi, même s'il s'avérait impossible de faire fonctionner les machines, l'information pourrait très certainement être transmise.»

Tesla présenta donc lors de ces conférences les principes indispensables pour réaliser la communication sans fil avec succès, qu'il avait découvert au cours des trois années précédentes, grâce à ses expériences en laboratoire.

Plusieurs conditions fondamentales furent présentées, qui pouvaient même être comprises par toute personne non-initiée n'ayant qu'une expérience limitée en matière de récepteur radio: 1. Une antenne, ou fil d'antenne; 2. Une connexion terrestre; 3. Un circuit antenne-terre contenant une inductance et une capacité; 4. Une inductance et une capacité réglables (pour les réglages); 5. Des émetteurs et des récepteurs réglés pour entrer mutuellement en résonance; 6. Des détecteurs de tubes électroniques. Tesla avait même inventé plus tôt un haut-parleur.

Voilà les principes fondamentaux de la radio, que nous utilisons encore à notre époque pour chaque émission et réception.

Par conséquent, la radio, telle qu'elle existe aujourd'hui, est le produit du génie de Nikola Tesla. Il est le créateur du système dans son ensemble, ainsi que de tous les principaux composants électriques. L'autre homme à qui nous pouvons attribuer le plus de mérite, après Tesla, est Sir Oliver Lodge, le grand scientifique anglais. Mais même Lodge n'a pas réussi à voir l'image fondamentale que présentait Tesla.

Au début de l'année 1894, Lodge introduisit un éclateur de Hertz dans un cylindre en cuivre ouvert à une extrémité. C'est ainsi qu'il produisit un rayon d'oscillations à ondes ultra-courtes qui pouvait être transmis dans n'importe quelle direction. Il fit de même avec le récepteur. Puisque les ondes entrantes ne pouvaient être reçues que d'une seule direction, ce récepteur était capable de localiser la direction d'origine des ondes transmises. Grâce à cet appareil, il devança complètement les travaux de Marconi de deux années. L'été de cette même année, lors d'une démonstration devant la British Association for the Advancement of Science à Oxford, il envoya des signaux en morse, avec des appareils améliorés, entre deux bâtiments séparés de plusieurs centaines de mètres.

Il n'est pas étonnant alors que Marconi, qui débuta ses études sur le sans fil en 1895, ne suscita aucun émoi particulier dans la communauté scientifique anglaise lorsqu'il fit le voyage de l'Italie à Londres en 1896, emmenant avec lui un appareil sans fil qui était identique, au détail près, à celui présenté par Lodge en 1894. Il utilisait un réflecteur parabolique, son appareil était donc un peu plus développé qu'un projecteur électrique. Cependant, il apporta une caractéristique alternative pour remplacer le réflecteur parabolique. Il s'agissait d'une prise de terre et d'une antenne, ou fil d'antenne, pour le récepteur et l'émetteur, ce qui était exactement ce que Tesla avait décrit dans son projet qu'il avait publié trois ans plus tôt.

En réalisant ses expériences pour démontrer la nature identique de la lumière et des ondes électromagnétiques plus longues, Hertz à volontairement cherché à utiliser les ondes les plus courtes qu'il était possible de produire. Elles se mesuraient en centimètres, et faisaient bien moins d'un mètre. Elles étaient parfaites pour son expérience. Lorsque les expérimentateurs travaillant sur le sans fil copièrent ses méthodes, ils reprirent le projet d'onde courte sans jamais poser la question de savoir quelle longueur d'onde devait être utilisée pour les communications sans fil, l'idée qu'il existait d'autres longueurs d'ondes pouvant être produites et utilisées ne semblait même pas les avoir effleurés, excepté pour Tesla.

Tesla prit la peine, dans un parfait esprit scientifique, de renouveler les expériences de Hertz, et il publia ses résultats, en précisant qu'il avait découvert plusieurs différences importantes, attirant ainsi l'attention sur les défauts des méthodes expérimentales utilisées par Hertz.

Après avoir essayé une grande gamme de longueurs d'ondes de courants de haute fréquence, et étudié les propriétés de chaque partie du spectre, Tesla savait que les longueurs d'ondes courtes n'étaient pas du tout adaptées à des fins de communication. Il savait que les longueurs d'onde utiles mesuraient entre 100 mètres et plusieurs milliers de mètres. Il avait compris que l'association de la bobine d'induction et de l'éclateur de Hertz en forme de boule, ne pourrait jamais servir pour produire le genre de pulsations électriques nécessaires. Même avec les appareils très perfectionnés que nous possédons aujourd'hui, les scientifiques ne sont pas parvenus à utiliser les ondes ultra-courtes dans la communication (sauf dans des situations spéciales), ce que Tesla, dans sa grande sagesse, avait condamné et que Marconi, de par son inexpérience, avait tenté d'utiliser.

L'histoire du sans fil au cours des années qui suivirent est l'histoire de l'échec des ondes courtes de Lodge, Marconi et de leurs adeptes ; de la transition vers les ondes plus longues décrites par Tesla ; de l'abandon de leur méthode de signalisation et son remplacement par la méthode plus raffinée et beaucoup plus efficace d'accorder mutuellement les stations d'émission et de réception, d'après les méthodes découvertes par Tesla ; et l'adoption des ondes continues de Tesla.

En outre, ces chercheurs hésitants ne voyaient dans le sans fil qu'une méthode de signalisation d'un point à un autre, ou d'une station à une autre. Aucun d'eux n'avait prévu le système de radiodiffusion que Tesla a décrit en 1893. Ce système, inventé et découvert par Tesla, est celui que nous utilisons encore aujourd'hui, mais n'a-t-on jamais accordé à Tesla le crédit qu'il méritait ?

NEUF

Tesla contribua énormément à ouvrir de vastes empires de connaissances. Il déversa ses découvertes sur le monde à un rythme si rapide et d'une manière tellement évidente, qu'il semblait avoir paralysé les esprits des scientifiques de son époque. Il était trop occupé à mettre en lumière toutes les nouvelles révélations importantes qui se présentaient à lui pour se soucier de développer les applications techniques ou commerciales de chaque nouvelle découverte. Ses découvertes n'étaient pas dues au hasard. Il les visualisait bien avant leur développement dans son laboratoire. Il avait établi un programme bien défini de recherches innovantes dans des domaines d'études inexploités, et quand il en aurait terminé, il pensait qu'il aurait alors une longue vie devant lui durant laquelle, il pourrait revenir sur les applications pratiques de ceux déjà révélés.

En attendant, il avait découvert un tout nouveau monde d'effets intéressants produits par les décharges de ses bobines lorsqu'elles étaient chargées par des courants de très haute fréquence. Il fabriqua des bobines de plus en plus grandes et les expérimenta avec des structures de différentes formes. À partir de la bobine commune de forme cylindrique, il a développé la bobine conique, et il alla encore plus loin en concevant une hélice plate, ou une bobine plate.

La très haute fréquence des courants offrait un paradis mathématique dans lequel Tesla pouvait développer ses équations comme il le souhaitait. Grâce à ses capacités mathématiques et son étrange pouvoir de visualisation, il pouvait souvent faire, et ce de manière très rapide, toute une série de découvertes, alors qu'un véritable laboratoire mettait beaucoup plus de temps à y parvenir. Ce fut le cas des phénomènes de résonance et des circuits accordés.

Il était beaucoup plus simple de construire des condensateurs pour régler les circuits en raison de leur longueur d'onde relativement plus courte. Quand un circuit est réglé, le courant électrique qui y circule oscille de manière rythmique, tout comme le fait une corde musicale qui, quand elle est frappée ou pincée, vibre et produit des boucles de même longueur, comportant des points immobiles entre chacune d'elles. Il peut n'y avoir qu'une seule boucle, comme il peut y en avoir plusieurs.

Tesla n'a pas inventé l'idée de résonance électrique. Celle-ci était inhérente à la description mathématique de la décharge d'un condensateur développée par Lord Kelvin, ainsi qu'à la nature physique des courants alternatifs. Mais Tesla la transforma et la fit passer d'une équation mathématique oubliée à une réalité physique étincelante. Il s'agit de l'analogie de la résonance acoustique, qui est une propriété naturelle de la matière. Cependant, il n'existait pas de circuits pratiques où la résonance pouvait se manifester, jusqu'à ce que Nikola Tesla développe les courants alternatifs, et en particulier les courants à haute fréquence. Il mena la recherche dans ce domaine d'une main de maître en développant le principe de résonance dans des circuits individuels grâce à des ajustements de la capacité et de l'inductance, l'amplification des effets par couplage inductif de deux circuits accordés et les manifestations particulières de la résonance dans un circuit accordé à un quart de la longueur d'onde du courant d'excitation. Ce dernier développement fut un véritable coup de génie.

Sur une corde vibrante, deux boucles donnent une longueur d'onde complète, et une boucle mesure une moitié de longueur d'onde, puisqu'une des boucles est en haut lorsque l'autre est en bas. Entre ces deux boucles se trouve un point nodal qui reste immobile. La distance entre le point nodal et le sommet d'une boucle équivaut à un quart de longueur d'onde. En considérant le quart de longueur d'onde comme unité, une extrémité est immobile alors que l'autre se balance sur la plus grande amplitude de vibration.

En réglant ses bobines sur les quarts de longueur d'onde, Tesla remarqua qu'une extrémité de la bobine restait complètement inactive, tandis que l'autre se balançait sur une activité électrique gigantesque. Voilà une situation particulière, une extrémité d'une petite bobine était inerte et de l'autre extrémité jaillissait un flot d'étincelles de plusieurs centaines de milliers, voire même de millions de volts. Pour faire une comparaison physique, c'était comme si la rivière Niagara atteignait le bord du précipice, et qu'au lieu de tomber dans l'abîme, son eau était propulsée à des hauteurs vertigineuses, telle une gigantesque fontaine.

La bobine de quart d'onde est l'équivalent électrique de la branche vibrante du diapason, de la pendule ordinaire ou de l'anche vibrante. Une fois réalisée, c'était une chose très simple, mais sa découverte relevait d'un travail de génie. Cette avancée aurait été plus qu'improbable pour ceux qui ne possédaient pas l'inspiration et se contentaient de bricoler avec des gadgets en espérant tomber sur quelque chose qui les rendrait riche, mais pour un génie qui travaillait en se basant sur des principes généraux, ce que Tesla avait fait toute sa vie, il s'agissait d'une évidence.

Une bobine à haute tension avec une extrémité inerte simplifiait considérablement beaucoup de problèmes. L'une des plus grandes difficultés rencontrées par Tesla fut de trouver le moyen d'isoler la bobine secondaire à haute tension des transformateurs, de la basse tension principale qui la chargeait. La découverte de Tesla supprimait entièrement la tension d'une extrémité de la bobine secondaire, de sorte qu'elle puisse être directement reliée à la principale ou à la terre, tandis que l'autre extrémité continuait de faire jaillir des éclairs. Il développa ainsi les bobines coniques et plates pour exploiter ce phénomène.

Le laboratoire de Tesla était rempli d'une variété de bobines. Il découvrit assez tôt dans ses recherches qu'en faisant fonctionner une bobine d'une longueur d'onde donnée, les autres bobines du laboratoire, qui se réglaient soit sur cette longueur d'onde, soit sur l'un de ses harmoniques, réagissaient également et faisaient jaillir des gerbes d'étincelles, bien qu'elles ne soient connectées en aucune façon à la bobine en fonctionnement.

Voilà un exemple de transmission d'énergie à distance à travers l'espace. Tesla n'avait pas besoin de faire plusieurs expériences pour comprendre les implications de cette situation. Il ne se perdait jamais dans un nouveau territoire qu'il venait de découvrir. Son esprit s'élevait à un tel niveau de compréhension, qu'il voyait en un coup d'œil l'ensemble des possibilités que présentait un nouveau domaine.

Tesla avait prévu une démonstration spectaculaire pour présenter ce nouveau principe. Il avait demandé à ses ouvriers d'attacher un fil sur des supports isolants sur les quatre murs près du plafond de la plus grande salle de son laboratoire. Le fil était relié à l'un de ses oscillateurs.

Les préparatifs de l'expérience se terminèrent tard dans la nuit. Pour réaliser son test, Tesla prépara deux tubes de verre d'environ un mètre de longueur et douze millimètres de diamètre. Il scella une extrémité de chacun des tubes, fit légèrement échapper l'air qui y était contenu, et scella l'autre côté.

Tesla indiqua aux ouvriers qu'il voulait que la salle soit entièrement plongée dans l'obscurité pour sa démonstration, toutes les lumières éteintes. Et lorsqu'il donnerait le signal, l'interrupteur de son oscillateur devrait être enclenché. « Si ma théorie est correcte, expliqua-t-il, en fermant l'interrupteur ces tubes se transformeront en véritable épées de feu. »

Il marcha jusqu'au milieu de la salle, et donna l'ordre d'éteindre les lumières. Le laboratoire était dans l'obscurité la plus totale, et un ouvrier avait sa main posée sur l'interrupteur de l'oscillateur.

« Maintenant ! » cria Tesla.

Immédiatement, la grande salle fut envahie d'une étrange lumière brillante bleue et blanche, et les ouvriers contemplèrent la silhouette grande et mince de Tesla au milieu de la salle qui brandissait, ce qui semblait être deux épées flamboyantes. Les deux tubes de verre brillaient d'un éclat surnaturel et, comme s'il se trouvait en plein duel d'escrime, il s'en servait pour effectuer des parades et donner des coups d'estocs.

Les ouvriers qui travaillaient au laboratoire étaient habitués aux expériences spectaculaires réalisées par Tesla, mais cela dépassait tout. Auparavant, il avait allumé ses tubes à vide électriques, mais ils étaient toujours reliés à des bobines qui les alimentaient en électricité. Maintenant, ils s'allumaient sans aucune connexion à une source d'électricité.

Cette démonstration, réalisée en 1890, conduisit Tesla à adopter définitivement cette technique comme méthode d'éclairage pour ses laboratoires. La boucle autour du plafond était toujours sous tension, et si quelqu'un souhaitait une lumière dans une direction particulière, il n'avait qu'à prendre un tube de verre et le placer à l'endroit voulu.

Lorsque Tesla entreprenait le développement d'un nouveau genre de lumière électrique, il se tournait vers le soleil comme modèle. Il voyait dans la photosphère, ou la couche gazeuse extérieure du soleil, que la lumière était créée par la vibration des molécules. Il s'agissait de la théorie qui prévalait à l'époque et il cherchait à appliquer la même méthode.

C'est en observant l'orbe ardent du soleil couchant dans le parc de Budapest que son esprit fut frappé d'une incroyable explosion révélatrice, et qu'il lui vint alors, comme nous l'avons vu, non seulement la merveilleuse invention du champ magnétique tournant et les nombreuses utilisations des courants alternatifs, mais aussi la généralisation grandiose que tout ce qui est dans le Nature, fonctionne sur le principe de vibrations correspondant aux courants alternatifs. La foule d'inventions et de découvertes qu'il réalisa au cours des années qui suivirent, prenaient, elles aussi, leurs racines dans cette expérience sublime.

On croyait que la lumière se créait dans le soleil lorsque les molécules se mettaient à vibrer sous l'effet de la chaleur. Tesla chercha à améliorer cette méthode en faisant vibrer les molécules grâce à des forces électriques. Il pensait que les étincelles et les flammes électriques créées par ses bobines à haute tension étaient liées aux vibrations moléculaires dans l'air. S'il parvenait à mettre en bouteille les gaz contenus dans l'air et à les faire vibrer par l'action électrique, ils devraient produire de la lumière sans générer de chaleur, puisque l'énergie était fournie par des courants électriques froids.

Sir William Crookes qui avait, bien avant Edison, produit une lumière électrique incandescente en enfermant un filament chauffé électriquement dans un tube à vide, réalisa une série d'expériences sur la conduction d'électricité dans les gaz contenus dans des récipients en verre sous différentes conditions, allant de la pression atmosphérique au plus grand vide pouvant être obtenu, et il produisit d'étranges résultats. Crookes utilisait le courant à haute tension produit par les anciennes bobines de Ruhmkorff.

Après avoir mis en bouteille les étranges effets qu'il avait observés avec ses courants à très haute fréquence, Tesla s'était attendu à produire des manifestations complètement différentes de celles découvertes par Crookes, ou Geissler, qui avait lui aussi travaillé dans ce domaine. Et il ne fut pas déçu du résultat.

Tesla produisit quatre nouveaux types de lumière électrique, en utilisant des molécules de gaz activées électriquement : 1. Des tubes dans lesquels un corps solide était rendu incandescent ; 2. Des tubes à l'intérieur desquels des matériaux phosphorescents et fluorescents devenaient luminescent ; 3. Des tubes où des gaz raréfiés devenaient lumineux ; et enfin, 4. Des tubes au sein desquels la luminosité était produite par des gaz à des pressions ordinaires.

Tout comme Crookes, Tesla fit passer ses courants de haute fréquence à travers des gaz à toutes les pressions, du vide dont la pression était minimum à la pression atmosphérique normale, et il obtint de brillants effets lumineux, supérieurs à tout ce qui n'avait jamais été réalisé. Il remplaça l'air de ses tubes par d'autres gaz, dont la vapeur de mercure, et observa la couleur particulière et les effets qu'ils produisaient.

Remarquant la variété de couleurs que les différents gaz, et même l'air, émettait sous diverses pressions, Tesla soupçonna que toute l'énergie émise ne se dégageait pas en lumière visible, mais qu'une certaine quantité se dégageait sous forme de lumière noire. Pour vérifier son hypothèse, il plaça du sulfure de zinc et d'autres matériaux phosphorescents et fluorescents dans ses tubes et les fit briller. Grâce à ces expériences (réalisées en 1889), Tesla a établi les fondements des types de lampes à très haut rendement, que nous avons récemment développés, utilisées dans l'éclairage fluorescent, que nous croyons généralement être une invention très récente. Tesla inventa la méthode selon laquelle les ultraviolets, ou lumière noire invisible, perdus sont utilisés en les transformant en lumière visible grâce à des substances phosphorescentes. Roentgen utilisait des tubes similaires, mais faits en verre, et la substance fluorescente déposée sur une table de son laboratoire lorsque, six ans plus tard, il découvrit les rayons X. Tesla inventa également le tube fluorescent, et alla même jusqu'à plier ses tubes pour former des lettres et des formes géométriques, comme cela se fait sur les enseignes au néon. Il y parvint en dépit de quelques expériences en laboratoire antérieures et simultanées réalisées par Crookes et J. J. Thompson, mais aucun des deux ne parvint à développer de lampes ou d'applications pratiques.

Au début de 1890, Tesla découvrit que ses courants de haute fréquence possédaient des propriétés tellement différentes des courants produits par la bobine de Ruhmkorff ordinaire, ou bobine à induction, qu'il parvenait à allumer ses tubes tout aussi bien, et parfois même avec un meilleur résultat, en utilisant un seul fil pour les relier au transformateur haute tension, le circuit de retour étant réalisé sans fil dans l'espace.

En travaillant avec des types de lampes comprenant des tubes qui contenaient en leur centre un fil conducteur, et avec le tube rempli d'air sous un vide partiel, Tesla remarqua que le gaz serait un meilleur conducteur au courant à haute fréquence que le fil. À partir de cette observation, il fut en mesure de développer de nombreuses expériences spectaculaires qui semblaient violer les lois les plus fondamentales de l'électricité. Il pouvait court-circuiter des lampes et d'autres appareils avec de lourdes barres métalliques qui, avec des courants ordinaires, priveraient complètement les dispositifs d'électricité, de sorte qu'ils ne pourraient plus fonctionner. Cependant, avec ses courants de haute fréquence, les lampes s'allumeraient et les machines fonctionneraient comme si la barre de court-circuit n'était pas présente.

L'une de ses expériences surprenantes consistait à placer un long tube de verre, dont l'air avait été partiellement extrait, dans un tube de cuivre légèrement plus long et dont l'une des extrémités était bouchée. Une fente avait été pratiquée au centre du tube de cuivre, de sorte que le tube qui se trouvait à l'intérieur puisse être vu. En connectant le tube de cuivre au circuit à haute fréquence, l'air à l'intérieur du tube s'illuminait d'une lumière éclatante, mais aucune preuve n'a pu être trouvée qu'un quelconque courant circulait à travers l'enveloppe de cuivre protégeant des courts-circuits. L'électricité préférait passer par le tube de verre, par induction, puis dans l'air enfermé partiellement évacué, traverser l'air à basse pression qui remplissait toute la longueur du tube, pour ensuite ressortir à l'autre extrémité par induction, plutôt que de traverser le chemin entièrement métallique entourant le tube de métal.

Tesla a alors déclaré : « D'après ce que nous avons pu constater jusque-là, le gaz est un conducteur capable de transmettre des impulsions électriques sur n'importe quelle fréquence que nous sommes en mesure de produire. Si la fréquence pouvait être suffisamment élevée, alors un étonnant système de distribution, qui intéresserait sûrement les compagnies de gaz, pourrait être réalisé. Des tubes métalliques remplis de gaz, le métal étant l'isolant et le gaz le conducteur, alimenteraient des ampoules phosphorescentes, ou peut-être des appareils n'ayant pas encore été inventés.

Cette remarquable conductivité des gaz et de l'air à basse pression, conduisit plus tard Tesla à suggérer, dans une déclaration publiée en 1914, un système d'éclairage à l'échelle terrestre dans lequel il proposait de traiter la terre entière, ainsi que son atmosphère environnante, comme s'il s'agissait d'une seule et unique lampe.

C'est à la surface de la terre que l'atmosphère est soumise à la pression la plus forte, en raison du poids de l'air sus-jacent. En allant plus haut dans le ciel, l'air est présent en plus grande quantité en dessous de nous qu'au dessus, ainsi, plus nous nous éloignons du sol, plus la pression de l'air est faible.

Tesla expliqua qu'en haute altitude, les gaz de l'atmosphère se trouvaient dans le même état que l'air à l'intérieur des tubes partiellement vidés qu'il préparait dans son laboratoire, et que, de ce fait, ce dernier serait un excellent conducteur pour les courants de haute fréquence. Les aurores boréales sont des exemples naturels de l'effet qu'il recherchait, et elles étaient le produit de la Nature comme Tesla l'avait projeté, mais ce fait n'était pas connu lorsqu'il développa son idée.

Faire circuler une quantité suffisante d'électricité, de forme appropriée, dans les zones supérieures de l'atmosphère, permettrait de rendre l'air lumineux. La terre entière serait transformée en une lampe géante et le ciel nocturne serait complètement illuminé. Tesla souligna que les lampadaires le long des routes, dans les rues et dans les zones extérieures deviendraient alors inutiles, sauf en cas de tempêtes ou d'abondance de nuages bas. Traverser l'océan deviendrait bien plus sûre et plus agréable, puisque le ciel tout entier serait illuminé, et qu'il ferait ainsi jour en pleine nuit.

Les méthodes avec lesquelles Tesla voulait mener ses courants de haute fréquence jusque dans l'air en altitude ne furent pas publiées. Quand il présenta le projet, il déclara que celui-ci ne posait aucune difficulté qui ne puisse être résolue de manière pratique. Cela signifiait qu'il possédait les moyens concrets de réaliser son objectif.

Il déclara que l'air, à une altitude de 10 000 mètres, possédait un haut degré de conductivité pour les courants de haute fréquence, mais qu'il pouvait être utilisé de manière efficace à plus faible altitude. L'exactitude de la prédiction de Tesla concernant la conductivité de l'air en altitude, est attestée par l'un des problèmes rencontrés de nos jours dans l'exploitation des avions à des altitudes bien inférieures à 7500 mètres. Le système d'allumage, transportant les courants de haute tension aux bougies d'allumage des moteurs de l'avion, qui font alors exploser le gaz dans les cylindres, causait des difficultés à de plus hautes altitudes, car l'électricité s'échappait avec beaucoup de liberté dans l'air environnant. À basse altitude, l'air est un excellent isolant, surtout pour le courant continu et les courants à basse fréquence. Mais, comme Tesla l'a découvert, à plus haute altitude, où les basses pressions dominent, l'air devient un excellent conducteur pour les courants à haute fréquence. Les fils menant aux bougies d'allumage se retrouvent entourés d'une couronne, ou halo électrique, ce qui démontre une fuite de courant. Si cela n'empêchait pas entièrement leur fonctionnement, cela avait un effet sur l'efficacité des appareils utilisant des courants à haute fréquence ou à fort potentiel, tels que les appareils radio. (Puisque Tesla avait découvert que les fils et tiges métalliques, qui agissaient comme d'excellents conducteurs pour les courants continu et à basse fréquence, pouvaient également devenir de très bons isolants pour ses courants à haute fréquence, il était bien entendu évident que la suggestion proposant de suspendre des câbles métalliques à un ballon pour délivrer un courant dans les airs, était tout à fait irréaliste.)

Tesla fit à nouveau référence à sa proposition de transformer la terre en lampe géante dans les années vingt. À cette époque, l'absence de financement l'empêchait de continuer ses travaux expérimentaux, et il refusait de divulguer ses méthodes, étant donné qu'il n'en donnait jamais les détails avant de les avoir mises en pratique. Il espérait malgré tout qu'il obtiendrait rapidement des fonds pour lui permettre de tester son projet.

L'auteur le bombarda de questions pour en apprendre le plus possible sur ses intentions. Mais Tesla restait inflexible :

« Si je devais répondre à trois autres de vos questions vous connaîtriez mon projet aussi bien que moi. » avait-il dit.

« Quoiqu'il en soit, Docteur Tesla, ai-je répondu, je soulignerai dans mon article le seul projet qui me semble réalisable d'après les lois physiques que nous connaissons, et vous pourrez alors le nier ou le confirmer. Vos tubes de bombardement moléculaire produisent une grande quantité d'ultraviolets et de rayons X, et pourraient également créer un puissant faisceau de cette radiation qui ioniserait l'air sur de grandes distances. Lorsque ces rayons traversent l'air, ils l'ionisent, ce qui en fait un bon conducteur pour tous les types d'électricité dont les tensions sont suffisamment élevées. En produisant un faisceau pareil au sommet d'une haute montagne et en le dirigeant vers le haut, on créerait alors un trajet conducteur dans l'air à n'importe quelle hauteur désirée. Vous pourriez envoyer vos courants de haute fréquence dans les plus hautes altitudes sans même avoir à quitter le sol. »

« Si vous décidez de publier cela, répliqua Tesla, il faudra alors que vous présentiez ce plan comme étant le vôtre, et non le mien. »

L'article fut publié avec la spéculation mentionnée ci-dessus, mais l'inventeur ne donna aucune affirmation ni ne fournit aucun démenti, et rien de plus ne peut être dit en sa faveur. Tesla avait peut-être un plan plus simple et plus pratique en tête. (Après avoir rédigé ce volume, l'auteur a appris que Tesla avait l'intention d'installer une rangée de lampes à ultraviolets au sommet de sa tour à Wardencliff, et qu'il avait conçu la plate-forme supérieure afin de les recevoir.)

Tesla avait un autre plan dont il avait discuté à de nombreuses occasions lorsqu'il considérait les conditions électriques terrestres, et qui était sûrement lié à son projet. Il souligna que la terre était un bon conducteur électrique, ainsi que l'air en altitude, alors que l'air de la basse troposphère était un isolant pour de nombreux types de courant. Cette combinaison offre ce qu'on appelle un condensateur, un appareil permettant d'accumuler et de décharger l'électricité. En chargeant la terre, l'air en altitude serait alors lui aussi chargé par induction. Une fois notre terre en rotation transformée en bouteille de Leyde terrestre, elle pourrait être chargée mais aussi déchargée, de sorte qu'un courant circulerait à la fois dans l'air en altitude, mais aussi dans le sol, produisant un flux électrique qui rendrait l'air en altitude auto-lumineux. Toutefois, Tesla ne se montra jamais réellement spécifique concernant l'application du plan du condensateur pour répondre à ce problème, comme l'indique la phrase précédente. Son projet se trouve peut-être encore dans ses documents, qui, au moment où nous écrivons, sont scellés et interdits d'inspection, sauf pour les responsables gouvernementaux.

Tesla réussit à extraire au moins cinq découvertes historiques de l'espace presque vide d'un tube à vide de quinze centimètres. Sa lampe produisait bien plus de miracles que celle d'Aladin des Mille et Une Nuits. Il fit don de sa lampe « magique » à la science cinquante ans auparavant. Ce talisman magique était la lampe à pastille de carbone de Tesla qui, outre les autres découvertes qui en découlèrent, était en elle-même, une découverte scientifique lumineuse, qui reste toujours inutilisée. Edison développa la lampe électrique à filament incandescent et reçut tous les honneurs pour sa réalisation. Tesla inventa un type de lampe complètement original, la lampe à incandescence, produisant vingt fois plus de lumière pour la même quantité de courant consommé. Malgré tout, sa contribution reste pratiquement inconnue.

La lampe à pastille de carbone fut décrite par Tesla dans sa conférence devant l'American Institute of Engineers, à New York, en 1891, et de nouveaux développements furent présentés lors des conférences données en Angleterre et en France, en février et mars 1892. Lors de la conférence qu'il donna à New York, il déclara :

« Les effets électrostatiques permettent de produire de la lumière de plusieurs manières. Par exemple, nous pouvons placer le corps de quelque matériau réfractaire dans une sphère fermée, de préférence avec plus ou moins d'air évacué. Relions-la à une source de haut potentiel alternant rapidement, qui forcera les molécules gazeuses à frapper la sphère plusieurs fois par seconde à très grande vitesse, et ainsi, grâce à des billions de marteaux invisibles qui la frapperont, elle deviendra incandescente. Ou alors, plaçons un corps dans une sphère ne comprenant presque plus d'air que nous garderons à un degré choisi d'incandescence en utilisant de très hautes fréquences et de très hauts potentiels. »

Il réalisa un grand nombre d'expériences avec cette lampe à pastille de carbone et il en donna une description des plus importantes lors d'une conférence devant les sociétés scientifiques anglaise et française au printemps 1892. Cependant, il ne s'agissait là que de l'un des nombreux types de nouvelles lampes et autres avancées importantes de son spectaculaire travail.

La construction des lampes à pastille de carbone était très simple. Elles se composaient principalement d'un globe de verre sphérique de sept à quinze centimètres de diamètre, au centre duquel se trouvait un morceau de matériau réfractaire solide monté sur l'extrémité d'un fil qui dépassait du globe et qui servait de connexion à fil unique avec la source de courants de haute fréquence. Le globe contenait de l'air raréfié.

Une fois le courant à haute fréquence relié à la lampe, les molécules d'air contenues dans le globe, lorsqu'elles entraient en contact avec la pastille centrale, devenaient chargées et étaient repoussées à très grande vitesse contre le verre du globe où elles perdaient leur charge, avant d'être ensuite de nouveau repoussées avec la même vitesse, pour venir frapper la pastille. Des millions et des millions de processus semblables se déroulaient à chaque seconde, faisant ainsi chauffer la pastille qui devenait incandescente.

Tesla était capable de produire des températures extrêmement élevées à l'intérieur de ces simples globes de verre, dont la limite maximale semblait dépendre de la quantité de courant utilisé. Il fut capable de vaporiser le carbone directement dans un gaz, remarquant que l'état liquide était tellement instable, qu'il ne pouvait pas exister. La zircone, la substance la plus résistante à la chaleur connue, pouvait être fondue instantanément. Il essaya des pastilles en diamant et en rubis, mais elles furent elles aussi vaporisées. Lorsqu'il utilisait l'appareil comme une lampe, il ne voulait pas faire fondre les substances, mais il réalisait toujours ses expériences dans les deux extrêmes. Il remarqua que le carborundum était tellement réfractaire, qu'il était davantage possible de faire fonctionner des lampes à des densités de courant élevées en utilisant des pastilles faites à partir de ce matériau (carbure de calcium), que ça ne l'était avec d'autres substances. Le carborundum ne se vaporisait pas aussi facilement, et ne formait pas de dépôts à l'intérieur du globe.

Tesla développa ainsi une technique de fonctionnement des lampes, où la pastille incandescente transférait son énergie thermique aux molécules de l'infime quantité de gaz présente dans le tube, de sorte qu'elles devenaient une source de lumière, faisant ainsi fonctionner les lampes comme le soleil : la pastille représentant le corps massif du soleil et les gaz environnants la photosphère, ou couche atmosphérique émettrice de lumière de ce corps.

Tesla avait un vrai sens du spectacle, mais en dehors de cela, il éprouvait sans nul doute une certaine satisfaction quand il parvenait à allumer ce soleil miniature grâce aux courants qui traversaient son corps, des courants de haute fréquence de centaines de milliers de volts. Tenant d'une main une borne de son transformateur à haute fréquence, et de l'autre brandissant l'ampoule qui contenait le soleil miniature incandescent qu'il avait créé, et imitant la posture de la statue de la Liberté, il était capable de faire brillamment rayonner sa nouvelle lampe. À cet instant, vous pouvez le dire, le surhomme présentait ses exploits les plus quelconques, auxquels était associé une sorte de satisfaction purement rattachée au commun des mortels. Edison s'était gaussé de de son projet d'élaborer un système de courant alternatif, et avait déclaré que ces courants n'étaient pas seulement inutiles, mais qu'ils étaient également mortels. Tesla avait assurément réagi de manière appropriée, en laissant la Nature répondre à sa place.

En observant son modèle fonctionnel de soleil incandescent qu'il pouvait tenir dans sa main, Tesla comprit très vite les implications de ces phénomènes. Chaque onde électrique qui traversait la minuscule perle centrale, provoquait le rayonnement d'une pluie de particules à très grande vitesse qui frappait la surface en verre du globe, seulement pour être renvoyée vers la perle. Tesla parvint à la déduction suivante : le soleil est un corps incandescent qui transporte une charge électrique élevée et qui émet également une grande pluie de particules minuscules, dont chacune possède une grande énergie du fait de leur très grande vitesse. Mais dans le cas du soleil, et des autres étoiles comme lui, il n'y a aucun globe de verre pour agir comme une barrière, alors la pluie de particules poursuit sa route vers les vastes royaumes de l'espace ambiant.

Le moindre espace était rempli de ces particules qui bombardaient continuellement la terre, faisant exploser de la matière à l'endroit où elles tombaient, tout comme elles le faisaient dans ses globes. Il avait constaté ce processus dans ses globes, où les perles de carbone les plus réfractaires pouvaient être réduites en poussière atomique par le bombardement des particules électrifiées.

Il chercha à détecter ces particules qui frappaient la terre : il déclara que l'une des manifestations de ce bombardement était les aurores boréales. Les archives des méthodes expérimentales grâce auxquelles il détecta ces rayons ne sont pas disponibles, mais il publia une annonce où il déclarait les avoir détectées, mesurées leur énergie, et avait constaté qu'elles bougeaient avec une très grande vitesse, que leur conférait les centaines de millions de potentiel électrique du soleil.

Mais au début des années 1890, ni les scientifiques ni le public n'étaient prêts à entendre de tels chiffres hors du commun, ou toute déclaration selon laquelle, la terre serait bombardée par de tels rayons aussi destructeurs. Ce serait un euphémisme de dire que les déclarations contenues dans le rapport de Tesla ne furent pas prises au sérieux.

Néanmoins, lorsque le physicien français Henri Becquerel découvrit en 1896 les mystérieux rayons émis par l'uranium, et après de plus amples recherches, qui culminèrent, à Paris par la découverte du radium par Pierre et Marie Curie, dont les atomes explosaient spontanément sans cause apparente, Tesla fut capable de désigner ses rayons cosmiques comme étant la cause de la radioactivité du radium, du thorium, de l'uranium et d'autres substances. Et il prédit la découverte d'autres substances qui pouvaient être rendues radioactives par le bombardement de ces rayons. Mais la victoire de Tesla fut de courte durée, car le monde scientifique refusa ses théories. Toutefois, Tesla était un plus grand prophète qu'il ne le pensait, ou que quiconque ne l'aurait soupçonné.

Trente ans plus tard, le Docteur Robert A. Millikan redécouvrit ces rayons et crut qu'ils possédaient une nature ondulatoire, comme la lumière. Il fut suivi par le Docteur Arthur H. Compton, qui prouva l'existence des rayons cosmiques composés de particules de matière à grande vitesse, comme les avait décrits Tesla. Ils commencèrent par trouver des énergies de dix millions de volts, et aujourd'hui, ces énergies se calculent en milliards et même en trillions d'électrons-volts. Ces chercheurs, ainsi que d'autres, décrivirent ces rayons comme étant des atomes de matière éclatés, produisant des pluies de débris, exactement ce que Tesla avait prédit.

En 1934, Frederick Joliot, le gendre du couple Curie, découvrit que la radioactivité artificielle était produite dans des matériaux ordinaires en les bombardant de particules, de la même manière que celle décrite par Tesla. Joliot reçut le prix Nobel pour sa découverte, mais Tesla ne reçut aucune reconnaissance.

La lampe à bombardement moléculaire de Tesla était l'ancêtre d'une autre avancée très moderne : le cyclotron désintégrateur d'atomes. Développé au cours des vingt dernières années par E. O. Lawrence, de l'université de Californie, le cyclotron est un appareil où des particules chargées tournoient à l'intérieur d'un champ magnétique dans une chambre circulaire jusqu'à ce qu'elles atteignent une vitesse très élevée, puis elles sortent de la chambre dans un flux étroit. La machine géante, possédant un aimant aussi grand qu'une maison, et encore en construction à l'heure où nous écrivons, émettra un faisceau de particules chargées tellement puissant que, d'après le Professeur Lawrence, si on les faisait entrer en collision avec un bâtiment en briques, ce dernier serait entièrement désintégré. Les modèles plus petits furent utilisés pour bombarder une variété de substances pour les rendre radioactives, les désintégrer, ou transmuer leurs atomes en différents éléments.

La petite sphère de verre, de moins de quinze centimètres de diamètre, contenant la lampe à bombardement moléculaire de Tesla, avait exactement le même effet désintégrant sur la matière solide, avec un effet sûrement plus grand que n'importe quel cyclotron désintégrateur d'atomes qui existe aujourd'hui, et ce malgré leur très grande taille. (Même les plus petits pèsent vingt tonnes).

En décrivant l'une des expériences réalisée avec sa lampe, où il avait monté un rubis sur une pastille de carbone, Tesla déclara :

« Il est apparu, entre autres choses, que dans ce cas-là, l'origine du bombardement importe peu car, dès qu'une température élevée était atteinte, l'un des corps semblait généralement recevoir la majorité du bombardement, alors que l'autre, ou les autres, en étaient délivrés. Cette qualité semblait dépendre essentiellement du point de fusion, et de la facilité avec laquelle le corps pouvait être « évaporé », ou d'une manière générale, désintégré : ce qui signifie non seulement le rejet des atomes, mais aussi des masses plus grandes. L'observation constatée était conforme aux notions généralement acceptées. Dans une ampoule presque entièrement vidée de son air, l'électricité est transportée de l'électrode par des transporteurs indépendants, qui sont en partie des atomes, ou des molécules, de l'atmosphère résiduelle et en partie des atomes, des molécules, ou des masses rejetées par l'électrode. Si l'électrode est composée de corps de natures différentes, et si l'un d'entre eux est plus facilement désintégré que les autres, alors la majorité de l'électricité fournie sera transportée par ce corps, qui sera ensuite porté à une température plus élevée que les autres, et à force d'augmenter la température, celui-ci sera encore plus facilement désintégré. »

Les substances qui résistaient à la fonte, à des températures pouvant être atteintes dans les fours des laboratoires de l'époque, étaient facilement désintégrées par la simple lampe à désintégration de Tesla. Celle-ci produisait un puissant faisceau de particules désintégrantes, en les regroupant de tous les côtés grâce à un réflecteur sphérique (la sphère de sa lampe), une sorte de lentille convexe en trois dimensions, mais fonctionnant avec des particules chargées plutôt qu'avec des rayons thermiques. L'effet obtenu était le même que ceux des énormes désintégrateurs d'atomes d'aujourd'hui, mais la sphère, si légère qu'elle aurait pu s'envoler dans les airs, le réalisait avec une bien plus grande efficacité. Sa simplicité et son efficacité étaient encore accentuées par le fait que la substance en train d'être désintégrée, allait alimenter les particules par lesquelles la désintégration s'effectuait.

La lampe à bombardement moléculaire de Tesla présente aussi une autre découverte très moderne de grande importance : le microscope électronique localisé, pouvant fournir des grossissements d'un million de diamètre, soit dix à vingt fois plus puissant que le plus connu des microscopes électroniques, qui à son tour, peut créer des grossissements jusqu'à cinquante fois supérieurs à celui du microscope optique.

Avec le microscope électronique localisé, les particules chargées s'élancent en ligne droite à partir d'un minuscule point actif sur un morceau de substance maintenu à un haut potentiel, et reproduisent sur la surface sphérique d'une sphère de verre, le motif de la zone microscopique d'où proviennent les particules. La taille de la sphère de verre représente la seule limite au degré d'agrandissement qui peut être obtenu : plus le rayon sera élevé, plus le grossissement sera important. Puisque les électrons sont plus petits que les rayons de lumière, les objets trop petits pour être visibles par les ondes lumineuses peuvent être énormément agrandis grâce aux motifs produits par les électrons émis.

Sur la surface sphérique de sa lampe, Tesla produisit des images phosphorescentes de ce qui se passait sur la pastille de désintégration lorsqu'il utilisait un vide extrêmement élevé. Au printemps 1892, il décrivit cet effet lors de ses conférences, et sa description était pratiquement identique à celle du microscope électronique localisé au grossissement un million. Voici une citation de sa conférence :

« À l'œil nu, l'électrode apparaît uniformément brillante, mais en réalité, il y a dessus des points qui changent constamment et qui errent, dont la température est bien supérieure à la moyenne, ce qui accélère grandement le processus de désintégration… Retirez l'air d'une ampoule à un très haut degré, de sorte qu'avec un potentiel relativement élevé, la décharge ne puisse pas circuler, enfin, pas une décharge lumineuse, puisqu'une faible décharge invisible se produit toujours, selon toute probabilité. Elevez alors le potentiel lentement et méticuleusement, en ne faisant circuler le courant principal qu'un très court instant. À un certain moment, deux, trois, ou une demi-douzaine de points phosphorescents apparaîtront sur la sphère. Ces endroits sur le verre sont manifestement plus violemment bombardés que les autres, cela s'explique par la distribution inégale de densité électrique, produite évidemment par de fortes projections, ou de manière générale, par des irrégularités de l'électrode. Mais les taches lumineuses changent en permanence de position, ce qui se voit surtout si l'on parvient à en produire très peu, cela signifie que la configuration de l'électrode change rapidement. »

Ce ne serait alors que justice si les futurs scientifiques attribuaient à Tesla les honneurs qui lui sont dus, pour avoir été celui qui a découvert le microscope électronique. Son mérite ne diminue pas du fait qu'il n'avait pas décrit précisément l'électron, qui était alors inconnu, dans son fonctionnement, mais parce qu'il supposait que l'effet résultait d'atomes électriquement chargés.

En analysant les performances de plusieurs modèles de cette lampe, ainsi que celles de ses autres lampes à décharge, Tesla remarqua que la production de lumière visible changeait sous différentes conditions de fonctionnement. Il savait qu'elles émettaient à la fois des rayons visibles et invisibles. Il utilisa une variété de substances phosphorescentes et fluorescentes pour détecter les ultraviolets, ou lumière noire. Habituellement, les changements dans la lumière visible et ultraviolette s'équilibrent mutuellement, l'augmentation de l'une entraînant la diminution de l'autre, avec le reste de l'énergie pris en compte par les pertes thermiques. Lors de ses conférences de 1892, il annonça avoir trouvé dans sa lampe à bombardement moléculaire « une lumière noire visible ainsi qu'une radiation très particulière. » Il expérimentait avec cette radiation qui, déclarait-il, produisait des shadogrammes sur des plaques dans des récipients métalliques dans son laboratoire, lorsqu'il fut détruit par un incendie en mars 1895.

Cette « radiation très particulière » ne fut pas décrite plus en détail dans les articles publiés de l'époque, mais lorsque le Professeur Wilhelm Konrad Roentgen, en Allemagne, annonça avoir découvert les rayons X en décembre 1895, Tesla fut immédiatement capable de reproduire les mêmes résultats grâce à sa « radiation très particulière, » ce qui indiquait que ces derniers possédaient des propriétés très similaires aux rayons X, bien qu'ils aient été produits de manière quelque peu différente. Juste après avoir lu la déclaration de Roentgen, Tesla envoya au scientifique allemand les shadogrammes réalisés par sa « radiation très particulière. » Roentgen lui répondit : « Ces images sont très intéressantes. Pourriez-vous m'expliquer la méthode que vous avez utilisée pour les obtenir. »

Tesla ne pensa pas que cette situation lui donnait la priorité sur la découverte des rayons X, et il ne fit aucune allégation en ce sens. Mais il débuta immédiatement un grand travail de recherche sur leur nature. Pendant que d'autres essayaient d'extirper suffisamment de rayons X du type de tube utilisé par Roentgen, pour réaliser des shadogrammes de structures fines telles que les mains ou les pieds placés très proche de l'ampoule, Tesla, quant à lui, prenait des clichés du crâne à une distance de douze mètres du tube. Il décrivit d'ailleurs à cette époque, qu'un type de radiation non identifiée émanait d'un éclateur lorsqu'un fort courant le traversait, et qu'il ne s'agissait pas d'une onde transversale comme la lumière, ou les ondes hertziennes, de plus, elle ne pouvait pas être arrêtée en interposant des plaques métalliques.

Ainsi, lors d'une conférence où il rapporta ses recherches qui portaient sur une période de deux années, Tesla offrit au monde (en plus de ses nouveaux tubes électroniques, sa très efficace lampe à incandescence, ses courants de haute fréquence et à fort potentiel et ses appareils) au moins cinq découvertes scientifiques incroyables : 1. les rayons cosmiques ; 2. la radioactivité artificielle ; 3. le rayon désintégrant de particules chargées, ou accélérateur de particules ; 4. le microscope électronique ; et 5. la « radiation très particulière » (les rayons X).

Au moins quatre de ces innovations furent « redécouvertes » près de quarante ans plus tard, et permirent à d'autres de remporter des prix Nobel, et le nom de Tesla n'est jamais mentionné quand on parle d'elles.

Pourtant, l'œuvre de Tesla ne faisait que commencer !

DIX

Tesla possédait une remarquable habilité à effectuer en même temps un certain nombre de recherches reposant sur différents domaines scientifiques. Tout en poursuivant ses études sur les oscillations électriques à haute fréquence et toutes leurs implications, allant des tubes électroniques jusqu'à la radio, il s'intéressait aussi aux vibrations mécaniques. Il faisait preuve d'une grande perspicacité en ce qui concernait leurs possibles utilités, et qui ont depuis été mises en application.

Tesla ne faisait jamais les choses à moitié. Tout ce qu'il entreprenait démarrait comme un éclair suivi d'un coup de tonnerre retentissant si agréable à entendre. Et même lorsqu'il ne planifiait rien, les événements semblaient se façonner d'eux-mêmes pour atteindre une apogée spectaculaire. En 1896, alors que sa popularité ne cessait de grandir, il organisa une petite expérience sur les vibrations dans son laboratoire sur Houston Street. Depuis qu'il y avait emménagé en 1895, l'endroit s'était déjà taillé une réputation, en raison de tous les bruits et lumières étranges qui en provenaient à toute heure du jour et de la nuit, mais aussi parce qu'il était constamment visité par les personnes les plus célèbres du pays.

Sa petite expérience tranquille produisit un tremblement de terre, un véritable séisme qui secoua énormément la population, les bâtiments et tout ce qui s'y trouvait, et ce bien plus que ne l'aurait fait un tremblement de terre naturel qui aurait touché la métropole. Dans une zone d'une douzaine de pâtés de maisons, occupée par des centaines de bâtiments abritant des centaines de milliers de personnes, il y eut un brusque grondement et une secousse, les vitres volèrent en éclats et les canalisations de gaz, d'eau et de vapeur explosèrent. Un désordre indescriptible régnait alors que les petits objets dansaient dans les chambres, que des morceaux de plâtre se détachaient des murs et des plafonds, que des pièces de machines pesant des tonnes, sortaient de leurs points d'ancrages fixés au sol par des boulons pour se retrouver à des endroits difficiles d'accès dans les entrepôts d'usines.

Tesla avait déclaré : « Et tout cela fut causé, de façon inattendue, par un tout petit appareil que vous pourriez glisser dans votre poche. »

L'appareil qui déclencha cette brusque catastrophe avait longtemps été utilisé comme un jouet par Tesla pour amuser ses amis. Il s'agissait d'un oscillateur mécanique qui était utilisé pour produire des vibrations. Le dispositif à moteur que les barbiers attachaient à leurs mains pour donner un « massage électrique » à leurs clients est un descendant de l'oscillateur mécanique de Tesla. Il n'y avait bien sûr rien d'électrique dans ce « massage électrique », excepté pour l'énergie utilisée pour produire les vibrations qui étaient transmises des doigts du barbier jusqu'au cuir chevelu.

Au début des années 1890, Tesla élabora un oscillateur mécano-électrique pour générer des courants alternatifs de haute fréquence. L'organe moteur produisait sur l'arbre un simple mouvement alternatif qui ne se transformait pas en mouvement de rotation. Aux deux extrémités de cet arbre, était monté une bobine de plusieurs spires de fil qui bougeait avec une haute fréquence d'avant en arrière entre les pôles d'électro-aimants, et générant ainsi des courants alternatifs de haute fréquence.

Tesla affirma que le moteur était d'une très grande efficacité en comparaison aux moteurs ordinaires, qui changeaient le mouvement alternatif en mouvement de rotation à l'aide d'un vilebrequin. Il ne possédait aucune soupape ni aucune pièce mobile, à l'exception du piston alternatif où était fixé l'arbre et les bobines, de sorte que les pertes mécaniques étaient très faibles. Il maintenait une vitesse si constante, affirmait-il, que le courant alternatif généré par l'oscillateur aurait pu servir à faire fonctionner une horloge, sans avoir besoin d'un pendule ou d'un balancier comme mécanismes de contrôle, et qu'il aurait indiqué l'heure avec plus de précision que le soleil.

Ce moteur aurait pu avoir un potentiel industriel, mais Tesla ne s'y intéressait pas. Pour lui, il s'agissait juste d'un moyen pratique pour produire un courant alternatif à haute fréquence avec une fréquence et une tension constante, ou bien des vibrations mécaniques s'il était utilisé sans les parties électriques. Le moteur fonctionnait avec de l'air comprimé et de la vapeur à des pressions de 2 200 et 550 kilopascal.

Tout en perfectionnant cet appareil, il eut l'occasion d'observer des effets intéressants produits par la vibration. Ces derniers étaient indésirables dans le moteur lorsqu'il était utilisé comme dynamo, il prit alors les mesures nécessaires pour les diminuer ou les supprimer. Il était toutefois intéressé par les vibrations en tant que telles. Bien qu'elles fussent dangereuses pour la machine, il trouvait parfois leurs effets physiologiques assez agréables. Plus tard, il construisit un petit oscillateur mécanique fonctionnant à l'air comprimé, dont l'unique rôle était de produire des vibrations. Il bâtit une plateforme isolée du sol par du caoutchouc et du liège. Il monta ensuite l'oscillateur sur la face inférieure de la plateforme. Le but du caoutchouc et du liège sous la plateforme, était d'empêcher les vibrations de se propager dans le reste de la structure et de ce fait, réduire l'effet sur la plateforme. Les visiteurs trouvaient que cette plateforme vibrante était l'une des pièces les plus intéressantes du grand éventail fantastique et fascinant, avec lequel il émerveillait les gens de la société qui affluaient vers son laboratoire.

Tesla avait bon espoir d'utiliser ces vibrations dans un but thérapeutique et bénéfique pour la santé. Il eut l'occasion d'observer, de par sa propre expérience et celle de ses employés, qu'elles produisaient certaines actions physiologiques très précises.

Samuel Clemens, plus connu du grand public sous le nom de « Mark Twain », était un ami proche de Tesla. Clemens visitait fréquemment son laboratoire. Tesla, qui bricolait alors son mécanisme vibratoire depuis un certain temps, et avait beaucoup appris sur les effets qui résultaient de différentes quantités de vibrations, reçut un soir la visite de Clemens.

Celui-ci, après avoir eu vent du nouveau mécanisme, voulait essayer ses vibrations revigorantes. Il se tenait sur la plateforme pendant que l'oscillateur se mettait en marche. Cette nouvelle expérience l'avait tellement enthousiasmé, que tout un tas d'adjectifs lui venait à l'esprit. « On se sent revigoré et plein de vitalité » s'était-il exclamé. Après un certain temps passé sur la plateforme, Tesla lui conseilla : « Vous en avez eu assez, M. Clemens. Vous feriez mieux de descendre maintenant. »

« Au contraire, répondit Clemens, je m'amuse. »

« Mais, vous feriez mieux de descendre, M. Clemens. C'est préférable, » insista Tesla.

« Vous ne me feriez pas descendre même, avec un mât de charge, » plaisanta Clemens.

«Je vous aurai prévenu, M. Clemens.»

«Je ne me suis jamais autant amusé. Alors je vais rester ici, et profiter. Ecoutez, Tesla, vous ne vous rendez pas compte de la machine merveilleuse que vous avez là, pour requinquer une humanité fatiguée…» Clemens continua ainsi pendant plusieurs minutes. Puis, tout d'un coup, il cessa de parler, se mordit la lèvre inférieure, se redressa et quitta soudainement la plateforme d'un pas raide.

«Vite, Tesla! Où sont-ils?» s'exclama brusquement Clemens, aussi suppliant qu'exigeant.

«Juste là, derrière la petite porte dans le coin, lui dit Tesla, et rappelez-vous que je vous avais dit de descendre, M. Clemens.» lança-t-il à la silhouette qui se hâtait.

L'effet laxatif du vibrateur avait déjà fait des ravages chez le personnel du laboratoire.

Tesla poursuivit son étude des vibrations mécaniques dans de nombreuses directions. Il s'agissait d'un tout nouveau champ de recherches scientifiques. Presque aucune recherche fondamentale n'avait été réalisée dans ce domaine depuis que Pythagore, deux mille cinq cents ans plus tôt, avait fondé la science de la musique grâce à son étude sur la vibration des cordes. Une grande majorité des merveilles, avec lesquelles Tesla surprit le monde dans le domaine des courants de haute fréquence et à fort potentiel, provenait de son petit secret qui consistait à accorder les circuits électriques afin que l'électricité puisse vibrer en résonance avec son circuit. Il visualisait maintenant les vibrations mécaniques qui intensifiaient les conditions de résonance de la même manière, pour produire des effets d'une très grande ampleur sur des objets physiques.

Pour réaliser ce qu'il pensait être des expériences secondaires et à petite échelle, il vissa la base de l'un de ses petits oscillateurs mécaniques à un pilier porteur en fer au milieu de son laboratoire avant de le mettre en mouvement. Il avait constaté qu'il lui fallait un peu de temps pour atteindre sa vitesse maximum de vibration. Plus longtemps l'oscillateur fonctionnait, plus rapidement il atteignait son rythme. Tesla avait aussi remarqué que tous les objets ne réagissaient pas de la même manière aux vibrations. L'un des nombreux objets qui se trouvaient dans son laboratoire pouvait soudainement se mettre à vibrer violemment lorsqu'il entrait en résonance avec la vibration fondamentale de l'oscillateur, ou l'un de ses harmoniques. Lorsque la période de l'oscillateur changeait, le premier objet s'arrêtait, tandis qu'un autre, en résonance avec la nouvelle vitesse, commençait à vibrer. La raison de cette réponse sélective était bien connue de Tesla, mais il n'avait jamais eu l'occasion d'observer ce phénomène à très grande échelle.

Le laboratoire de Tesla se trouvait à l'étage d'un immeuble industriel, sur le côté nord de Houston Street, et il s'agissait du deuxième bâtiment à l'est de Mulberry Street. À environ cent mètres au sud de Houston Street, sur le côté est de Mulberry Street, se trouvait un long bâtiment de quatre étages en briques rouges, connu pour être le siège de la police. Il y avait beaucoup d'immeubles industriels dans le voisinage, allant de cinq à dix étages de hauteur, et occupés par toutes sortes de fabriques. Serrés entre ces bâtiments se trouvait de petits immeubles d'habitation étroits où se concentrait une population d'origine italienne. À quelques pâtés de maison plus au sud, il y avait Chinatown, à l'ouest, le quartier des négociants en textile, et un peu plus loin à l'est, un quartier surchargé de maisons d'habitation.

C'est dans ce quartier très diversifié que Tesla réalisa une démonstration extraordinaire et inattendue sur les propriétés des puissantes vibrations soutenues. La population environnante connaissait l'existence de son laboratoire, elle savait que c'était un endroit où des événements étranges, magiques et mystérieux avaient lieu, et où un homme tout aussi bizarre réalisait des choses incroyables et effrayantes avec cet agent secret extrêmement dangereux qu'est l'électricité. Les gens savaient que Tesla était un homme qu'il fallait à la fois vénérer et craindre, et ils avaient bien plus peur de lui qu'ils ne le vénéraient.

Indifférent à ce que les gens pensaient de lui, Tesla continua à produire ses vibrations et toutes ses autres expériences. Mais l'expérience qu'il avait en tête ce matin-là, nous ne la connaîtrons jamais. Il s'employa aux préparatifs pendant que son oscillateur, vissé sur le pilier porteur en fer de la structure, produisait des fréquences de vibrations de plus en plus intenses. Il remarqua que, de temps à autre, certains appareils lourds se mettaient à vibrer brusquement, que le sol sous ses pieds se mettait à gronder pendant une seconde ou deux, qu'il pouvait distinctement entendre la vitre d'une fenêtre siffler, ainsi que d'autres manifestations passagères, mais il y était habitué. Ces observations lui révélaient que son oscillateur se réglait correctement, et il se demandait probablement pourquoi il n'avait jamais essayé de l'attacher au support d'une construction solide auparavant.

Toutefois, les choses ne se passaient pas aussi bien dans le voisinage. Au siège de la police, sur Mulberry Street, les « policiers » avaient l'habitude des bruits étranges et des lumières qui émanaient du laboratoire de Tesla. Ils pouvaient entendre distinctement le craquement sec des éclairs produits par ses bobines. S'il se passait quelque chose d'anormal dans le quartier, ils savaient que Tesla en était à l'origine, d'une manière ou d'une autre.

Ce matin-là, les policiers furent surpris de sentir le bâtiment gronder sous leurs pieds. Les chaises se déplaçaient sur le sol sans que personne ne les touche. Les objets sur les bureaux des officiers se mettaient à danser et les bureaux eux-mêmes bougeaient. Il devait s'agir d'un tremblement de terre ! Et il s'intensifiait. Des morceaux de plâtre tombaient des plafonds. De l'eau se déversait dans l'un des escaliers suite à l'explosion d'une canalisation. Les fenêtres se mettaient à vibrer en émettant un bruit perçant qui devenait de plus en plus fort. Certaines vitres se brisèrent.

« Ce n'est pas un tremblement de terre, cria l'un des officiers, c'est ce maudit Tesla. Allez chez lui, vite, il appela un groupe d'hommes, et arrêtez-le. Utilisez la force s'il le faut, mais empêchez-le de continuer. Il va détruire la ville. »

Les officiers se précipitèrent vers le bâtiment au coin de la rue. Un grand nombre de gens apeurés sortait dans la rue, se précipitait hors des immeubles d'habitations et des fabriques, croyant qu'un tremblement de terre était à l'origine de ce qui brisait les vitres, faisait éclater les canalisations, déplaçait les meubles et produisait ces vibrations étranges.

Sans attendre l'ascenseur qui était à la traîne, les policiers se pressèrent dans les escaliers, et en montant, ils remarquèrent que l'immeuble vibrait encore plus que le siège de la police. Ils sentaient qu'un terrible danger les menaçait, que l'immeuble tout entier allait s'effondrer, et ils ne furent pas davantage rassurés en entendant le bruit de verre cassé et les étranges craquements et cris qui provenaient des murs et des étages.

Pourraient-ils rejoindre à temps le laboratoire de Tesla et le stopper ?

Ou est-ce qu'au contraire, le bâtiment allait-il s'écrouler sur leurs têtes et ensevelir tous ceux qui s'y trouvaient sous les décombres, de même que tous les immeubles du quartier ? Peut-être faisait-il trembler toute la terre de cette manière ! Est-ce que ce fou allait détruire le monde ? Par le passé, il avait déjà été détruit une fois par les flots. Peut-être que cette fois-ci, il le serait par cet agent du diable qu'ils appelaient l'électricité !

À l'instant même où les policiers pénétrèrent dans le laboratoire de Tesla pour interpeler ils ne savaient trop quoi, les vibrations cessèrent et ils assistèrent à un bien étrange spectacle. Ils arrivèrent juste à temps pour voir la grande silhouette émaciée de l'inventeur brandir une lourde masse et réduire en miettes un petit engin en fer monté sur le poteau au milieu de la salle. Le chaos laissa place à un lourd et profond silence.

Tesla fut celui qui brisa le silence en premier. Il posa sa masse contre le pilier et se tourna, grand, mince et dépourvu de manteau, vers les policiers. Il faisait preuve en toute circonstance d'une grande maîtrise de lui-même, d'une présence imposante, et cette impression n'était certainement pas due à sa carrure élancée, mais semblait plutôt émaner de son regard. S'inclinant poliment, il s'adressa aux policiers qui étaient trop essoufflés pour parler, et sûrement bien trop impressionnés par l'expérience fantastique qu'ils venaient de vivre pour prononcer le moindre mot.

« Messieurs, dit-il, je suis désolé, mais vous arrivez un peu trop tard pour assister à mon expérience. J'ai jugé nécessaire de l'interrompre soudainement et de manière peu conventionnelle au moment même où vous êtes entrés. Si vous repassez dans la soirée, j'attacherai un autre oscillateur à cette plateforme et vous pourrez tous monter dessus. Je suis persuadé que vous trouverez cette expérience des plus intéressantes et agréables. Je vais maintenant vous demandez de sortir, j'ai beaucoup de travail qui m'attend. Bonne journée, messieurs. »

George Scherff, le secrétaire de Tesla, se trouvait juste à coté lorsque celui-ci brisa de façon théâtrale sa machine à tremblements de terre. Tesla n'a jamais raconté ce qui c'était passé après ce moment, et M. Scherff déclara qu'il ne se souvenait pas de la réponse des policiers. Pour la conclusion de l'histoire, il faudra faire appel à votre imagination.

Cependant, à cet instant, Tesla avait une attitude très sincère. Il n'avait pas la moindre idée de ce qu'il s'était passé ailleurs dans le quartier à cause de son expérience, mais l'effet produit dans son propre laboratoire avait été suffisamment dangereux pour l'amener à interrompre subitement l'expérience. Quand il apprit les faits, néanmoins, il était convaincu qu'il avait eu raison de croire que le domaine des vibrations mécaniques présentait de nombreuses opportunités pour la recherche scientifique. Il n'existe aucun document relatant d'autres expériences majeures réalisées sur la vibration dans ce laboratoire. Peut-être que les services municipaux et de police lui offrirent quelques suggestions appuyées concernant les expériences de cette nature.

Les observations de Tesla sur cette expérience, se limitaient à ce qui c'était passé à l'étage où se trouvait son laboratoire, mais apparemment les effets y avaient été beaucoup moins importants que ceux qui s'étaient manifestés à l'extérieur. L'oscillateur était fermement fixé à une colonne porteuse, sous laquelle se trouvait directement d'autres colonnes similaires, à chaque étage et jusqu'aux fondations. Les vibrations étaient transmises par les colonnes jusqu'au sol. Cette partie de la ville était bâtie sur du sable profond qui s'enfonçait jusqu'à trente mètres sous terre avant d'atteindre le substratum. Les sismologues savent bien que les vibrations des tremblements de terre sont transmises par le sable avec une plus grande intensité qu'elles ne le sont par la roche. Le sol sous le bâtiment et aux alentours était, ainsi, un excellent émetteur de vibrations mécaniques, lesquelles se répandirent dans toutes les directions. Elles pouvaient avoir une portée d'un kilomètre et demi ou plus. Evidemment, elles étaient bien plus puissantes près de la source et s'atténuaient en s'éloignant. Cependant, même les vibrations de faible intensité, si elles sont maintenues, peuvent produire des effets étonnamment importants lorsqu'elles sont absorbées par un objet avec lequel elles sont en résonance. Un objet éloigné en résonance peut être soumis à de fortes vibrations, alors qu'un objet beaucoup plus proche, n'étant pas en résonance, sera épargné.

Apparemment c'est cette résonance sélective qui se manifesta au cours de l'expérience de Tesla. D'autres bâtiments que le sien entrèrent en résonance avec le rythme croissant de son oscillateur, bien avant que son propre immeuble ne soit touché. Ce n'est qu'après que les fréquences plus élevées furent atteintes et que le chaos eut déjà commencé depuis un certain temps ailleurs, que ce qui l'entourait commença à entrer en résonance.

Lorsque l'état de résonance est atteint, les effets sont immédiats et puissants. Tesla le savait, ainsi, lorsqu'il remarqua que des effets de résonance dangereux se manifestaient dans son immeuble, il sut qu'il devait agir sans plus attendre. L'oscillateur fonctionnait à l'air comprimé, fourni par un compresseur à moteur qui injectait l'air dans un réservoir, où il était stocké sous pression. Même en éteignant le moteur, le réservoir était suffisamment rempli d'air pour continuer à faire fonctionner l'oscillateur pendant plusieurs minutes, et durant ce laps de temps, l'immeuble aurait pu être complètement détruit et réduit à un tas de ruines. Les vibrations atteignant cette amplitude dangereuse, il n'y avait pas assez de temps pour essayer de déconnecter le vibrateur de la conduite d'air ou de vider le réservoir de l'air qu'il contenait. Tesla n'avait le temps que pour une seule chose, et c'est ce qu'il fit. Il attrapa la masse qui se trouvait à côté de lui et l'abattit avec force sur l'oscillateur, espérant interrompre son fonctionnement. Il réussit du premier coup.

L'appareil était fait en fonte et était très robuste. Il ne possédait aucune partie délicate qui aurait pu facilement être endommagée. Tesla ne publia jamais une description de l'appareil, mais sa construction était principalement celle d'un piston qui allait et venait à l'intérieur d'un cylindre en fonte. La seule manière de l'arrêter de fonctionner était de fracasser le cylindre extérieur. Heureusement, c'est ce qui arriva au premier coup.

Alors que Tesla se retournait après avoir asséné ce magnifique coup, et qu'il vit les policiers, il ne comprit pas ce qu'ils faisaient là. Les dangereuses vibrations s'étant manifestées dans son immeuble à peine quelques minutes plus tôt, les policiers n'auraient pas eu le temps de préparer une visite à cause d'elles, pensait-il, ils devaient donc être venus pour une autre raison moins importante, c'est la raison pour laquelle il leur demanda de revenir à un moment plus opportun.

Tesla me raconta cette histoire après que je lui ai demandé son avis sur un projet que j'avais auparavant suggéré à Elmer Sperry Jr., le fils du célèbre inventeur de gyroscopes. Lorsqu'un lourd gyroscope, comme ceux qu'on utilise pour la stabilisation des bateaux, est obligé de tourner sur son axe, il transmet une forte poussée descendante vers les supports sur lesquels est monté le cardan. Si la batterie d'un de ces gyroscopes était installée dans des régions où se produisaient de violents séismes, elle transmettrait des poussées vers le sol à intervalles réguliers et créerait des vibrations de résonance dans les strates de la terre, ce qui déclencherait des tremblements de terre lorsqu'ils sont encore de faible magnitude, au lieu de laisser la pression s'accumuler et atteindre une magnitude plus grande, ce qui provoquerait alors des tremblements de terre dévastateurs.

Cette idée attirait beaucoup Tesla. Lors de notre discussion, après m'avoir raconté l'expérience retranscrite plus haut, il déclara également qu'il avait tellement approfondi son étude des vibrations, qu'il pourrait instaurer une nouvelle science de « télégéodynamique » qui traiterait entre autre de la transmission de puissantes impulsions à des points éloignés en passant par la terre, pour produire des effets de grande ampleur. De plus, il pouvait employer les mêmes principes pour détecter des objets éloignés. À la fin des années 1930, avant le début de la guerre, il déclara qu'il était capable d'appliquer ces principes afin de détecter à distance des sous-marins et d'autres vaisseaux, même lorsqu'ils étaient ancrés et que leurs moteurs étaient éteints.

Tesla indiqua que son système de télégéodynamique, utilisant des vibrations mécaniques, permettrait de déterminer la constance physique de la terre et de localiser des gisements de minerai bien en-dessous de la surface. Cette dernière prévision a depuis été réalisée, puisque de nombreux champs pétroliers ont été découverts grâce à l'étude des vibrations réfléchies par les strates souterraines.

« Les effets de l'oscillateur télégéodynamique sont si puissants, dit Tesla en examinant le sujet dans les années 1930, que je pourrais aller à l'Empire State Building et le réduire à un enchevêtrement de débris en un rien de temps. Je pourrais parvenir à ce résultat avec la plus grande certitude et ce, sans la moindre difficulté. Pour cela, j'utiliserais un petit appareil à vibrations mécaniques, un moteur si petit que vous pourriez le glisser dans votre poche. Je pourrais l'attacher à n'importe quelle partie du bâtiment, je l'actionnerais, et je lui laisserais douze à treize minutes pour entrer pleinement en résonance. L'édifice commencerait tout d'abord par trembler doucement, puis, les vibrations deviendraient tellement intenses que l'intégralité de la structure entrerait en oscillations résonantes d'une si grande amplitude et puissance, que les rivets des poutres en acier se desserreraient et céderaient. Le revêtement extérieur en pierre serait propulsé au loin et la structure en acier s'effondrerait de part et d'autre. Cela nécessiterait environ 2,5 chevaux (il se peut que ce chiffre soit en fait 0,25 ou 2,5 chevaux. Les notes étant anciennes et difficiles à lire. De mémoire, je tendrais vers la seconde valeur.) pour faire fonctionner l'oscillateur afin qu'il puisse produire cet effet.»

Tesla améliorait ses inventions jusqu'à ce qu'elles deviennent des éléments spectaculaires, avant de les présenter au public. Lors de ces présentations, le résultat dépassait toujours toutes les attentes. Ce fut le cas lors de sa première démonstration publique du « sans fil », mais il compliqua les choses en associant une autre idée à son invention de la radio : celle du robot.

En septembre 1898, dans le cadre de la première Electrical Exhibition annuelle, Tesla réalisa sa démonstration dans le grand auditorium du Madison Square Garden, qui se trouvait à ce moment-là sur le côté nord de Madison Square. Il avait fait construire un grand réservoir au centre d'une scène, où il déposa un bateau à coque de fer, long de plusieurs mètres et en forme d'arche, qu'il fit fonctionner grâce à une télécommande au moyen de son système sans fil.

Une fine tige métallique de quelques mètres s'élevant du centre du toit du bateau, servait d'antenne pour réceptionner l'onde sans fil. À l'avant et à l'arrière du bateau se trouvait deux petits tubes en métal d'environ trente centimètres de hauteur, surmontés de petites lampes électriques. L'intérieur de la coque contenait un poste de réception radio et une variété de mécanismes à moteur qui exécutaient les ordres envoyés au bateau par les ondes sans fil. Un moteur servait à propulser le bateau et un autre à faire fonctionner le servomécanisme, ou cerveau mécanique, qui interprétait les ordres provenant du poste de réception sans fil et les traduisait en mouvements mécaniques, ce qui incluait, diriger le bateau dans n'importe quelle direction, l'arrêter, le faire démarrer, aller vers l'avant ou vers l'arrière, ou allumer l'une des deux lampes. Le bateau pouvait ainsi réaliser des manœuvres très complexes.

Toute personne assistant à l'exposition pouvait demander la prochaine manœuvre du bateau et Tesla, en appuyant sur quelques touches d'un manipulateur morse, le faisait réagir. Son poste de commandes se trouvait à l'extrémité de la grande scène.

La démonstration fit sensation et Tesla fut une nouvelle fois le héros populaire. Cette histoire fit la une des journaux. Tous savaient que cet exploit était extraordinaire, mais peu de personnes comprenaient la portée de l'évènement ou même l'importance de cette découverte essentielle. Les fondements sur lesquels reposait l'invention étaient masqués par l'éclat de la démonstration.

La guerre hispano-américaine faisait rage. La destruction de la flotte espagnole par la marine américaine était le sujet principal des discussions. Et l'explosion du navire U.S.S. Maine au port de La Havane avait engendré beaucoup de ressentiment. La démonstration de Tesla avait enflammé l'imagination de tout le monde, en raison de ses possibilités à devenir une arme dans la guerre navale.

Alors étudiant au City College, et maintenant rédacteur scientifique du New York Times, Waldemar Kaempffert discuta avec Tesla de l'utilisation de son invention comme arme de guerre.

« Je pensais, dit Kaempffert, que vous pourriez charger des cargaisons de dynamite sur un bateau encore plus grand, le faire avancer en immersion, puis faire exploser la dynamite quand bon vous semblerait, tout aussi facilement que vous parvenez à faire briller la lumière à l'avant du bateau, vous seriez alors capable de faire exploser à distance même les plus grands cuirassés grâce au sans fil. » (Edison avait conçu un peu plus tôt une torpille électrique qui était alimentée par un câble qui restait connecté au vaisseau mère.)

Tesla était un homme patriotique, et fier de son statut de citoyen des Etats-Unis, qu'il avait obtenu en 1889. Il avait offert son invention au gouvernement en tant qu'arme navale, mais au fond, il était pacifiste.

« Vous ne voyez pas là une torpille sans fil, avait rétorqué Tesla, le foudroyant du regard, vous voyez là le premier d'une race de robots, des hommes mécaniques qui réaliseront le travail laborieux de l'espèce humaine. »

La « race de robots » était une autre des contributions importantes et originales de Tesla pour le bien-être de l'humanité. Il s'agissait de l'une des pièces de son projet colossal pour accroître l'énergie humaine et améliorer l'efficacité de son utilisation. Il se représenta l'utilisation des robots dans les domaines de guerre, mais aussi à des fins pacifiques. Il créa ainsi, à partir de ces principes généraux, une image très précise de la manière dont la guerre se déroule aujourd'hui, avec des énormes machines de combat: les robots qu'il avait décrits.

Dans un article du Century Magazine publié en juin 1900, il affirma: «cette évolution apportera de plus en plus d'importance à une machine ou un mécanisme actionnés par un petit nombre d'individus, en tant qu'éléments de guerre... L'objectif principal de l'appareil de guerre sera de fournir la plus grande vitesse possible ainsi qu'un débit énergétique maximum. Les pertes de vie seront ainsi faibles...»

Décrivant les expériences qui l'avait amené à concevoir les robots, ou automates comme il les appelait, Tesla déclara:

«À travers toutes mes pensées et mes actions, j'ai démontré, et ce quotidiennement, que j'étais, à ma grande satisfaction, un automate doté d'une capacité de mouvements, qui ne fait que répondre aux stimuli externes s'abattant sur mes organes sensoriels, et qui pense et agit en conséquence...

«Il était tout naturel que, suite à ces expériences, je conçoive, il y a longtemps de cela, l'idée de construire un automate qui serait une représentation mécanique de moi-même, et qui réagirait aux influences extérieures comme je le fais, mais, bien entendu, d'une façon bien plus primaire. Un tel automate aurait évidemment besoin d'une force motrice, d'organes de motricité et directifs, ainsi qu'un, ou plusieurs, organe sensible, adapté de façon à pouvoir être excité par des stimuli externes.

«J'ai déterminé que cette machine pourrait effectuer ses mouvements de la même manière qu'un être vivant, puisqu'elle serait constitué des mêmes éléments essentiels. Elle posséderait une capacité de développement, de propagation, et surtout, l'esprit, désireux de rendre le modèle complet. Mais dans ce cas, le développement ne serait pas nécessaire puisqu'une machine peut être fabriquée à un stade adulte, si l'on peut dire. Quant à la capacité de propagation, on pourrait aussi s'en passer, car dans le modèle mécanique, cela se réfère simplement au processus de fabrication.

«Que l'automate soit fait de chair et de sang ou de bois et d'acier, n'a que peu d'importance, du moment qu'il est capable de remplir toutes les tâches qui lui incombent comme un être intelligent. Pour y parvenir, il devrait posséder un élément équivalent à l'esprit, qui influencerait le contrôle de ses mouvements et de son fonctionnement, le forçant à agir, dans toutes les situations imprévues qui pourraient se présenter, en faisant preuve de connaissance, de raison, de jugement et d'expérience. Mais je pourrais facilement m'incarner dans cet élément en lui transmettant ma propre intelligence, mon propre entendement. C'est ainsi que cette invention évolua, et qu'un nouvel art naquît, que je proposai d'appeler « télé-automatique », ce qui signifie l'art de commander les mouvements et les manœuvres des automates à distance.

Tesla expliqua qu'afin de donner une identité individuelle à l'automate, celui-ci sera doté d'un réglage électrique propre auquel lui seul sera capable de répondre lorsque les ondes de cette fréquence seront envoyées à partir d'une station de contrôle de transmission. Les autres automates, eux, resteront inertes jusqu'à ce que leur fréquence soit transmise.

Il s'agissait là de l'invention fondamentale de Tesla sur le réglage de la radio, dont les autres inventeurs de la radio ne soupçonnaient toujours pas la nécessité, mais que Tesla avait déjà publiquement décrit six années auparavant.

Tesla utilisait non seulement les longues ondes, qui sont maintenant utilisées dans la radiodiffusion, pour contrôler son automate (qui sont très différentes des ondes courtes utilisées par Marconi et tous les autres, puisque celles-ci peuvent être perturbées par l'obstruction d'un objet), mais il expliqua également l'utilité, grâce à son système de réglage, de l'attribution des fréquences aux stations individuelles qui apparaissent aujourd'hui sur les cadrans des récepteurs radio. Il poursuivit :

« Grâce à cette simple méthode, la connaissance, l'expérience, le jugement, l'esprit, si l'on veut, de l'opérateur à distance, s'incarneraient dans cette machine, qui serait alors capable de bouger et de fonctionner avec raison et intelligence. Elle se comporterait comme une personne dont les yeux seraient bandés, et qui obéirait aux directives qu'elle entendrait.

« Les automates construits jusqu'à maintenant possèdent des « esprits empruntés », pour ainsi dire, puisque chacun ne forme qu'une partie de l'opérateur à distance qui lui transmet des ordres intelligents. Mais cette science n'en n'est qu'à ses débuts.

« Mon but est de montrer, aussi impossible que cela puisse paraître aujourd'hui, qu'un automate peut être artificiel et posséder son « propre esprit ». Par cela j'entends qu'il serait capable, indépendamment de tout opérateur, entièrement livré à lui-même pour réaliser, en réponse aux influences extérieures qui stimulent ses organes sensibles, un grand nombre de différentes actions et pourrait fonctionner comme s'il possédait une intelligence.

« Il serait en mesure de suivre une voie tracée, ou d'obéir aux ordres donnés longtemps à l'avance. Il serait capable de faire la différence entre ce qu'il doit et ne doit pas faire, de faire des expériences ou, autrement dit, d'enregistrer les impressions qui affecteront de manière certaine ses futures actions. En réalité, j'ai déjà conçu un tel projet.

« Bien que j'ai élaboré cette invention il y a de ça plusieurs années, et que je l'ai expliquée maintes fois à mes visiteurs lors de mes démonstrations en laboratoire, ce n'est que bien plus tard, bien après l'avoir perfectionnée, qu'elle fut connue quand, tout naturellement, elle devint le centre d'attention des discussions et des comptes-rendus sensationnels.

« Mais la majorité des gens ne comprenait pas la signification réelle de cette nouvelle science, et ne reconnaissaient pas la grande force du principe sous-jacent. Autant que je puisse en juger d'après les nombreux commentaires qui apparurent alors, les résultats que j'avais obtenus furent considérés comme parfaitement impossibles. Même les quelques personnes qui étaient prêtes à admettre la faisabilité de l'invention, n'y voyaient qu'une torpille télécommandée devant être utilisée pour faire exploser des cuirassés, et cela sans aucune garantie de réussite.

« Mais l'art que j'ai développé n'envisage pas simplement le changement de direction d'un navire en mouvement, il permettra le contrôle absolu des innombrables mouvements translatoires, ainsi que du fonctionnement de tous les organes internes, et ce peu importe leur nombre, d'un automate personnalisé. »

Dans une déclaration qui ne fut pas publiée, préparée quinze ans plus tard, Tesla enregistra son expérience du développement des automates, ainsi que ses efforts infructueux pour convaincre le ministère de la Guerre, ainsi que d'autres firmes, de l'intérêt de ses appareils sans fil.

« L'idée de construire un automate pour confirmer ma théorie me vint rapidement à l'esprit, mais je ne commençai vraiment à m'y consacrer qu'à partir de 1893, lorsque j'ai commencé mes recherches sur le sans fil. Au cours des deux ou trois années qui suivirent, je construisis un certain nombre de mécanismes automatiques, actionnés à distance par une commande sans fil, que je présentai à ceux qui venaient visiter mon laboratoire.

« Toutefois, en 1896, je conçus une machine complète, capable de réaliser une multitude d'actions, mais je ne pus achever mon œuvre qu'à la fin 1897. Cette machine fut décrite et illustrée dans mon article du Century Magazine paru en juin 1900, ainsi que dans d'autres périodiques de l'époque. À sa première présentation, au début de l'année 1898, elle eut bien plus de succès que n'importe quelles autres de mes inventions.

« En novembre 1898, un brevet de base me fut accordé sur cette nouvelle discipline, mais seulement après que l'examinateur en chef eût fait le voyage jusqu'à New York pour vérifier mes résultats, puisque mes déclarations semblaient invraisemblables. Je me souviens que, lorsque plus tard, j'ai rendu visite à un officiel à Washington en vue d'offrir l'invention au gouvernement, celui-ci a éclaté de rire après que je lui ai dit ce que j'avais réalisé. Personne ne pensait alors qu'un tel appareil puisse avoir la moindre chance d'être concrétisé.

« Suivant les conseils de mes avocats, et comme je n'avais pas encore assuré la protection de mes méthodes et appareils pour l'individualisation, j'indiquai dans ce brevet que le contrôle était effectué par l'intermédiaire d'un circuit unique et d'une forme de détecteur bien connue, ce qui fut regrettable. Mais en réalité, mes bateaux étaient contrôlés grâce à l'action combinée de plusieurs circuits, et les interférences de toutes sortes étaient exclues. Le plus souvent, j'utilisais des circuits récepteurs en forme de boucles, en y incluant des condensateurs, car les décharges produites par mon transmetteur à haute tension ionisaient l'air de la salle, de sorte que même une toute petite antenne pouvait consommer l'électricité se trouvant dans l'atmosphère environnante des heures durant.

« Pour vous donner une simple idée, j'ai découvert, par exemple, qu'une ampoule de 30 cm de diamètre, qui ne contenait qu'une quantité minimale d'air, ayant une seule borne sur laquelle était relié un fil court, produisait au moins un millier de flashes successifs avant que toute la charge de l'air du laboratoire ne soit neutralisée. Le récepteur en forme de boucle n'était pas sensible à ce genre de perturbations, et il est curieux de constater l'engouement qu'il suscite à présent. En vérité, il recueille bien moins d'énergie que les antennes ou qu'un long fil de terre, mais il se trouve qu'il élimine un certain nombre de défauts inhérents aux appareils sans fil actuels.

« Lorsque j'ai démontré mon invention au public, les visiteurs pouvaient poser n'importe quelle question, plus ou moins compliquée, et l'automate leur répondait par des signes. En ce temps-là, on croyait que c'était de la magie, mais en fait, l'explication était très simple puisque c'était moi qui fournissais les réponses par l'intermédiaire de l'appareil.

« À la même époque, un autre bateau télé-automatique plus grand fut construit. Il était contrôlé par des boucles à plusieurs enroulements placées dans la coque, qui était parfaitement étanche et submersible. L'appareil était semblable au premier bateau, à l'exception de certaines caractéristiques particulières que j'ai moi-même introduites, telles que des lampes à incandescence qui apportaient la preuve visible du bon fonctionnement de la machine, mais avaient également d'autres utilités.

« Cependant, ces automates, commandés dans le champ de vision de l'opérateur, ne constituaient que les premières étapes, plutôt rudimentaires, de l'évolution de la science des télé-automates telle que je l'avais conçue. La prochaine avancée logique était de pouvoir contrôler les mécanismes automatiques au-delà des limites du champ de vision et très loin du centre de contrôle, et je n'ai pas cessé depuis, de recommander leur utilisation en tant qu'instruments de guerre pour remplacer les armes à feu. Son importance semble avoir maintenant été reconnue, si j'en juge par les déclarations occasionnelles contenues dans les journaux au sujet d'exploits décrits comme extraordinaires, mais qui n'apportent aucune nouveauté.

« Envoyer un avion dans les airs, lui faire suivre un itinéraire approximatif, et réaliser quelques manœuvres à une distance de plusieurs centaines de kilomètres, serait possible avec les centrales sans fil qui existent actuellement, même si l'expérience ne serait pas parfaite. Une machine de ce type pourrait également être contrôlée mécaniquement de plusieurs manières, et je suis convaincu qu'elle serait très utile en temps de guerre. Mais, à ma connaissance, il n'existe actuellement aucun instrument qui permettrait la réalisation précise d'un tel objet. J'ai consacré des années d'études à ce problème, et j'ai élaboré des moyens pour y parvenir, mais aussi pour réaliser des exploits bien plus impressionnants.

« Comme je l'ai indiqué précédemment, lorsque j'étais étudiant, j'ai conçu une machine volante bien différente de celles que nous avons aujourd'hui. Le principe de base était juste, mais ne pouvait être mis en application, à cause de l'absence d'une force motrice suffisamment puissante. Au cours de ces dernières années, je suis parvenu à résoudre ce problème et je projette maintenant de développer des machines volantes dépourvues de stabilisateurs, d'ailerons, d'hélices, et autres accessoires externes, qui seront capables d'atteindre de très grandes vitesses et susceptibles de fournir de très bons arguments en faveur de la paix dans un avenir proche. Une telle machine, entièrement soutenue et propulsée par réaction, peut être contrôlée soit de façon mécanique, soit par énergie sans fil. En implantant des centrales appropriées, il serait possible d'envoyer un missile de ce genre dans les airs et de le faire retomber exactement à l'endroit désiré, même si celui-ci se trouve à des milliers de kilomètres. Mais nous ne nous arrêterons pas là. »

Tesla décrit ici, il y a presque cinquante ans de cela, le missile radioguidé, qui est encore un projet confidentiel de la Seconde Guerre mondiale, ainsi que les bombes volantes utilisées par les Allemands pour attaquer l'Angleterre. Le dirigeable de type fusée est un secret que Tesla emporta probablement dans la tombe, à moins qu'il ne se trouve dans ses documents scellés par le gouvernement au moment de sa mort. Mais cela paraît peu probable, puisque Tesla, afin de protéger ses secrets, ne mettait jamais ses plus grandes inventions sur papier, mais comptait sur sa mémoire presque infaillible pour les conserver.

Il conclut par ces quelques mots : « On finira par produire des télé-automates capables d'agir comme s'ils possédaient leur propre intelligence, et leur avènement déclenchera une révolution. Déjà en 1898, je proposai à des représentants d'une grande société industrielle de construire et d'exposer publiquement une voiture qui, par elle-même, pourrait effectuer une grande variété d'opérations en faisant preuve d'une chose apparentée au jugement. Mais ma proposition fut jugée irréaliste pour l'époque et n'aboutit pas.»

Lors de l'exposition de 1898 au Madison Square Garden qui dura une semaine, Tesla présenta au monde deux réalisations prodigieuses. La présentation d'une seule d'entre elles aurait été bien trop gigantesque pour pouvoir être correctement assimilée par le public en une seule démonstration. L'une ou l'autre des idées atténuant la gloire de l'autre.

Cette première démonstration publique du sans fil, le précurseur de la radio moderne, que Tesla amena à un stade de développement incroyable déjà à cette époque, était un projet si phénoménal qu'une seule mise en scène ne lui aurait pas suffi. Dans les mains d'un conseiller en relations publiques compétent, ou d'un homme de publicité, comme il était appelé à cette époque, cette démonstration se serait uniquement concentrée sur l'aspect du sans fil, et n'aurait utilisé qu'un simple poste émetteur-récepteur pour transmettre des messages en morse constitués de points et de traits, mais Tesla considérait qu'embaucher un professionnel était une notion toute à fait abjecte. Mais avec une bonne mise en scène, cette démonstration aurait provoqué assez d'émois pour un seul spectacle. Lors d'une prochaine représentation, il aurait pu ajouter une démonstration du réglage, ce qui aurait montré les réponses sélectives de chaque bobine d'une série, signalées par ses étranges tubes à vide. Démontrer tous les aspects du réglage entre les circuits sans fil et les stations était bien trop important pour une seule démonstration. Le public n'était capable d'assimiler qu'une seule indication de ses possibilités à la fois.

L'idée du robot, ou automate, était un concept nouveau et tout autant remarquable, et les inventeurs astucieux étaient bien conscients des possibilités qu'il représentait, puisqu'il marquait le début de l'ère des technologies permettant d'économiser le travail de l'homme, la mécanisation de l'industrie sur une base de production de masse.

Grâce aux principes développés par Tesla, John Hays Hammond Jr. développa un chien électrique sur roues qui le suivait comme un véritable petit chiot. Il fonctionnait grâce à un moteur, et était contrôlé par un faisceau lumineux qui traversait les cellules de sélénium installées derrière les lentilles utilisées pour les yeux. Il dirigea également un yacht sans aucun équipage, qu'il envoya en mer, depuis le port de Boston et qu'il ramena à son quai par contrôle sans fil.

Un avion sans pilote fut développé vers la fin de la Première Guerre mondiale. Il décollait du sol, volait sur une centaine de kilomètres vers une cible sélectionnée, larguait ses bombes, et retournait à son aéroport d'attache, et tout cela par contrôle sans fil. L'avion fut également élaboré de sorte que, par un signal envoyé d'une station de radio éloignée, il s'élèverait dans les airs, déterminerait la bonne direction, volerait jusqu'à une ville se trouvant à plusieurs centaines de kilomètres avant de se poser sur son aéroport. Ces robots, du même type que ceux de Tesla, furent développés dans l'usine de la Sperry Gyroscope Company, où Elmer Sperry inventa une foule d'incroyables robots mécaniques contrôlés par des gyroscopes, tels que les pilotes automatiques pour avions et navires.

Tous les appareils de contrôle modernes équipés de tubes électroniques et d'yeux électriques, qui rendent ainsi les machines presque humaines et leur permettent d'accomplir leurs tâches avec une activité, une fiabilité et une précision surhumaine et à bas coût, sont les descendants du robot, ou de l'automate, de Tesla. L'avancée la plus récente, personnifiée, fut l'homme mécanique, un monstre humain géant et en métal qui marchait, parlait, fumait une cigarette et obéissait à des ordres parlés, présenté lors de l'exposition de la Westinghouse Electric and Manufacturing Company à la foire internationale de New York. Les robots ont été aussi utilisés pour faire fonctionner les centrales hydroélectriques ainsi que les sous-stations isolées des centrales.

En présentant cette surabondance de découvertes scientifiques au cours d'une seule démonstration, Tesla révéla le surhomme dans un nouveau rôle qui lui plaisait énormément : celui de l'homme fantastique. Il surprendrait le monde par une démonstration extraordinaire de la grandeur des réalisations du surhomme, mais aussi, de la nature prolifique de l'esprit de l'homme fantastique, capable de couvrir le monde d'une richesse de découvertes scientifiques.

ONZE

Tesla était fin prêt à conquérir de nouveaux mondes. Après avoir présenté au public ses découvertes sur les signaux sans fil ou la transmission d'informations, comme il les appelait, Tesla avait hâte de s'atteler au facteur d'énergie : son projet de distribution mondiale d'énergie par le sans fil.

Il était de nouveau confronté à des problèmes financiers, ou pour parler plus franchement, il était ruiné. Les 40 000 dollars qu'Adams lui avait payés pour acheter les actions de la Nikola Tesla Company, avaient été entièrement dépensés. La compagnie n'avait pas la moindre liquidité à disposition, mais elle possédait des brevets qui auraient valu plusieurs millions s'ils avaient été gérés avec plus de pragmatisme. John Hays Hammond, le fameux ingénieur minier, fit un don de 10 000 dollars qui financèrent les travaux menant aux démonstrations du sans fil et du robot au Madison Square Garden.

Tesla avait construit des oscillateurs encore plus grands et plus puissants dans son laboratoire sur Houston Street. Lorsqu'il en fabriqua un capable de produire 4 000 000 volts, il avait dépassé la haute tension maximale qu'un bâtiment de la ville pouvait supporter. Les étincelles s'abattaient sur les murs, le sol et le plafond. Il avait besoin de plus d'espace. Tesla voulait créer des bobines bien plus imposantes, il rêvait de construire une structure gigantesque quelque part dans les grands espaces ruraux. Il était persuadé que ses brevets déposés pour le sans fil se révèleraient très vite utile, et qu'il aurait ainsi tout l'argent nécessaire pour la construction de son laboratoire. Mais il était déjà arrivé au point où un tel bâtiment devenait indispensable pour réaliser de nouvelles avancées, et il était sans le sou. Son ami Crawford, de l'entreprise de marchandises sèches Simpson and Crawford, lui fit un prêt de 10 000 dollars, ce qui lui permit de répondre aux besoins les plus urgents.

Après avoir pris connaissance du projet de Tesla de réaliser des expériences à très grande échelle, un de ses grands admirateurs, Leonard E. Curtis, de la Colorado Springs Electric Company, l'invita à établir son laboratoire à

Colorado Springs, où il aurait l'espace nécessaire ainsi que toute l'énergie électrique dont il avait besoin pour réaliser ses travaux.

Le Colonel John Jacob Astor, propriétaire de l'hôtel Waldorf-Astoria, avait la plus haute estime pour son célèbre convive qu'il traitait en ami et à qui il demandait toujours des nouvelles sur l'avancement de ses recherches. Quand il apprit que ses recherches avaient été interrompues par manque de financement, il mit à la disposition de Tesla les 30 000 dollars dont ce dernier avait besoin pour profiter de l'offre faite par Curtis, et pouvoir construire une usine temporaire à Colorado Springs. En mai 1899, Tesla arriva à Colorado Springs, amenant avec lui quelques employés de son laboratoire, ainsi qu'un ingénieur associé, Fritz Lowenstein.

Pendant que Tesla menait des expériences sur la foudre naturelle et d'autres sujets dans son laboratoire à la montagne, les travaux de construction de ses appareils de transmissions de forte puissance étaient accomplis à la hâte. Il supervisait personnellement même les détails les plus infimes de chaque pièce de son appareil. Il s'aventurait dans un domaine inexploré. Personne avant lui n'avait ouvert la voie ou acquit l'expérience qui aurait pu l'aider dans l'élaboration de ses expériences ou la conception de ses machines. Il était entièrement livré à lui-même, travaillant sans aucune aide humaine extérieure, explorant un domaine de connaissances que personne n'avait atteint auparavant. Il avait précédemment époustouflé le monde entier en développant un système de transmission d'énergie qui utilisait l'énergie de dizaines de milliers de volts, et maintenant il travaillait avec des millions de volts, et personne ne savait ce que la production de ces potentiels extrêmes pourrait engendrer. Cependant, il croyait qu'il rendrait son propre système polyphasé obsolète en en créant un meilleur.

Environ trois mois après son arrivée à Colorado Springs, la construction du bâtiment, avec ses formes incroyables, ses tours et ses pylônes s'acheva, et l'oscillateur géant avec lequel l'expérience principale allait être réalisée, était prêt à fonctionner.

Le terrain montagneux, sauvage et accidenté du Colorado, où Tesla avait installé son laboratoire, était un générateur naturel d'une grande activité électrique, capable de produire des décharges de foudre d'une ampleur et d'une intensité inégalable n'importe où ailleurs sur terre. Des éclairs terribles surgissaient de la terre et du ciel à une fréquence effrayante lors des orages électriques presque quotidiens. Tesla fit une étude très détaillée sur la foudre naturelle pendant que son appareil, qui imiterait cette dernière, était en cours de construction. Il apprit énormément sur les caractéristiques des différents types de décharges.

Les dieux du tonnerre sont peut-être devenus un peu jaloux de cet individu qui avait entrepris de voler leur foudre, tout comme Prométhée leur vola le feu, et cherchèrent ainsi à le punir en détruisant son fantastique bâtiment. Un éclair, qui ne s'abattit pas directement sur le bâtiment mais qui tomba à une quinzaine de kilomètres, fit de sérieux dégâts et manqua de peu de détruire tout le bâtiment.

La déflagration toucha le laboratoire au moment précis, à la seconde près, où Tesla l'avait prédit. Elle fut causée par une immense vague d'air provenant d'un type particulier de décharge électrique. Tesla raconta l'anecdote dans un rapport non publié. Il déclara :

« J'ai eu plusieurs occasions de vérifier cette valeur en observant des explosions et des décharges électriques. Le cas idéal se présenta de lui-même à Colorado Springs, en juillet 1899, alors que j'effectuais des tests sur ma station de diffusion d'énergie, qui était à l'époque l'unique centrale sans fil.

« Des nuages noirs s'étaient amassés au-dessus de la montagne Pikes Peak, quand soudain, un éclair frappa un endroit à seulement seize kilomètres de là. Je minutai immédiatement l'éclair, et après un rapide calcul, prévins mes assistants que l'immense vague arriverait dans 48,5 secondes. À cet instant précis, un impact violent frappa le bâtiment, et celui-ci aurait très bien pu s'écrouler sur ses fondations s'il n'avait pas été fermement fixé. Toutes les fenêtres sur l'un des côtés ainsi qu'une porte furent démolies et l'intérieur fut lourdement endommagé.

« En comparant l'énergie de la décharge électrique et sa durée, avec celle d'une explosion, j'estimai que la violente secousse était, à cette distance, environ équivalente à l'explosion de douze tonnes de dynamite. »

La station expérimentale que Tesla avait bâtie, ressemblait fortement à une grange quadrangulaire de trente mètres de côté. Ses faces mesuraient environ sept mètres de hauteur, desquelles montait le toit qui se rejoignait en son centre. Au milieu du toit s'élevait une tour à structure pyramidale en bois. Le sommet de la tour s'élevait à presque vingt-cinq mètres du sol. Les extensions des poutres sur le toit incliné, s'étendaient vers l'extérieur, en direction du sol, et servaient d'arcs-boutants pour renforcer la structure de la tour. Au centre de la tour, s'élevait une antenne d'environ soixante mètres de haut, surmontée par une boule de cuivre de près d'un mètre de diamètre. L'antenne supportait un câble lourd reliant la boule à l'appareil qui se trouvait dans le laboratoire. L'antenne était divisée en plusieurs parties afin de pouvoir la démonter et de l'abaisser.

Le bâtiment était rempli de pièces d'appareils, ainsi que des bobines de Tesla de différentes formes et tailles, ou transformateurs de courants à haute fréquence. Le dispositif principal était son « émetteur grossissant ». Il s'agissait simplement d'une très grande bobine de Tesla. Une sorte de clôture circulaire de vingt-deux mètres de diamètre fut construite dans la grande salle centrale de la bâtisse, et sur cette dernière s'enroulaient les spires de la géante bobine principale de l'émetteur grossissant. Le dispositif secondaire était une bobine d'environ trois mètres de diamètre et constituée de près de soixante-quinze spires de fil enroulées sur une structure cylindrique en bois. Elle mesurait presque trois mètres de hauteur et était fixée au centre de la salle, à quelques centimètres au-dessus du sol. Au centre de cette bobine se trouvait la partie inférieure de l'antenne. Le toit couvrant cette partie de la salle pouvait glisser vers l'extérieur en deux parties de sorte qu'aucun élément ne puisse s'approcher de l'antenne et de son câble conducteur sur le tiers inférieur de la structure.

L'un des premiers problèmes que Tesla tenta de résoudre lorsqu'il débuta ses recherches dans les montagnes du Colorado, fut de découvrir si la terre était un corps électriquement chargé ou non. En général, la nature est toujours prête à répondre lorsque les scientifiques lui demandent, durant leurs expériences, des questions de premier ordre. Tesla reçut non seulement une réponse très satisfaisante à sa question, mais aussi une révélation extrêmement importante, la découverte d'un des secrets du fonctionnement de la nature, qui place dans les mains de l'homme un moyen de manipuler les forces électriques à l'échelle terrestre.

Tesla cherchait à savoir si la terre était électriquement chargée pour la même raison qu'un violoniste cherche à savoir si les cordes de son instrument sont détendues et reposent sur son chevalet, ou si au contraire, elles sont tendues et étirées de sorte qu'elles puissent produire une note de musique en les pinçant, ou encore un joueur de football qui veut savoir si son ballon est bien gonflé ou non.

Si la terre n'était pas chargée, elle agirait comme un énorme lavabo dans lequel il faudrait déverser une énorme quantité d'électricité afin d'atteindre un état qui lui permettrait de vibrer électriquement. Une terre non chargée compliquerait quelque peu les projets de Tesla. Il découvrit rapidement que la terre était effectivement chargée à un potentiel extrêmement élevé, et qu'elle avait à sa disposition une sorte de mécanisme lui permettant de maintenir sa tension. C'est en établissant ce fait, qu'il fit sa seconde grande découverte.

Peu de temps après son retour à New York, Tesla annonça pour la première fois sa découverte dans un article remarquable du Century publié en juin 1900, mais il raconta bien mieux l'histoire dans un article de l'Electrical World and Engineer du 5 mai 1904 :

« À la mi-juin, alors que les préparatifs pour d'autres travaux étaient en cours, je réglai l'un de mes transformateurs récepteurs dans le but de déterminer d'une nouvelle manière, de façon expérimentale, le potentiel électrique du globe et d'étudier ses fluctuations périodiques et occasionnelles. Tout cela faisait partie d'un plan soigneusement élaboré à l'avance.

« On rajouta au circuit secondaire un dispositif extrêmement sensible et d'auto-restauration qui contrôlait les instruments d'enregistrement, alors que le principal était relié à la terre, et le secondaire l'était à une borne surélevée à capacité réglable. Les variations de potentiel électrique provoquaient des surcharges électriques dans le circuit principal, ces dernières générant des courants annexes, qui à leur tour, affectaient le dispositif sensible et l'enregistreur proportionnellement à leur intensité.

« L'expérience révéla que la terre était, littéralement, vivante de vibrations électriques, et je fus rapidement très absorbé par ces recherches intéressantes. Je n'avais trouvé nulle part de meilleure occasion pour réaliser les observations que je souhaitais.

« Le Colorado est un état réputé pour ses phénomènes naturels en matière de force électrique. Dans cette atmosphère sèche et raréfiée, les rayons du soleil tapent sur les objets avec une très forte intensité. J'ai généré de la vapeur dans des tonneaux remplis de solution saline concentrée, jusqu'à atteindre une pression dangereuse, et la fournaise fut capable de déformer le revêtement de papier aluminium de certaines de mes bornes situées en hauteur. Un transformateur haute tension expérimental, qui fut par négligence exposé aux rayons du soleil couchant, se retrouva avec la plupart de ses composants isolants fondus et devint totalement inutilisable.

« Grâce à la sécheresse et à la raréfaction de l'air, l'eau s'évapore comme dans une chaudière, ce qui produit une abondance d'électricité statique. Par conséquent, les décharges électriques sont très fréquentes et parfois d'une violence inimaginable. Un jour, il y eut environ 12 000 décharges produites en deux heures, et toutes se trouvaient dans un rayon certainement inférieur à 50 kilomètres du laboratoire. La plupart ressemblait à de gigantesques arbres de feu avec les troncs à l'endroit ou à l'envers. Je ne vis jamais de boule de feu, mais pour compenser cette déception, je réussis plus tard à établir leur processus de formation et à les reproduire artificiellement.

« Durant la dernière partie de ce même mois, je remarquai plusieurs fois que mes outils étaient bien plus affectés par les décharges qui se produisaient à plus grande distance que par celles plus proches. Cela m'intrigua beaucoup. Quelle en était la cause ? Un certain nombre d'observations a prouvé que cela ne pouvait pas être dû à des différences dans l'intensité des décharges individuelles, et j'avais rapidement constaté que le phénomène ne résultait pas non plus d'un rapport variable entre les périodes de mes circuits de réception et celles des perturbations terrestres.

« Une nuit, alors que je rentrais chez moi à pied avec mon assistant, réfléchissant à ces expériences, une pensée me traversa l'esprit. Cette idée s'était déjà présentée à moi plusieurs années auparavant, alors que j'écrivais un chapitre de ma conférence devant le Franklin Institute et la National Electric Light Association, mais je l'avais écarté, la pensant absurde et impossible. Je la chassais une nouvelle fois. Cependant, mon instinct se réveilla et, d'une certaine manière, je sentis que j'étais sur le point de faire une grande découverte.

« Je n'oublierai jamais que ce jour-là, le 3 juillet [1899], j'obtins la première preuve expérimentale déterminante d'une vérité d'une importance capitale pour l'évolution de l'humanité.

« Une masse dense de nuages fortement chargés s'amassait à l'ouest et, à la tombée de la nuit, un violent orage éclata qui, après avoir déchaîné une grande partie de sa fureur dans les montagnes, s'éloigna à très grande vitesse vers les plaines. Des arcs électriques intenses, répétés et continus se produisirent à intervalles réguliers. Mes observations furent alors grandement facilitées et devinrent plus exactes grâce aux expériences que j'avais accumulées. Je manipulai rapidement mes instruments et j'étais prêt. L'appareil d'enregistrement étant correctement réglé, ses mesures sont devenues de plus en plus faible à mesure que l'orage s'éloignait, jusqu'à ce qu'elles eussent complètement disparues.

« J'observais le tout avec une grande avidité. Peu de temps après, les mesures reprirent de nouveau, et s'intensifiaient de plus en plus, puis, après avoir atteint un maximum, elles diminuèrent graduellement et disparurent encore une fois. Le même processus se répéta à plusieurs reprises et à intervalles réguliers jusqu'à ce que l'orage qui se déplaçait à une vitesse presque constante, comme le démontrait de simples calculs, se fut éloigné d'environ 300 kilomètres. Ces étranges phénomènes ne s'arrêtèrent pas mais, à la place, continuèrent de se manifester avec la même intensité.

« Des observations similaires furent réalisées par la suite par mon assistant, M. Fritz Lowenstein, et peu de temps après, plusieurs grandes occasions se présentèrent d'elles-mêmes, ce qui permit de révéler, avec encore plus de force et de manière indéniable, la véritable nature de ce fantastique phénomène. Il n'y avait plus aucun doute : j'étais en train d'observer des ondes stationnaires.

« Le circuit de réception trouva successivement les nœuds et les ventres des perturbations, au fur et à mesure que leur source s'éloignait. Aussi impossible que cela puisse paraître, cette planète, malgré sa grande superficie, se comportait comme un conducteur de dimensions limitées. J'avais déjà pris conscience de l'importance essentielle que représentait ce fait pour la transmission d'énergie par mon système.

« Non seulement cela signifiait qu'envoyer des messages télégraphiques à n'importe quelle distance et sans fil était réalisable, comme je l'ai reconnu il y a longtemps, mais qu'il était également possible de faire comprendre les faibles modulations de la voix humaine à la terre entière, bien plus importantes pour transmettre de l'énergie, en quantité illimitée n'importe où sur terre, et pratiquement sans aucune perte.»

Afin de vous faire une meilleure idée de la difficulté à laquelle était confrontée Tesla en cherchant à déterminer si la terre était chargée et s'il était possible de la faire vibrer électriquement, il vous faut visualiser la différence qu'il y a entre une baignoire vide et une qui contient de l'eau. Une terre non chargée serait semblable à une baignoire vide, et une terre chargée, à une baignoire remplie d'eau. Il est très facile de faire des vagues dans une baignoire contenant de l'eau. En mettant votre main dans l'eau et en effectuant un mouvement de va-et-vient, sur la longueur, en rythme pendant quelques secondes, l'eau se transforme vite en vague allant et venant, dont l'amplitude augmente très rapidement jusqu'à, si vous continuez de bouger votre main, ce que l'eau éclabousse même le plafond.

Le terre peut être comparée à un récipient extrêmement grand rempli de liquide, avec en son centre un petit piston mis en place que l'on peut bouger légèrement sur une courte distance, et ce à un bon rythme. Les vagues vont se propager jusqu'au bord du récipient et seront renvoyées vers le centre, d'où elles repartent à nouveau vers l'extérieur, renforcées par le mouvement du piston.

La réaction entre les vagues entrantes et sortantes, toutes les deux en résonance avec le milieu dans lequel elles se propagent, entraîne la création d'ondes stationnaires sur l'eau, la surface ayant l'apparence d'une seule série de vagues figées à un endroit fixe.

Dans l'expérience de Tesla, les décharges électriques, qui jouaient le rôle du piston provoquant les vagues, se déplaçaient rapidement du côté est, portant avec elles toute la série des ondes fixes ou stationnaires. L'appareil de mesures restait fixe, de sorte que la série d'ondes, avec ses ventres et ses nœuds, le dépassait, entraînant la hausse et la baisse des potentiels mesurés.

L'expérience prouvait non seulement que la terre était remplie d'électricité, mais aussi que cette électricité pouvait être perturbée afin d'induire des vibrations rythmiques et de produire une résonance, entraînant des effets d'une ampleur considérable. Un excellent exemple serait celui de soldats traversant un pont en marchant à l'unisson, et le détruisant à cause des vibrations ainsi produites.

Tesla réalisa les effets impressionnants de potentiels extrêmement élevés et à haute fréquence en produisant une résonance électrique dans ses circuits, en réglant l'électricité. Et il découvrit à cet instant, qu'il était capable de produire, facilement, le même effet sur la terre, comme s'il s'agissait de l'association d'un unique condensateur et d'une bobine, une unité de résonance électrique pure, en la chargeant et déchargeant en rythme grâce à ses oscillations à haute fréquence et à fort potentiel.

Lors de cette expérience éblouissante, Tesla, le surhomme, était au meilleur de lui-même. L'audace de son entreprise enflammait l'imagination, et sa réussite aurait dû lui apporter une renommée éternelle.

Les bobines géantes avec leurs rangées de condensateurs et les autres appareils installés dans le laboratoire au Colorado, étaient enfin prêts à être utilisés dans des expériences à grande échelle. Chaque pièce d'équipement fut attentivement inspectée et testée par Tesla, et enfin vint le moment de réaliser le test crucial de l'expérience de la plus haute tension jamais réalisée. Il s'attendait à battre les résultats de ses anciens records plus d'une centaine de fois, et à produire des tensions des dizaines de milliers de fois supérieures à celles jamais produites dans les lignes de transmission à haute tension des chutes du Niagara.

Tesla était absolument convaincu que son oscillateur marcherait. Il le savait, mais il était également conscient qu'il allait produire des millions de volts et des courants d'une extrême puissance, et personne, pas même lui, ne savait comment ces terribles explosions d'énergie électrique allaient agir. Il savait qu'il avait planifié l'expérience de sorte que les tout premiers éclairs artificiels jamais produits, partiraient du sommet du pylône de 60 mètres de hauteur.

Tesla demanda à Kolman Czito, avec qui il travailla de nombreuses années dans ses laboratoires à New York, de régir le commutateur grâce auquel le courant était fourni au laboratoire par une ligne de transmission aérienne de trois kilomètres, reliée à la centrale électrique de la Colorado Springs Electric Company.

« Quand je vous donnerai le signal, indiqua Tesla à Czito, vous enclencherez l'interrupteur pendant une seconde, pas plus. »

L'inventeur prit position vers la porte du laboratoire d'où il pouvait voir la bobine géante installée au centre de la grande salle qui ressemblait à une grange, mais sans trop s'approcher au cas où une étincelle égarée provenant d'un de ses propres éclairs risquerait de le brûler. De là où il se trouvait, il pouvait voir le toit ouvert ainsi que la boule de cuivre d'un mètre de diamètre qui trônait au sommet du pylône de 60 mètres, dont la base était installée au centre de la bobine secondaire en forme de cage. Un rapide coup d'œil pour inspecter la situation et Tesla donna le signal : « Maintenant. »

Czito enclencha rapidement l'interrupteur et le désactiva aussitôt. Dans ce bref intervalle, la bobine secondaire se coiffa d'un halo de feu électrique, des crépitements pouvaient se faire entendre dans diverses parties de la salle et un claquement sec retentit au-dessus de sa tête.

« Très bien, dit Tesla, l'expérience se déroule magnifiquement bien. Nous allons essayer encore une fois de la même manière. Maintenant ! »

Czito appuya de nouveau sur l'interrupteur pendant une seconde avant de le désactiver. Et encore une fois, des volutes de feu électrique émanèrent de la bobine, de petites étincelles crépitèrent un peu partout dans le laboratoire et le même claquement sec se fit de nouveau entendre en direction du toit ouvert.

« Cette fois-ci, je vais aller observer le sommet du pylône depuis l'extérieur. Quand je vous donnerai le signal, je veux que vous enclenchiez l'interrupteur et que vous le gardiez ainsi jusqu'à ce que je vous dise de le désactiver. » indiqua Tesla en se dirigeant vers la porte ouverte à côté de lui.

Une fois à l'extérieur, il se plaça de sorte à pouvoir voir la boule de cuivre au sommet du pylône semblable à une aiguille, et cria alors à travers la porte : « Czito, enclenchez l'interrupteur, maintenant ! »

Czito enclencha l'interrupteur une nouvelle fois, et recula, mais il garda le bras tendu pour pouvoir rapidement ouvrir les pales du rotor d'un coup sec, si une situation d'urgence se présentait. Il ne s'était pas passé grand chose lors des rapides fermetures de contact, mais maintenant, l'appareil avait la possibilité de pouvoir monter au maximum de sa puissance, et personne ne savait à quoi s'attendre. Il savait que l'appareil puiserait un très fort courant de la bobine principale qui ressemblerait à un « court-circuit », et il était conscient que ces derniers pouvaient être très destructeurs si on laissait le courant circuler. Le commutateur manifesterait une activité très intéressante si quelque chose lâchait. Czito s'attendait à l'apparition d'un éclair fulgurant et à l'explosion qui suivrait en cas de court-circuit seulement une ou deux secondes après avoir activé l'interrupteur. Plusieurs secondes passèrent sans le moindre court-circuit.

Dès que l'interrupteur fut enclenché, le même bruit de crépitement, ce même claquement qu'il avait entendu auparavant au-dessus de sa tête, réapparut. Mais à présent, les bruits s'intensifiaient de plus en plus. Les crépitements de la bobine enflèrent en un crescendo de claquements féroces. Bien au-dessus du toit, les premiers claquements saccadés s'accompagnèrent d'un autre encore plus intense, puis d'un autre, semblable à la détonation d'un fusil. Et celui qui suivit fut encore plus bruyant. Ils se rapprochèrent de plus en plus jusqu'à avoir le rythme d'une mitrailleuse. Les détonations en hauteur devenaient de plus en plus fortes, on aurait maintenant dit le grondement d'un canon, les décharges se suivaient rapidement les unes après les autres, comme si le bâtiment était bombardé par des salves d'artillerie. Le bruit était terrifiant et le tonnerre faisait trembler le bâtiment d'une façon très menaçante.

Le bâtiment était empli d'une étrange lumière bleue et pâle. Les bobines flamboyaient dans une masse de cheveux ardents. Tout ce qui se trouvait dans le laboratoire faisait jaillir des flammes, et il y régnait l'odeur sulfureuse de l'ozone et des émanations provenant des étincelles, ce qui était tout ce qu'il fallait pour faire croire que les enfers se déchaînaient et se déversaient dans le bâtiment.

Alors qu'il se tenait juste à côté de l'interrupteur, Czito pouvait sentir et voir des étincelles jaillir de ses doigts, chacune le piquant comme une aiguille qui s'enfonçait dans sa chair. Il se demanda s'il arriverait à atteindre le bouton et à couper le courant qui déclenchait cet enfer électrique : « Les étincelles deviendraient-elles plus longues et plus puissantes s'il s'approchait de l'interrupteur ? Ce vacarme assourdissant ne cesserait-il jamais ? Ce tapage tonitruant juste au-dessus empire à chaque minute. Pourquoi Tesla ne l'arrête pas avant qu'il ne secoue toute la structure ? Devrait-il désactiver l'interrupteur sans attendre le signal ? Peut-être que Tesla a été touché, peut-être même qu'il est mort et qu'il lui est impossible de donner le signal pour déclencher le commutateur ! »

La démonstration sembla durer au moins une heure pour Czito, alors qu'en réalité, cela ne faisait jusque-là, qu'une minute que l'expérience se déroulait, néanmoins, énormément de choses s'était passé durant ce court laps de temps.

À l'extérieur, Tesla, qui était vêtu pour l'occasion d'une redingote et d'un chapeau melon noir, se tenait du haut de son mètre quatre-vingt-dix et partageait des similitudes avec le pylône qui sortait de son étrange structure ressemblant à une grange. Les semelles et talons de ses chaussures étaient recouverts d'une couche de caoutchouc de près de trois centimètres d'épaisseur, lui servant d'isolant et qui le rendait encore plus grand.

Alors qu'il donnait à Czito le signal pour déclencher l'interrupteur, il leva les yeux au ciel, vers la boule au sommet du pylône. Il avait à peine commencé à parler lorsqu'il vit une petite étincelle s'échapper de la boule. Elle était mince et ne mesurait qu'environ trois mètres de long. Il n'eut pas le temps de se réjouir qu'une deuxième, une troisième, puis une quatrième étincelle jaillirent, chacune plus longue, plus brillante, et d'un bleu plus intense que la précédente.

« Ah ! » s'exclama Tesla qui resta bouche bée et laissa échapper un cri. Il serra les mains de joie et les leva vers le ciel, en direction du sommet du pylône.

« Plus d'étincelles ! Plus longues, beaucoup plus longues ! Cinq, dix, quinze, vingt, vingt-cinq mètres. Plus brillantes et plus bleues. Pas des étincelles filiformes, mais des langues de feu, des épieux enflammés qui se déchaînent sauvagement dans les cieux. » Les étincelles qui jaillissaient de la boule étaient maintenant aussi épaisses que son bras.

Tesla n'en crut presque pas ses yeux lorsqu'il vit des éclairs parfaitement développés s'élancer dans les airs, accompagnés d'un déferlement de coups de tonnerre tonitruants. Ces éclairs mesuraient maintenant près de la moitié de la longueur du bâtiment, plus de quarante mètres de long, et le tonnerre qui grondait s'entendait jusqu'à Cripple Creek, à vingt-quatre kilomètres de là.

Et soudain, le silence !

Tesla se précipita à l'intérieur.

« Czito ! Czito ! Czito ! Pourquoi avez-vous fait cela ? Je ne vous avais pas demandé de déclencher l'interrupteur. Réactivez-le, vite ! » Czito désigna le commutateur, il était toujours activé. Puis il montra le voltmètre et l'ampèremètre sur le tableau. Les deux aiguilles indiquaient zéro.

Tesla comprit immédiatement ce qu'il se passait. Les câbles entrants, qui approvisionnaient le courant jusqu'au laboratoire, étaient « morts ».

« Czito, dit-il brusquement, appelez immédiatement la centrale. Ils ne doivent pas intervenir. Ils m'ont coupé le courant. »

L'appel téléphonique fut transmis à la centrale. Tesla s'empara du téléphone et hurla :

« Ici Nikola Tesla. Vous m'avez coupé le courant ! Vous devez le remettre immédiatement ! Vous ne devez en aucun cas couper mon alimentation. »

« On n'a pas touché à votre courant, répondit une voix bourrue à l'autre bout du fil. « Vous avez court-circuité notre ligne avec vos satanées expériences, et avez détruit notre station. Vous avez fait sauter notre générateur et maintenant il flambe. On n'a plus de courant à vous donner ! »

Tesla avait conçu son appareil de sorte qu'il puisse transporter les courants extrêmement forts qu'il s'attendait à recevoir de la ligne électrique. Bien que son propre équipement soit capable de supporter ce qui équivalait à un gros court-circuit, il avait surchargé le générateur de la centrale de la Colorado Springs Electric Company, qui tenta vaillamment de supporter la charge supplémentaire, mais les fortes surtensions étaient bien trop puissantes pour la dynamo qui n'avait pas été conçue pour supporter de telles surcharges. Ses fils devinrent de plus en plus chauds, et finalement l'isolation s'enflamma et les fils de cuivre dans les bobines d'induit fondirent comme de la cire, ouvrant alors ses circuits et interrompant la production d'électricité.

La centrale était dotée d'un second générateur de secours qui fut mis en marche peu de temps après. Tesla insista pour recevoir du courant de cette machine dès qu'elle fonctionnerait, mais sa demande fut rejetée. À l'avenir, lui avait-on dit, il recevrait un courant généré par une dynamo fonctionnant indépendamment de celle réservée aux clients réguliers de la compagnie. On lui précisa alors que la dynamo indépendante serait celle qu'il avait grillée, et qu'il n'en tirerait rien tant qu'elle n'aurait pas été réparée. Tesla proposa de couvrir les frais pour une réparation spéciale en urgence, si on lui laissait réaliser les travaux. Les dynamos à courant alternatif n'avaient aucun secret pour lui. Emmenant ses employés de laboratoire avec lui jusqu'à la centrale, il débuta rapidement les travaux de réparation et en moins d'une semaine, la dynamo fut de nouveau opérationnelle.

Pour produire ses effets spectaculaires de pyrotechnique et de tremblements terrestres, un coup de foudre n'a besoin que d'un peu moins que cinq centimes de consommation d'électricité, à un tarif de cinq centimes par kilowattheure, c'est un peu moins que le tarif moyen des ménages pour l'électricité. La foudre est composée de courants particulièrement puissants, de plusieurs milliers d'ampères à des millions de volts, mais elle ne dure que quelques millioniêmes de seconde. Si celle-ci est alimentée en continu par ce courant « à cinq centimes », les éclairs pourraient alors durer indéfiniment.

Dans son laboratoire de Colorado Springs, Tesla injectait dans la terre un flux constant de courant d'une valeur, au tarif indiqué ci-dessus, d'environ 15 dollars par heure. En une heure, il chargeait la terre d'une énergie électrique de plusieurs centaines de fois supérieure à celle contenue dans un seul coup de foudre. Grâce au phénomène de résonance, il pouvait faire croître des effets électriques sur la terre dépassant largement ceux de la foudre, puisqu'il n'y avait besoin, une fois la résonance établie, que de fournir une énergie égale aux pertes par frottements afin d'entretenir cet état.

Dans son article du Century Magazine publié en juin 1900, Tesla décrivit son travail avec l'oscillateur géant, en donnant des estimations prudentes de ses résultats, et déclara :

« Aussi incroyables que ces résultats puissent paraître, ils sont insignifiants comparés à ceux pouvant être atteints par un appareil conçu sur ces mêmes principes. J'ai produit des décharges électriques dont la taille réelle, entre les deux extrémités, dépassait probablement les 30 mètres, mais il ne serait pas difficile d'atteindre des longueurs faisant cent fois cette taille.

« J'ai produit des mouvements électriques à un rythme d'environ 100 000 chevaux-vapeurs, mais en produire à un, cinq, voire dix millions de chevaux-vapeurs serait facilement réalisable. Au cours de ces expériences, les effets obtenus étaient remarquablement supérieurs à tous ceux produits par l'homme, et pourtant, ces résultats ne sont qu'une ébauche de ce qui peut être. »

La méthode employée par Tesla pour mettre la terre en état d'oscillation électrique est l'équivalent électrique de l'appareil mécanique décrit précédemment : le piston qui montait et descendait en rythme et qui créait des ondes stationnaires dans l'eau.

Tesla utilisa un flux d'électrons qui était injecté dans la terre puis pompé à un rythme rapide. À l'époque où les expériences furent réalisées, l'électron n'avait pas encore été reconnu comme la particule fondamentale de l'électricité, le terme employé était donc celui de « flux d'électricité ».

Les injections étaient effectuées à une fréquence de 150 000 oscillations par seconde. Celles-ci produisaient des pulsations électriques d'une longueur d'onde de 2000 mètres.

En s'étendant au-delà de Colorado Springs, les ondes en mouvement se sont propagées dans toutes les directions en cercles de plus en plus importants jusqu'à franchir la courbure de la terre, puis, en cercles plus petits et avec une intensité plus forte, elles ont convergé vers le point terrestre diamétralement opposé qui se trouvait légèrement à l'ouest des deux îles françaises Saint-Paul et Nouvelle-Amsterdam, dans la zone située entre les océans Indien et Antarctique, à mi-chemin entre la pointe sud de l'Afrique et le sud-ouest de l'Australie. C'est à cet endroit que s'établissait un formidable pôle sud électrique, marqué par une onde de très grande amplitude qui montait et descendait à l'unisson avec l'appareil de Tesla installé à son pôle nord, à Colorado Springs. En descendant, l'onde renvoyait un écho électrique qui produisait le même effet à son pôle opposé. Et juste au moment où elle revenait à Colorado Springs, l'oscillateur s'attelait à former une onde qui renforcerait celle entrant, afin de la renvoyer avec plus de puissance à l'antipode pour renouveler la performance.

Si cette manœuvre n'entraînait aucune perte, c'est-à-dire si la terre était un conducteur électrique parfait, sans aucune source de résistance, ce phénomène de résonance s'intensifierait jusqu'à devenir une force destructrice qui prendrait des dimensions gigantesques, et ce même avec la source de charge électrique de 300 chevaux-vapeurs que Tesla utilisait. Des tensions de très grandes ampleurs seraient alors générées. Des particules chargées de matière seraient précipitées vers l'extérieur de la terre avec une énorme énergie, et à terme, même la matière solide terrestre en serait affectée et la planète entière serait désintégrée. Néanmoins, il est impossible de produire une résonance parfaite. Tesla ne manquait pas de souligner à quel point ce fait était opportun, sans quoi, de petites quantités d'énergie pourraient produire des effets désastreux. La résistance électrique de la planète empêcherait de créer une résonance parfaite, mais il est possible d'atteindre une résonance pratique en toute sécurité en compensant en permanence la quantité d'énergie perdue dans la résistance, ce qui permettrait également de contrôler parfaitement la situation.

En mettant la terre dans un état d'oscillation électrique, une source d'énergie serait mise à disposition partout à la surface du globe. Un simple appareil adapté, qui contiendrait les mêmes éléments qu'une unité de réglage dans un poste de radio, mais en plus grand (une bobine et un condensateur) avec une prise de terre et une tige métallique aussi haute qu'un cottage, pourrait alors exploiter et rendre cette énergie utilisable. Une telle combinaison absorberait, à n'importe quel endroit sur la surface de la terre, l'énergie émise par les ondes affluant et refluant entre les pôles électriques nord et sud créés par les oscillateurs de Tesla. À part les simples tubes électroniques élaborés par Tesla, aucune autre installation ne serait nécessaire pour l'éclairage, ou pour le chauffage, domestique. (Un changeur de fréquence serait toutefois nécessaire pour le fonctionnement des moteurs ordinaires. En effet, Tesla mit au point des moteurs sans fer qui fonctionnaient grâce à des courants de haute fréquence, mais ils ne pouvaient pas rivaliser avec l'efficacité des moteurs à courants basse fréquence. Toutefois, la transformation de fréquence est maintenant devenue tout à fait possible.)

L'appareil que Tesla utilisa pour charger la terre reposait sur un principe très simple. Sous sa forme la plus élémentaire, il s'agissait d'un circuit contenant une grande bobine et un condensateur d'ampleur électrique adapté pour lui fournir la fréquence d'oscillation recherchée, une source de courant électrique pour mettre le circuit sous tension, et un élévateur de tension, lui aussi réglé, pour augmenter la tension.

Le courant reçut de la centrale, qui s'élevait à quelques centaines de volts, était amplifié jusqu'à plus de 30 000 volts par un simple transformateur placé dans une armoire en fer, avant d'être ensuite transféré à un condensateur. Celui-ci, une fois plein, se déchargeait dans une bobine reliée à ses bornes.

La valeur des tensions d'impulsion, qui s'échangeaient indéfiniment entre le condensateur et la bobine, dépendait de la capacité du condensateur à maintenir le courant ainsi que de la longueur, ou inductance, de la bobine à travers laquelle la décharge devait se propager. Un arc électrique entre les bornes reliées du condensateur et de la bobine, venait compléter la trajectoire de l'oscillation libre du courant à haute fréquence.

Dans un circuit oscillant, le courant a une valeur nulle au commencement de chaque cycle, puis il augmente pour atteindre une valeur élevée avant de retomber à zéro à la fin de chaque cycle. Il en va de même avec la tension. Les deux s'intensifient jusqu'à atteindre des valeurs élevées au milieu de chaque demi-cycle.

La bobine, où circule le courant, est entourée d'un champ magnétique produit par le courant. Avec les flux de courants élevés, ces champs peuvent devenir très importants et d'une forte intensité, en particulier à la moitié de chaque demi-cycle.

La bobine principale, ou le circuit de mise sous tension de l'oscillateur de Tesla, comportait plusieurs spires de fils résistants montées sur une clôture circulaire de vingt-quatre mètres de diamètre, et était installée dans la grande salle de son laboratoire. Dans l'espace de cette enceinte clôturée, le champ magnétique montait en intensité à chaque demi-cycle du courant dans la bobine principale. Plus les cercles décrits par la force magnétique étaient proches du centre de l'enceinte, plus ils étaient concentrés et accumulaient une forte densité énergétique dans cet espace.

Au centre de cette zone se trouvait une autre bobine, réglée parfaitement pour vibrer électriquement en résonance avec le crescendo d'énergie dans lequel elle était plongée, 300 000 fois par seconde. Cette bobine, qui mesurait environ trois mètres de diamètre, était composée de près d'une centaine de spires montées sur une sorte de support en forme de cage d'environ trois mètres de hauteur. Celle-ci, par résonance, accumulait des potentiels pouvant atteindre une valeur maximum de plus de 100 000 000 volts. Depuis cette époque, aucun scientifique n'est parvenu à produire des courants avec ne serait-ce qu'un dixième de ce potentiel.

Lorsque la première vague d'énergie magnétique s'abattit sur cette bobine, le choc produisit une avalanche descendante d'électrons depuis la bobine vers la terre, celle-ci se retrouvant gonflée électriquement et avec un potentiel augmenté. La vague suivante d'énergie magnétique, qui était de polarité inversée, provoqua un raz de marée d'électrons depuis la terre qui se précipitèrent de traverser la bobine pour se hisser jusqu'à sa borne, c'est-à-dire la boule métallique fixée au sommet du pylône de soixante mètres de haut.

Le torrent descendant d'électrons se répandait sur une très grande zone terrestre, tandis que le torrent ascendant se concentrait sur une petite boule de métal au sommet du pylône, sur lequel se développaient des potentiels extrêmement élevés. Les électrons sur la boule se retrouvaient sous une pression électrique explosive et étaient contraints de fuir. Ils perçaient l'air environnant, créant une petite ouverture par laquelle s'engouffraient quelques milliards de milliards d'électrons, leur course folle transformant leur passage en une traînée incandescente de plusieurs mètres, autrement dit, ils produisaient un éclair.

Après avoir ainsi réussi à faire osciller la terre comme s'il s'agissait d'une pièce d'appareil de son laboratoire, Tesla allait maintenant tester les applications pratiques de sa méthode unique de transmission d'énergie dans le monde entier. (En décrivant le mode de transmission de ses courants à travers la terre, Tesla affirma que la trajectoire de la décharge allait directement de sa station jusqu'au centre de la terre, et continuait en ligne droite jusqu'à l'antipode, le reflux s'effectuant lui aussi de cette même manière, et que le courant sur la trajectoire longiligne se propageait à sa vitesse normale, c'est-à-dire à la vitesse de la lumière. Il déclara que ce flux produisait un courant de surface d'accompagnement, qui était en rythme au point de départ et lorsqu'ils se retrouvaient à l'antipode, cela nécessitant donc des vitesses plus élevées pour se propager à la surface de la terre. Les vitesses en surface seraient infinies à chacun des antipodes, puis diminueraient rapidement jusqu'à atteindre la région équatorial de cet axe, à partir de laquelle elles se propageraient à la vitesse normale des courants.)

Les exploits que Tesla réalisa à Colorado Springs resteront toujours un mystère. Ces souvenirs, gravés dans sa mémoire infaillible, se sont éteints avec lui. Fritz Lowenstein, un ingénieur électricien compétent qui s'intéressait aux courants de haute fréquence, fut son assistant à Colorado

Springs. Cependant, Tesla ne se confia jamais à lui, ni à personne d'autre.

Tesla n'avait pas besoin de rédiger des comptes rendus détaillés de ses expériences, comme les scientifiques et les ingénieurs avaient l'habitude de le faire pour leurs essais de laboratoire. Il était doté d'une mémoire des plus remarquables, complétée par son étrange capacité à pouvoir visualiser de nouveau, et ce jusque dans les moindres détails, tout évènement passé. Il n'avait besoin d'aucun manuel de référence, puisqu'il était capable d'obtenir n'importe quelle formule à partir de concepts fondamentaux, il avait même en tête une table de logarithmes. C'est pour cette raison que les traces écrites de ses expériences font tant défaut, et les choses qui étaient archivées n'avaient généralement qu'une importance secondaire.

Les données fondamentales de grande importance qu'il avait l'intention de développer plus tard d'une manière pratique, étaient conservées dans les archives de son esprit en attendant le moment où il serait capable de présenter un model de travail pratique des inventions reposant sur ses découvertes. Il ne craignait pas d'être devancé par d'autres scientifiques, car il était tellement en avance sur ses contemporains qu'il pouvait, en toute sécurité, se permettre de prendre son temps pour élaborer ses idées.

C'était bien l'intention de Tesla que de faire du développement de ses recherches, le travail d'un seul homme. Il était intimement persuadé, à cette époque, qu'il vivrait cent quinze ans et qu'il participerait activement à des travaux expérimentaux innovants au moins jusqu'à son centième anniversaire, date à laquelle il commencerait sérieusement à réfléchir à la rédaction de sa biographie ainsi qu'à un rapport complet de ses travaux. Il se conforma à ce plan jusqu'à l'âge de quatre-vingt ans, certain de sa réalisation définitive.

Du fait de cette regrettable idée, les détails techniques des découvertes principales réalisées à Colorado Springs font défaut. Toutefois, en rassemblant les informations fragmentaires publiées dans un grand nombre d'ouvrages, il paraît évident que Tesla, en plus des expériences réalisées sur les mouvements de ses énormes courants électriques, dans le but d'établir un système de diffusion dans le monde entier ainsi que la création de plusieurs détecteurs pour y parvenir, testa également son système de transmission d'énergie à une distance de quarante et un kilomètres de son laboratoire, et qu'il parvint à allumer deux cents lampes à incandescence, de type Edison, grâce à l'énergie électrique extraite de la terre pendant que son oscillateur fonctionnait. Ces lampes consommaient environ cinquante watts chacune, et comme il y en avait eu deux cents d'utilisées pour ces tests, l'énergie consommée s'élevait alors à 10 000 watts, soit environ treize chevaux-vapeurs.

La transmission sans fil de treize chevaux-vapeurs à travers la terre sur une distance de quarante et un kilomètres, peut être considérée comme une démonstration suffisante de la faisabilité du projet conçu par Tesla. Il assura que sa méthode de transmission d'énergie avait une efficacité de plus de 95 pour cent, ainsi, grâce à un oscillateur de 300 chevaux-vapeurs, il pourrait, assurément, réaliser plus d'une douzaine de démonstration partout dans le monde au même moment. En ce qui concerne la dernière affirmation, il précisa : « Dans ce nouveau système, que la transmission soit effectuée à quelques kilomètres de distance ou à plusieurs milliers importe peu, en réalité, cela n'a même aucune importance. »

Dans l'article du Century publié en juin 1900, il indiqua : « Bien que je n'ai pas encore réalisé de transmission d'une grande quantité d'énergie, c'est-à-dire à échelle industrielle, sur une longue distance avec cette nouvelle méthode, j'ai fait fonctionner plusieurs modèles de centrales dans des conditions exactement identiques à celles des plus grandes centrales électriques de ce genre, et la viabilité du système est parfaitement démontrée. »

Tesla insistait fortement, dans ses dernières décennies, sur l'existence, la réalité, l'importance et la disponibilité de nombreuses découvertes réalisées à Colorado Springs qui n'auraient pas été divulguées. L'auteur exhorta deux ou trois fois Tesla à les révéler pour pallier à tout risque qui pourrait les amener à tomber dans l'oubli, mais comme l'inventeur restait sceptique face à cette éventualité, on lui demanda de laisser l'auteur faire quelque chose qui entraînerait leur développement concret. Tesla exprima avec courtoisie sa reconnaissance pour l'intérêt manifesté, mais il était absolument catégorique sur le fait qu'il gérerait lui-même ses affaires comme il l'entendrait, et qu'il s'attendait à recevoir très rapidement des fonds lui permettant de développer ses inventions.

En automne 1899, Tesla retourna à New York, une nouvelle fois sans le sou, mais en sachant que ses efforts avaient largement contribué à enrichir l'humanité avec des découvertes scientifiques importantes. Cependant, la nouvelle dimension engendrée par ses travaux était encore plus remarquable : l'homme avait créé une méthode grâce à laquelle il pouvait contrôler son énorme planète, pouvait observer ce corps céleste d'un point de vue divin, où cette planète devenait une pièce de machine de laboratoire qu'il pouvait manipuler comme il le voulait.

Les clichés que Tesla rapporta à New York, montrant les gigantesques décharges électriques produites par son oscillateur, et les histoires qu'il raconta sur ses expériences, créèrent une forte impression dans son cercle d'amis. C'est à ce moment-là que Robert Underwood Johnson, l'un des rédacteurs du Century Magazine, auquel Tesla allait souvent rendre visite à son domicile dans le quartier très huppé de Murray Hill sur Madison Avenue, demanda à l'inventeur de rédiger un article racontant ses exploits.

Quand l'article fut écrit, Johnson le lui renvoya, disant à Tesla qu'il lui avait servi une bouillasse de faits philosophiques sans émotions au lieu d'un gratin palpitant de juteuses anecdotes. L'inventeur avait à peine fait référence à ses récents exploits incroyables et avait, à la place, disserté sur un système philosophique dans lequel l'évolution de l'humanité pouvait être considérée comme un processus purement mécanique, activé par les sources d'énergie disponibles. L'article fut renvoyé trois fois à Tesla, et fut autant de fois réécrit, en dépit du fait que chaque rédaction soit d'une très grande qualité littéraire.

L'article, intitulé « Le problème de l'intensification de l'énergie humaine », fit sensation. Parmi ceux chez qui il suscita un très grand intérêt se trouvait J. Pierpont Morgan, une véritable chance pour Tesla. Le grand financier avait un petit faible pour les génies et Tesla était le parfait représentant de cette espèce.

Morgan le financier, était un homme célèbre, mais Morgan le philanthrope, une personnalité exceptionnelle, était inconnu du grand public, ses actes de bienfaisance étant gardés secrets avec un très grand soin. Mais il ne réussissait pas toujours, puisqu'il y a nécessairement deux parties engagées dans un acte de bienfaisance : le donneur et le receveur, et que la gratitude du dernier pouvait vite devenir une faille dans la protection du secret.

Tesla fut invité à se rendre chez Morgan et il devint rapidement un favori de la famille. La longue liste de ses exploits, qui en présageaient d'autres encore plus exceptionnels à l'avenir, sa personnalité agréable, ses grandes valeurs morales de conduite, son style de vie solitaire, sa façon de se dévouer entièrement à son travail et son enthousiasme d'enfant, étaient des facteurs contribuant au fait qu'il soit admiré, non seulement par Morgan, mais aussi par tous ceux qui le connaissaient bien.

Morgan se renseigna sur la structure financière de Tesla. À cette époque, il existait un nombre limité de grands groupes financiers qui jouaient une partie d'échecs à l'échelle planétaire, où les pions étaient les ressources économiques mondiales. Les découvertes réalisées par un génie tel que Nikola Tesla pourraient très bien avoir un effet considérable sur le destin d'un ou de plusieurs de ces groupes. Il était donc indispensable, pour un entrepreneur de ce domaine, de connaître davantage les engagements de l'inventeur. Morgan fut sans aucun doute surpris et satisfait d'apprendre que Tesla était un inventeur solitaire, à la recherche des fonds nécessaires pour continuer ses recherches.

Morgan était conscient de la valeur inestimable du système polyphasé de courant alternatif inventé par Tesla. Les travaux au Niagara étaient une initiative de Morgan, et des plans gigantesques étaient en train d'être élaborer, en se basant sur leur succès déjà prouvé. L'homme qui posa les fondations scientifiques et techniques de cette nouvelle et rentable époque industrielle basée sur l'électricité était ruiné, et s'employait à développer une nouvelle source de distribution d'énergie. Il avait surpassé la minuscule distance d'Edison d'un kilomètre par un géant ayant une portée de plus de mille kilomètres, et il travaillait maintenant sur un système dont les expériences avaient démontré leur capacité à distribuer, sans fil, de l'énergie jusqu'aux confins de la terre, tout cela en ne produisant qu'une fraction minime des pertes engendrées par le système de transmission d'énergie par fils d'Edison, sur une distance de moins d'un kilomètre. Il était même capable d'envoyer du courant autour de la terre en consommant moins d'énergie, qu'en utilisant son propre système de courant alternatif pour en distribuer sur une distance d'environ cent soixante kilomètres. Les implications économiques de cette invention confondaient l'imagination.

Quelles seraient ses répercussions sur le jeu d'échecs joué par les grands groupes financiers mondiaux ?

Est-ce que le nouveau système de distribution sans fil d'énergie aurait sa place dans la structure économique et financière actuelle ? Pourrait-il être appliqué en apportant plus de bénéfices que de désagréments de grandes ampleurs ? Si on choisissait de le développer, qui serait le mieux à même de le contrôler ? Pourrait-il être contrôlé de manière concrète lorsque n'importe quel endroit sur terre servirait d'exutoire à un réservoir illimité d'énergie pour tous ceux qui voudraient y puiser en utilisant un simple appareil ? Comment percevoir les compensations pour ce service rendu ?

Voilà les questions les plus évidentes qui vinrent immédiatement à l'esprit de Morgan concernant le système d'énergie mondiale de Tesla. En outre, ce dernier proposait un système de diffusion mondiale d'actualité, de divertissement, de savoir, et bien d'autres sujets intéressants. Morgan comprenait très bien les aspects pratiques que représentait une communication sans fil, où une charge pouvait transmettre des messages d'un point à un autre, ce qui faisait partie du système développé par Tesla, mais pour celui-ci, cela n'en constituait qu'une petite partie, comparée aux systèmes plus importants de distribution d'énergie et de diffusion.

Un esprit comme celui de Morgan comprendrait que des esprits ingénieux puissent élaborer une méthode pour mettre ces services mondiaux sur une base rentable, mais cette toute nouvelle avancée de Tesla avait une dimension fantastique qui contrariait ces soi-disant esprits « pratiques », qui n'avaient pas l'habitude d'avoir des pensées de premier ordre. Le nouveau système pourrait se révéler plus important que le système polyphasé qui fut négocié par Westinghouse au montant record de 1 000 000 de dollars. Westinghouse était alors le plus grand concurrent au système d'Edison, que Morgan avait soutenu, et en particulier celui de la General Electric Company, dont Morgan avait arrangé le financement. Bien que Westinghouse ait obtenu un monopole, on trouva le moyen de le forcer à le partager, par un contrat de licence avec la General Electric Company, afin que la société de Morgan ait autant de chance de pouvoir exploiter ce riche marché.

L'histoire était sans doute en train de se répéter avec le même inventeur, qui possédait maintenant un système d'hyper-superpuissance pour remplacer son propre système superpuissant. Et dans ce cas, Morgan pouvait se trouver dans une position lui permettant de s'emparer du monopole du pouvoir mondial.

Le groupe détenant un monopole de contrôle sur un tel système pourrait choisir de le développer, ou non, comme il l'entendrait. Il pourrait le développer afin de produire un bénéfice en remplaçant, ou en complétant le système correct de distribution par câbles, ou bien il pourrait le laisser de côté pour éviter qu'il ne perturbe le système actuel. Avoir le monopole de ce système pourrait empêcher n'importe quel autre groupe de s'en emparer et de l'utiliser comme argument pour obtenir des concessions de ceux qui dominent les entreprises existantes. Posséder les brevets de diffusion et d'énergie mondiale de Tesla pourrait se révéler un investissement très profitable, et ce même si le prix à payer pour les obtenir était élevé.

Mais il existait une autre dimension plus subtile à la situation. Sans avoir le soutien financier nécessaire, un système mondial comme celui que Tesla avait proposé, ne pourrait jamais être concrétisé. Si un groupe puissant avait l'opportunité de l'obtenir dès le départ et d'en obtenir le monopole, mais ne le faisait pas et qu'il devenait par la suite évident que cela avait été fait intentionnellement, l'effet produit par une telle décision pourrait facilement conduire à effrayer n'importe quel autre groupe et découragerait quiconque de vouloir soutenir le système.

Cependant, lors de ses rencontres avec Tesla, Morgan ne mentionna aucun aspect commercial ou pratique. Son intérêt était uniquement celui d'un mécène cherchant à aider un génie à exprimer ses talents créatifs. Il fit des dons à Tesla auxquels il n'y avait aucune condition. L'inventeur pouvait utiliser l'argent comme bon lui semblait. Il n'existe aucune information précise sur le montant de ces contributions, mais d'après une source fiable, proche de Tesla, le montant qu'il reçut peu de temps après s'élevait à 150 000 dollars. On estime que les contributions ultérieures, étalées sur plusieurs années, lui apportèrent au total le double de cette somme.

Tesla ne cacha pas le soutien de Morgan. Dans un article de l'Electrical World and Engineer publié le 5 mars 1904, il décrivit les travaux sur l'énergie sans fil qu'il avait effectués jusque-là et indiqua :

« Pour une grande partie du travail que j'ai accompli jusqu'ici, je suis redevable à M. J. Pierpont Morgan pour la noble générosité dont il a fait preuve, celle-ci étant d'autant plus appréciée et stimulante qu'elle arriva à une période où ceux qui avaient promis le plus, se révélèrent être les plus grands sceptiques.»

Lorsque Morgan réalisa sa première contribution, la rumeur circulait qu'il avait un intérêt financier dans l'entreprise dans laquelle s'était embarqué Tesla. La situation qui en résulta s'avéra utile pour Tesla en raison de l'immense prestige du financier. Cependant, quelques temps plus tard, lorsque Tesla eut désespérément besoin d'argent, et qu'il devint évident que Morgan ne s'était pas engagé financièrement dans le projet et, selon toute vraisemblance, n'allait pas venir en aide à l'inventeur, la situation se tassa et devint incontestablement et définitivement insatisfaisante.

Néanmoins, en 1900, Tesla avait 150 000 dollars sous en main et une idée colossale à mettre à exécution. Le surhomme révolutionnaire, porté par son raz de marée de gloire et de popularité, se mit au travail.

VIBRATION INTERNE

DOUZE

L'année 1900 a marqué pour Tesla non seulement l'ouverture d'un nouveau siècle, mais aussi le début de l'ère de la superpuissance mondiale et de la radiodiffusion. Avec les encouragements de J. P. Morgan pour le pousser, s'il pouvait accommoder davantage d'incitations que ce que sa propre pulsion intérieure fournissait, et avec 150 000 dollars en espèces provenant de la même source, Tesla était prêt à se lancer dans une entreprise gigantesque, la construction d'un monde d'énergie sans-fil et une station de radiodiffusion mondiale.

L'encaisse serait tout à fait insuffisante pour financer le projet à terme, mais cela ne l'a pas dissuadé de se lancer. Il avait besoin d'un laboratoire, à la fois pour remplacer celui situé à Houston Street, devenu totalement inadapté, et pour inclure le matériel du type de celui utilisé à Colorado Springs, mais conçu pour être utilisé dans le processus réel de radiodiffusion mondial. L'emplacement a été déterminé à la suite d'un arrangement qu'il a passé avec James S. Warden, administrateur et directeur de la Suffolk County Land Company, un avocat et un banquier de l'ouest, ayant acquis près de 800 hectares de terres à Shoreham, dans le comté de Suffolk, Long Island, à environ soixante milles de New York. Ce terrain a constitué la base d'un développement immobilier sous le nom Wardencliff.

Tesla visualisait une station de radiodiffusion qui emploierait des milliers de personnes. Il a finalement entrepris la création d'une Cité Radio, quelque chose de beaucoup plus ambitieux que l'entreprise au Rockefeller Center à New York qui porte ce nom aujourd'hui. Tesla avait prévu que tous les canaux de longueurs d'ondes soient diffusés à partir d'une seule station, un projet qui lui aurait conférer le monopole complet des activités de radiodiffusion. Quelle occasion en or les hommes d'affaires myopes de son époque ont laissé échapper en ne prenant pas part à son projet! Mais à cette époque, Tesla était le seul à visualiser la radiodiffusion moderne. Tout le monde se représentait le sans fil comme quelque chose d'uniquement utile pour l'envoi de communications télégraphiques entre le navire et la terre ainsi qu'à travers l'océan.

Néanmoins, M. Warden vit toutes sortes de possibilités dans le plan de Tesla, et il lui a offert une étendue de 81 hectares, dont 8,1 hectares ont été défrichés pour sa centrale électrique, dans l'espoir que les deux mille hommes qui allaient bientôt venir travailler à la station, se construiraient des maisons sur des emplacements pratiques dans le reste des 800 hectares de terre. Tesla a accepté.

Stanford White, le célèbre dessinateur de nombreuses églises et autres monuments architecturaux à travers tout le pays, était l'un des amis de Tesla. Celui-ci a maintenant fait part au célèbre architecte de sa vision d'une « belle ville » industrielle et lui a demandé sa collaboration dans la réalisation de son rêve. M. White était enthousiaste à cette idée et, comme preuve de sa contribution au travail de Tesla, il a offert de prendre en charge le coût de conception de l'étrange tour, dont l'inventeur avait fait une esquisse, ainsi que tout le travail architectural impliqué dans le plan général de la ville. Le véritable travail a été réalisé par W. D. Crow, d'East Orange, New Jersey, l'un des associés de M. White, qui, par la suite, s'est fait connaître en tant que dessinateur d'hôpitaux et autres bâtiments institutionnels.

C'était réellement une tour magnifique, avec des limitations structurelles étranges, que M. Crow avait lui-même conçu. Tesla avait exigé une tour mesurant environ 47 m de hauteur, de façon à pouvoir supporter à son sommet une électrode de cuivre géante de 30,5 m de diamètre ayant la forme d'un gigantesque beignet avec un diamètre tubulaire de 6,1 m. (Celle-ci a ensuite été modifiée en une électrode hémisphérique.)

La tour devait avoir une charpente structurée, construite presque entièrement en bois, le métal devant être réduit au strict minimum et toutes les installations métalliques utilisées devaient être en cuivre. Aucune donnée technique n'était disponible sur les structures en bois de cette hauteur et de ce type.

La structure que Tesla exigeait avait une grande quantité de « surface de voile, » ou de surface exposée au vent, concentrée au sommet, créant des contraintes devant être prises en compte dans une tour possédant seulement une stabilité limitée. M. Crow a résolu les problèmes techniques, puis la tâche tout aussi difficile d'intégrer des qualités esthétiques au sein d'un tel édifice.

Une fois la conception terminée, une autre difficulté est survenue. Aucun des entrepreneurs bien connus ne pouvait être amené à entreprendre la tâche d'ériger la tour. Un encadreur compétent, associé à la Norcross Bros., une grande entreprise contractante à cette époque, a finalement repris le contrat, bien qu'il ait, lui aussi, exprimé la crainte que les tempêtes hivernales pourraient renverser la structure. (Elle est pourtant restée debout pendant une douzaine d'années. Lorsque le gouvernement, pour des raisons militaires, a décidé qu'il était nécessaire de supprimer ce monument voyant durant la première guerre mondiale, de lourdes charges de dynamite furent nécessaires afin de la faire tomber, et même là, elle est demeurée solidement ancrée au sol, tel un envahisseur martien tout droit sorti de La Guerre des mondes de Wells.) La tour fut achevée en 1902, et avec elle, la construction d'un bâtiment en briques d'une hauteur de plus de 29 m qui servirait de résidence à la centrale électrique et au laboratoire. Pendant que les structures étaient en train d'être construites, Tesla faisait tous les jours le trajet de l'hôtel Waldorf-Astoria jusqu'à Wardencliff, arrivant à proximité de la centrale de Shoreham peu après onze heures du matin et ne repartant qu'à trois heures et demie de l'après-midi. Il était toujours accompagné par un serviteur, un serbe, qui transportait un panier lourd rempli de nourriture. Une fois le laboratoire transféré de Houston Street, complètement opérationnel à Wardencliff, Tesla a loué le cottage Bailey près des côtes du détroit de Long Island et s'y est installé pendant une année.

L'équipement lourd, les dynamos et les moteurs que Tesla désirait pour son usine étaient d'une conception inhabituelle, non produite par les fabricants, et il a rencontré de nombreux retards contrariants pour se procurer de tels matériaux. Il était capable de mener un vaste éventail d'expériences sur le courant à haute fréquence et bien d'autres encore dans son nouveau laboratoire, mais le projet principal, celui concernant la mise en place de la station de radiodiffusion dans le monde entier, prenait du retard. Pendant ce temps, un certain nombre de souffleurs de verre fabriquait pour lui des tubes destinés à la transmission et la réception de ses émissions de radiodiffusion. Tout cela s'est déroulé une douzaine d'années avant que De Forest n'invente la forme du tube pour la radio qu'on utilise actuellement. Le secret des tubes de Tesla est mort avec lui.

Tesla semblait ne pas craindre du tout les courants de haute fréquence de millions de volts qu'il créait. Il avait, néanmoins, le plus grand respect pour le courant électrique sous toutes ses formes et faisait preuve de la plus grande prudence quand il travaillait sur son appareil. Lorsqu'il travaillait sur des circuits qui pouvaient se mettre « sous tension,» il le faisait toujours avec une main dans la poche, se servant de l'autre pour manier ses outils. Il insistait pour que tous ses travailleurs fassent de même quand ils travaillaient sur les circuits à courant alternatif à basse fréquence de 60 cycles, que le potentiel soit de 50 000 ou 110 volts. Cette sauvegarde réduisait la possibilité qu'un courant dangereux se fraye un chemin jusqu'au corps, où il y avait plus de chances qu'il puisse arrêter l'action du cœur.

En dépit du grand soin qu'il manifestait dans l'ensemble de son travail expérimental, Tesla avait échappé de peu à la mort à l'usine Wardencliff. Il était en train d'effectuer des expériences sur les propriétés des jets d'eau de petit diamètre se déplaçant à grande vitesse et sous des pressions très élevées, de l'ordre de 68,95 kilopascal. Un tel flot pourrait être frappé par une lourde barre de fer sans que celui-ci en soit perturbé. La barre incidente rebondirait alors comme si elle avait heurté une autre barre de fer solide, une étrange propriété pour une substance mécaniquement faible comme l'eau. Le cylindre contenant l'eau sous haute pression était un cylindre lourd en fer forgé. Tesla, incapable d'obtenir un bouchon en fer forgé pour la surface supérieure, utilisa à la place un bouchon plus lourd en fonte, un métal plus fragile. Un jour, alors qu'il augmentait la pression jusqu'à un point plus élevé que ce qu'il avait déjà utilisé, le cylindre explosa. Le bouchon en fonte cassa et un grand morceau passa à quelques centimètres à peine de son visage alors qu'il décrivait une trajectoire ascendante avant de finalement passer à travers le toit. Le jet d'eau à haute pression a eu des effets destructeurs particuliers sur tout ce avec quoi il est entré en contact, même les métaux résistants et solides. Tesla n'a jamais révélé le but ou les résultats de ces expériences à haute pression.

L'insistance de Tesla à toujours vouloir que son laboratoire soit d'une propreté impeccable a presque provoqué une tragédie, et tout cela à cause de l'étourderie d'un assistant. Des dispositions avaient été prises pour l'installation d'une lourde pièce de machinerie qui devait être fixée avec des boulons au plancher en béton épais. Des trous avaient été forés dans le béton. Le plan prévoyait de verser du plomb fondu dans ces trous puis de visser les lourds boulons dans le métal lorsque celui-ci aurait refroidi. Dès que les trous furent forés, un jeune assistant a commencé à nettoyer les débris. Non seulement, il a balayé les éclats de pierre et la poussière, mais il a en plus attrapé un balai-éponge et a lavé à fond cette zone du plancher, laissant, de façon inconsidérée, une partie de l'eau s'infiltrer dans les trous. Il a ensuite séché le sol. En attendant, Tesla et George Scherff, qui était son secrétaire financier mais qui assistait également Tesla de toutes les manières dont il pouvait se rendre utile, faisaient fondre le plomb qui retiendrait les tirefonds dans les trous du plancher. Scherff a pris la première grande louche pleine de plomb du four, puis s'est dirigé à l'endroit du laboratoire où les trous avaient été forés, suivi peu après par Tesla portant une autre louche.

Scherff s'est penché, et juste au moment où il versait le métal liquide encore chaud dans l'un des trous, une explosion a immédiatement suivi. Le plomb fondu a été projeté en l'air en direction de son visage dans une pluie de gouttes brûlantes de métal liquide. L'eau que l'assistant avait utilisée pour nettoyer le plancher s'était installée dans les trous et, quand le plomb fondu est entré en contact avec celle-ci, elle s'est transformée en vapeur, et elle s'est précipitée hors du trou comme une balle sortant du canon d'un fusil. Les deux hommes ont été douchés avec des gouttes de métal chaud et ont laissé tomber leurs louches. Tesla, qui se tenait à seulement quelques centimètres, n'a été que légèrement blessé ; mais Scherff avait été très gravement brûlé au visage et aux mains. Des gouttes de métal étaient rentrés dans ses yeux et les avaient si gravement brûlés que l'on a craint pendant un certain temps que sa vue ne pourrait être sauvée.

Cependant, malgré les possibilités presque illimitées d'accidents en relation avec la grande variété d'expériences que Tesla a menées dans des domaines totalement inexplorés, en utilisant des tensions, des intensités de courant, des pressions, des vitesses ainsi que des températures élevées, il n'y a eu qu'un seul accident au cours de sa carrière dans lequel il a été blessé. Un instrument bien aiguisé avait glissé, lui entaillant la paume et transperçant sa main. L'accident de Scherff a été le seul dans lequel un membre de son personnel a été blessé, à l'exception de celui d'un jeune assistant ayant développé des brûlures aux rayons X. Il avait probablement été exposé aux rayons de l'un des tubes de Tesla. Tesla, qui à son insu et à celui des autres, les avait produits avant même que Roentgen n'ait annoncé les avoir découverts. Tesla leur avait donné un autre nom et n'a pas étudié pleinement leurs propriétés. Il s'agit probablement du premier exemple connu de brûlures aux rayons X.

Tesla était un travailleur infatigable, et il lui était difficile de comprendre pourquoi les autres n'étaient pas capables comme lui d'accomplir de telles prouesses d'endurance. Il était prêt à verser des salaires exceptionnellement élevés aux travailleurs prêts à rester à ses côtés pour des tâches plus longues, mais il n'a jamais exigé que quiconque travaille au-delà de la journée de travail demandée. Une fois, une pièce d'équipement qu'il attendait depuis longtemps est arrivée, et Tesla était impatient de la voir installée et opérationnelle aussi rapidement que possible. Les électriciens ont travaillé dessus vingt-quatre heures durant, s'interrompant seulement pour manger, avant de reprendre pour encore vingt-quatre heures. Les ouvriers ont ensuite arrêté, les uns après les autres, choisissant des endroits dans le bâtiment où ils pourraient dormir. Alors qu'ils s'offraient huit à douze heures de sommeil, Tesla continuait à travailler. Quand ils sont revenus travailler, Tesla n'avait pas faibli l'allure et a même travaillé avec eux, alors que cela faisait trois jours qu'il n'avait pas dormi. Les hommes se sont ensuite vu accorder plusieurs jours de congé pour pouvoir se reposer; mais Tesla, que les trois journées de labeur ne semblait apparemment pas avoir affecté, a poursuivi ses expériences le lendemain, accomplissant ainsi un total de quatre-vingt quatre heures sans sommeil ni repos.

L'usine de Wardencliff était principalement destinée à démontrer la phase de radiodiffusion de son « Système Mondial » ; la station de distribution d'énergie devait être construite aux chutes du Niagara.

À cette époque, Tesla avait publié un opuscule relatif à son « Système Mondial » qui indiquait l'état d'avancement remarquable qu'il avait projeté dans l'art du sans fil, maintenant appelé radio, tandis que d'autres expérimentateurs s'efforçaient de se familiariser avec des dispositifs rudimentaires. À ce moment-là, cependant, ses promesses semblaient fantastiques. L'opuscule contenait la description suivante de son système et de ses objectifs :

Le Système Mondial résulte d'une combinaison de plusieurs découvertes originales, faites par l'inventeur au cours de ses longues recherches et expérimentations. Il permet non seulement la transmission sans-fil instantanée et précise de tout type de signaux, messages ou caractères à toutes les régions du monde, mais aussi l'interconnexion des télégraphes et téléphones existants, ainsi que des autres stations de signal, sans qu'il ne soit nécessaire de modifier leur équipement actuel. Il permet, par exemple, à un abonné au téléphone d'appeler n'importe quel autre abonné sur le globe. Pas plus grand qu'une montre, un récepteur bon marché lui permettra d'écouter n'importe où, sur terre comme sur mer, un discours que l'on prononce, ou de la musique que l'on joue dans un autre lieu, quelle que soit la distance. Ces exemples sont cités uniquement pour donner une idée des possibilités qu'offre cette grande avancée scientifique, qui détruit les distances et fait que ce conducteur parfait qu'est la terre, peut servir à atteindre les innombrables objectifs que l'ingéniosité humaine a trouvé pour ses lignes de transmission. L'un des résultat les plus importants de tout cela, est que n'importe quel appareil à un ou plusieurs fils (à une distance bien évidemment limitée) pourra également fonctionner de la même manière, sans conducteurs artificiels et avec les mêmes facilité et précision, à des distances auxquelles il n'y a aucune limite autre que celle imposée par les dimensions physiques du globe. Ainsi, non seulement de nouveaux champs d'exploitation commerciale seront ouverts grâce à cette méthode idéale de transmission, mais les anciens gagneront beaucoup de terrain.

Le Système Mondial est basé sur l'application des découvertes et inventions importantes suivantes :

Le Transformateur Tesla. Dans sa production de vibrations électriques, cet appareil est aussi révolutionnaire que la poudre à canon l'était en temps de guerre. Avec un appareil de ce type, l'inventeur à réussi à produire des courants infiniment supérieurs à tous ceux jamais générés jusque là par les moyens habituels. Il a également produit des étincelles de plus de 30 m de long.

Le Transmetteur Amplificateur. C'est la meilleure invention de Tesla. Il s'agit d'un transformateur particulier spécialement adapté pour exciter la terre, qui est à la transmission d'énergie électrique ce que le télescope est à l'observation astronomique. En utilisant ce merveilleux appareil, il a déjà crée des manifestations électriques d'une plus grande intensité que celle de la foudre et a transmis un courant suffisant pour allumer plus de deux cents lampes à incandescence autour du globe.

Le Système sans fil Tesla. Ce système comprend un certain nombre d'améliorations et est le seul moyen connu pour transmettre économiquement de l'énergie électrique à une distance, sans fil. Des tests et des mesures méticuleux, en connexion avec une station expérimentale de grande activité, érigée par l'inventeur dans le Colorado, ont démontré que n'importe quelle quantité d'énergie pouvait être acheminée à travers le globe, si nécessaire, avec un pourcentage de perte très faible.

La Technique de l'Individualisation. Cette invention de Tesla est au réglage primitif, ce que le langage châtié est au langage non-articulé. Il rend possible la transmission de signaux ou de messages, dans le secret absolu et exclusif, de manière passive et active, c'est-à-dire, sans interférences et sans pouvoir être interférés. Chaque signal est comme un individu à l'identité unique et il n'y a pratiquement aucune limite quant au nombre de stations ou d'appareils pouvant fonctionner simultanément sans le moindre signe de perturbation.

Les Ondes Stationnaires Terrestres. Cette merveilleuse découverte, communément expliquée, signifie que la terre est sensible à des vibrations électriques d'une certaine hauteur, comme un diapason l'est à certaines ondes sonores. Ces vibrations électriques spécifiques, capables d'exciter puissamment la terre, se prêtent à d'innombrables utilisations de grande importance d'un point de vue commercial, et à de nombreux autres égards.

La première centrale électrique de ce Système Mondial peut être mise en service en dans neuf mois. Grâce à elle, il deviendra alors possible de produire des activités électriques allant jusqu'à près de dix millions de chevaux. Elle a été conçue pour réaliser autant d'exploits techniques que possible, sans dépenses excessives. Parmi ces derniers on peut citer :

1. L'interconnexion des échanges ou des bureaux télégraphiques existants partout dans le monde ;

2. L'instauration d'un service télégraphique gouvernemental secret et ne pouvant être interféré ;

3. L'interconnexion de toutes les centrales téléphoniques ou bureaux actuels dans le monde ;

4. La diffusion universelle d'informations générales, par télégraphe ou téléphone, en connexion avec la presse ;

5. L'instauration d'un Système Mondial de transmission de renseignements à usage exclusivement privé ;

6. L'interconnexion et le fonctionnement de tous les téléimprimeurs boursiers du monde ;

7. L'instauration d'un Système Mondial de distribution de musique… ;

8. L'enregistrement universel de l'heure par des horloges bon marché, qui indiquent l'heure avec une précision astronomique et

ne nécessitant aucune maintenance ;

9. La transmission par télécopieur de caractères, lettres, chèques... écrits à la main ou tapés à la machine ;

10. L'instauration d'un service universel pour la marine, permettant aux navigateurs de tous les bateaux de s'orienter parfaitement sans boussole, de déterminer leur position exacte, l'heure et la vitesse, d'éviter les collisions et les catastrophes... ;

11. L'inauguration d'un système d'impression mondial sur terre et sur mer ;

12. La reproduction partout dans le monde de photographies, et de toutes sortes de dessins ou dossiers.

Ainsi, cela fait plus de quarante ans que Tesla prévoit d'inaugurer toutes les caractéristiques de la radio moderne, et plusieurs installations qui n'ont pas encore été développées. Il allait continuer, pendant encore vingt ans, à être le seul inventeur du « sans fil » à avoir visualisé un service de radiodiffusion.

Pendant qu'il travaillait sur son usine de radiodiffusion à Wardencliff, Tesla développait également des plans pour établir sa station de puissance mondiale aux chutes du Niagara. Il était tellement sûr de la réussite de ses efforts qu'il a déclaré dans une interview à la presse en 1903 qu'il allumerait les lampes de la prochaine exposition internationale à Paris grâce à la puissance transmise sans fil depuis les chutes. Cependant les circonstances l'ont empêché de tenir cette promesse. Les difficultés qu'il a rencontrées ainsi que ses plans ont été exposés dans une déclaration publiée dans *Electrical World and Engineer*, le 5 mars 1904 :

« La première de ces installations centrales aurait déjà été achevée si nous n'avions pas rencontrés de retards imprévus qui, heureusement, n'ont rien à voir avec ses caractéristiques purement techniques. Mais cette perte de temps, bien qu'ennuyeuse, peut, tout compte fait, s'avérer être une bonne chose. La meilleure conception de ce que je sais avoir été adopté, et l'émetteur va émettre une onde complexe, d'une activité maximale totale de 10 000 000 chevaux-vapeur, un pour cent de cela étant amplement suffisant pour « ceinturer le globe. » Ce taux énorme d'énergie, environ deux fois celui combiné des chutes du Niagara, est obtenu uniquement par l'utilisation de certains artifices, que je ferai connaître en temps voulu.

« Pour une grande partie du travail que j'ai accompli jusqu'ici, je suis redevable à M. J. Pierpont Morgan pour la noble générosité dont il a fait preuve, celle-ci étant d'autant plus bienvenue et stimulante qu'elle est arrivée à un moment où ceux, qui ont promis le plus depuis, étaient les plus grands sceptiques. Je dois aussi remercier mon ami Stanford White, pour toute l'aide désintéressée et précieuse dont il a fait preuve. Ce travail est maintenant bien avancé, et même si les résultats tardent parfois à arriver, ils sont garantis.

« Pendant ce temps, on ne négligeait pas la transmission d'énergie à l'échelle industrielle. La Canadian Niagara Power Company m'a offert une magnifique récompense, et après avoir atteint le succès dans l'intérêt de l'art, cela me procurera la plus grande satisfaction de faire que leur concession leur soit rentable sur le plan financier. Dans cette première centrale électrique, dont la conception m'a pris un long moment, j'ai proposé de distribuer 10 000 chevaux sous une tension de 10 000 000 volts, que je peux maintenant produire et manipuler en toute sécurité.

« Cette énergie sera recueillie dans le monde entier, de préférence en petites quantités, allant d'une fraction d'un cheval-vapeur à quelques chevaux. L'un des usages principal sera l'illumination des maisons isolées. Eclairer une habitation avec des tubes à vides exploités par des courants de haute fréquence requiert très peu d'énergie, et dans chaque cas, une borne située légèrement au-dessus du toit sera suffisante. Une autre application très utile sera la conduite d'horloges et autres appareils similaires. Ces horloges seront extrêmement simples, elles ne demanderont absolument aucune maintenance et indiqueront l'heure à la seconde près. L'idée de faire comprendre au monde l'heure américaine est fascinante et tout à fait susceptible de devenir populaire. Il existe d'innombrables appareils de toutes sortes, dont on se sert maintenant ou qui peuvent être fournis, et en les faisant fonctionner de cette manière, je pourrais être à même d'offrir un grand avantage au monde entier avec une usine ne dépassant pas les 10 000 chevaux.

L'introduction de ce système donnera des occasions pour inventer et fabriquer, des occasions telles qu'il n'en a jamais été présentées auparavant.

« Connaissant l'importance primordiale de cette première tentative et son effet sur le développement futur, je vais procéder lentement et avec précaution. L'expérience m'a appris à ne pas attribuer un terme aux entreprises dont la consommation ne dépend pas entièrement de mes propres capacités et efforts. Mais j'ai bon espoir que ces grandes réalisations ne soient pas loin et je sais qu'une fois ce premier travail terminé, elles suivront avec une certitude mathématique.

Quand la grande vérité accidentellement révélée et expérimentalement confirmée, sera pleinement reconnue, que cette planète, dans toute sa terrifiante immensité, ne sera au courant électrique pratiquement rien de plus qu'une petite boule en métal, et qu'en vertu de ce fait de nombreuses possibilités, chacune frappant l'imagination et aux conséquences incalculables, seront absolument sûres d'être accomplies ; lorsque la première usine sera inaugurée, et qu'on y aura démontré la possibilité de transmettre un message télégraphique, presque aussi secret qu'une pensée et quasiment sans risque d'ingérence, sur quelque distance que ce soit, de transmettre le son de la voix humaine, avec toutes ses intonations et ses inflexions reproduites fidèlement et instantanément à n'importe quel point du globe, de transmettre l'énergie produite par une chute d'eau pour fournir de la lumière, de la chaleur ou de la force motrice n'importe où sur mer ou terre, ou dans les airs — l'humanité sera comme une fourmilière dérangée avec un bâton. Voyez l'excitation qui s'annonce ! »

L'usine aux chutes du Niagara n'a jamais été construite ; et bien assez vite, l'usine de Wardencliff a rencontré des difficultés, non seulement pour obtenir l'équipement désiré, mais aussi pour les financements.

Le plus grand oubli de Tesla est qu'il a négligé d'inventer, pour ainsi dire, un appareil à fabriquer des quantités illimitées d'argent, argent dont il avait besoin pour développer ses autres inventions. Comme nous avons pu le voir, il manquait singulièrement de caractère, celui qui a rendu possible l'obtention de rendements financiers directement à partir de ses inventions. Un individu avec ses capacités aurait pu gagner des millions sur un certain nombre d'inventions mineures de Tesla. S'il avait pris la peine, par exemple, de percevoir des royalties annuelles sur vingt ou plusieurs autres types d'appareils différents, dont les nombreux fabricants utilisant sa bobine Tesla s'étaient servis pour les traitements médicaux, il aurait eu un revenu amplement suffisant pour financer son Système Mondial Sans Fil.

Son esprit, cependant, était trop occupé avec des problèmes scientifiques fascinants. Tesla avait, à certains moments, près d'une vingtaine d'ouvriers hautement qualifiés qui travaillaient constamment dans son laboratoire, à développer les inventions électriques qu'il continuait de concevoir à un rythme rapide. Des gardes armés étaient toujours stationnés autour du laboratoire pour empêcher que l'on espionne ses inventions. Sa masse salariale était lourde et son solde bancaire dangereusement bas, mais il était tellement plongé dans ses travaux expérimentaux, qu'il remettait toujours à plus tard la tâche de faire un effort pour réparer ses finances. Il se trouva bientôt à faire l'objet de jugements obtenus par les créanciers pour la raison qu'il ne pouvait pas effectuer de paiements. Il a été contraint de fermer le laboratoire de Wardencliff en 1905.

La magnifique tour devant le laboratoire n'a jamais été terminée. L'électrode de cuivre en forme de beignet n'a jamais été construite, parce que Tesla avait changé d'avis et décidé d'avoir à la place un hémisphère de cuivre de 30,5 m de diamètre et de 15,2 m de haut, construit au sommet de la tour en forme de cône de 47 m. Le squelette de la charpente destiné à maintenir les plaques hémisphériques a été construit, mais la plaque de cuivre n'y a jamais été appliquée. Les dynamos de 300 chevaux-vapeur et l'appareil pour faire fonctionner la station de radiodiffusion ont été laissés intacts, mais ils ont finalement été retirés par la société d'ingénierie qui les avait installés et n'avait pas été payée.

Tesla a ouvert un bureau au 165 Broadway, à New York où, pendant un moment, il s'est efforcé de trouver des moyens pour relancer son projet. Thomas Fortune Ryan, le célèbre financier, ainsi que H. O. Havemeyer, le plus important raffineur de sucre, l'ont aidé grâce à des contributions de 10 000 et 5000 dollars chacun. Au lieu de s'en servir pour ouvrir un autre laboratoire, Tesla les a utilisées pour payer les dettes de son Système Mondial Sans Fil, maintenant disparu. Il a réglé jusqu'au dernier centime qu'il devait à chaque créancier.

Quand il est devenu évident que Tesla connaissait des difficultés financières, beaucoup de ceux qui avaient supposé que Morgan était financièrement impliqué en tant qu'investisseur dans son projet, furent désabusés. Lorsque des enquêtes spécifiques ont révélé que le grand homme financier ne détenait aucun intérêt quel qu'il soit dans l'entreprise, la rumeur s'est répandue que Morgan avait retiré son soutien. Comme aucune raison pour une telle action n'a été dévoilée, la rumeur a pris de l'ampleur pour amener l'histoire que le système de Tesla était irréalisable. Pour tout dire, il se trouve que Morgan a continué de faire de généreuses contributions personnelles à Tesla, et cela pratiquement jusqu'au moment de sa propre mort. Pendant une courte période, son fils a fait de même, mais dans une moindre mesure.

Tesla n'a fait aucun effort pour lutter contre les rumeurs grandissantes.

Si Tesla avait toléré un directeur commercial, et qu'il avait placé le développement de ses brevets dans les mains d'un homme d'affaires, il aurait pu établir dès 1896 un service sans fil navire-terre pratique et probablement aussi un service transocéanique ; ces derniers lui auraient alors conféré un monopole dans ce domaine. Il a été invité à installer un réseau sans fil situé sur un navire, afin de rendre compte de la progression de la course internationale de voiliers pour les Lloyds of London en 1896. Il a refusé l'offre, pourtant lucrative, au motif qu'il ne ferait pas la démonstration de son système en public autrement qu'à l'échelle mondiale, car sinon il risquerait d'être confondu avec les efforts amateurs déployés par d'autres expérimentateurs. S'il avait accepté cette offre, il aurait d'ailleurs très bien pu satisfaire aux exigences sans la moindre difficulté technique, il aurait sans aucun doute trouvé ses intérêts détournés, dans une certaine mesure, vers une filière commerciale rentable qui aurait pu lui apporter d'importants et favorables changements dans la deuxième moitié de sa vie.

Tesla, cependant, ne pouvait être ennuyé avec des projets mineurs, même s'il s'agissait de projets rentables. Le surhomme, l'homme magnifique, avait une trop grande emprise sur lui. L'homme qui avait fourni l'énergie électrique à l'industrie, l'homme qui avait fait vibrer le monde entier, ne pouvait pas tenir le rôle mineur de diffuser des messages pour le compte d'autrui. Il fonctionnerait en sa qualité de majeur ou pas du tout ; il serait un Jupiter, jamais un Mercure.

George Scherff, que Tesla avait engagé comme comptable et secrétaire quand il a ouvert son laboratoire de Houston Street, était un individu pratique. Il a réussi, dans la mesure du possible, à garder l'inventeur démêlé dans ses relations avec le monde des affaires. Plus il connaissait Tesla, plus il l'appréciait. Plus grand était le respect que lui inspirait le génie de Tesla et ses capacités d'inventeur, plus Scherff prenait conscience du fait que ce génie n'avait aucun sens des affaires.

Scherff était tout naturellement affligé par une situation dans laquelle une entreprise dépensait continuellement de l'argent, sans jamais en recevoir en retour. Il a cherché à protéger autant que possible les 40 000 dollars qu'Adams avait investi dans l'entreprise de Tesla, et qui avait servi à couvrir plus de trois ans de grande activité. Scherff voulait que Tesla élabore des plans pour tirer un revenu provenant de ses inventions. Chaque nouveau développement que Tesla produisait, était étudié par Scherff et devenait la base d'un plan pour la fabrication et la vente d'un appareil. Tesla rejetait catégoriquement toutes les suggestions. « Il s'agit de choses peu importantes,» répondait-il. «Je n'ai pas envie de m'embêter avec cela.»

Même quand on lui a fait remarquer que de nombreux fabricants utilisaient ses bobines Tesla, qu'ils en vendaient un grand nombre et gagnaient beaucoup d'argent, cela n'a pas suffi à susciter son intérêt d'entrer dans ce domaine rentable, ni de permettre à Scherff de s'arranger pour avoir un système secondaire pouvant être mené sans interférer avec son travail de recherche. Il ne pouvait pas non plus être amené à engager des poursuites pour protéger son invention et chercher à ce que les fabricants lui payent des royalties. Cependant, il a admis : « Si les fabricants me payaient vingt-cinq centimes pour chaque bobine vendue, je serais un homme riche. »

Lorsque les Lloyds of London lui ont demandé d'installer un équipement sans fil sur un navire pour rendre compte des courses internationales de voiliers de 1896, avec son nouveau système sans fil, et qu'ils lui ont offert une généreuse rétribution, Scherff a insisté pour que l'offre soit acceptée. Il a exhorté Tesla à abandonner temporairement ses autres travaux et à utiliser la publicité qu'il recevrait de cet exploit comme un moyen de lancer une société commerciale permettant de transmettre des messages sans fil entre le navire et la terre et à travers l'océan, soulignant que l'argent servirait à la fois à la fabrication de l'appareil et à la transmission des messages. La société, Scherff suggéra, pourrait être gérée par des directeurs pour produire un revenu et Tesla pourrait retourner réaliser des inventions et avoir toujours assez d'argent pour payer le coût de ses recherches.

Aujourd'hui, Scherff peut regarder en arrière, alors qu'il est assis sous le porche de sa maison de Westchester, et décider que, même après cinquante ans, son plan était bien conçu. Il avait la Radio Corporation of America, ses importantes installations de fabrication, son système de communication dans le monde entier, son formidable système capital et ses gains comme preuve de ce qu'il affirmait.

La réponse de Tesla à la proposition a été, comme d'habitude : « M. Scherff, il s'agit de choses peu importantes. Je n'ai pas envie de m'embêter avec cela. Attendez de voir les magnifiques inventions que je vais produire, ensuite nous gagnerons tous des millions. »

Les millions de Tesla ne sont jamais venus. Scherff est resté auprès de lui jusqu'à ce que le laboratoire de Wardencliff ferme, en raison de l'absence de revenus, ce qu'il avait essayé d'éviter. Par la suite, Scherff a établi une connexion lucrative avec l'Union Sulphur Co., mais il a continué, sans être rémunéré, à offrir à Tesla une journée par semaine de son temps et à garder ses relations d'affaires aussi démêlées que possible. Tesla prenait soin de payer chaque personne ayant effectué un service pour lui, mais cela a été contrebalancé par la faculté qu'il avait à contracter des factures, sans attendre de voir s'il possédait les fonds nécessaires pour les payer. L'argent était un fardeau qui semblait toujours traîner et entraver ses activités de recherche, quelque chose trop ordinaire pour mériter le temps et l'attention qu'il devrait accorder à des choses plus importantes.

Scherff, taciturne et professionnel, ne pouvait être amené à parler des affaires de Tesla. S'il était, au contraire, un philosophe loquace, il pourrait être amené à sourire sur les faiblesses de la nature humaine, et sur les farces étranges que le sort peut jouer sur les individus, alors qu'il pense à Tesla, qui, sur la base d'une seule invention, aurait pu devenir une Radio Corporation of America individuelle mais n'y est pas parvenu, et qui a raté l'occasion de faire de même sur les deux cents autres inventions, une seule d'entre elles aurait pu produire une fortune. Par ailleurs, il se souvient de certaines occasions au cours des dernières décennies, où il était nécessaire d'accorder des prêts modiques au grand Tesla pour lui permettre de répondre au besoin des nécessités personnelles. Mais Scherff refuse d'aborder toutes questions ou discussions relatives à ces incidents.

TREIZE

Lorsque son projet de Système Mondial Sans Fil a fait faillite, Tesla se retourna vers un projet auquel il avait longuement réfléchi à l'époque où il développait son système de courant alternatif polyphasé : celui de développer un moteur rotatif qui serait aussi en avance sur les machines à vapeur déjà existantes, que son système de courant alternatif l'était sur le système de courant continu, et qui pourrait être utilisé pour conduire ses dynamos.

Tous les moteurs à vapeur utilisés dans les centrales électriques de l'époque étaient de type alternatif; essentiellement les mêmes que ceux développés par Newcomer et Watt, mais de plus grande taille, de meilleure construction et plus efficace dans son fonctionnement.

Le moteur de Tesla était de nature différente. Il s'agissait d'une turbine dans laquelle des jets de vapeur, injectés entre une série de disques, produisait un mouvement de rotation à grande vitesse dans le cylindre sur lequel ces disques ont été montés. La vapeur entrait sur le bord extérieur des disques, poursuivait un chemin en spirale d'une douzaine de circonvolutions ou plus, avant de quitter le moteur près de l'arbre central.

Quand Tesla a informé un ami en 1902 qu'il travaillait sur un projet de moteur, il a déclaré qu'il produirait un moteur si petit, simple et puissant que ce serait une « centrale électrique condensée dans un chapeau. » Le premier modèle, qu'il réalisa au environ de 1906, a tenu cette promesse. Il était assez petit pour tenir dans la partie bombée d'un chapeau melon, mesurait un peu plus de 15 cm de large, et développait trente chevaux. La performance qui produisait l'énergie de ce petit moteur dépassait largement celle de tous les types de moteur principal connus, en usage à cette époque. Le moteur pesait un peu moins de 4 kg. Son rendement était donc de 7,5 chevaux. Le rotor pesait seulement 680 g, et son poids léger ainsi que le rendement de grande puissance ont donné à Tesla l'idée du slogan qu'il a utilisé sur son papier à en-tête et ses enveloppes :

« Vingt chevaux-vapeur la livre. »

Il n'y avait rien de nouveau, bien sûr, dans l'idée de base d'obtenir des mouvements circulaires directement à partir d'un courant de fluide en mouvement. Les moulins à vent et les roues hydrauliques, appareils aussi vieux que l'histoire, ont réalisé cet exploit. Héron, l'auteur d'Alexandrie, environ 200 avant J-C, a décrit, mais n'a pas inventé, la première turbine. Elle était composée d'une sphère creuse en métal montée sur un axe, et équipée de deux tubes sortants de la sphère et tangents à sa surface. En chauffant, l'eau placée dans la sphère de l'appareil situé au-dessus du feu a formée de la vapeur. En s'échappant des tubes, cette vapeur a provoqué un mouvement de rotation de l'appareil.

Le développement ingénieux et original de Tesla de l'idée de la turbine trouve probablement son origine dans cette expérience amusante mais qui s'est soldée par un échec, qu'il a réalisé étant enfant. Il avait essayé de construire un moteur à vide et d'observer son cylindre en bois tourner légèrement, entraîné par l'air s'infiltrant dans la chambre à vide. Quelques années plus tard, également, quand à l'adolescence, il s'est enfui dans les montagnes pour échapper au service militaire et a caressé l'idée de transporter du courrier à travers l'océan grâce à un tube sous-marin, à travers lequel une sphère creuse devait être transportée par un courant d'eau se déplaçant rapidement, il découvrit alors que le frottement de l'eau sur les parois du tube rendait l'idée irréalisable. La friction ralentirait la vitesse du courant de sorte qu'il faudrait des quantités excessives d'énergie pour déplacer l'eau à la vitesse et pression souhaitée. Inversement, si l'eau se déplaçait à cette vitesse, la friction provoquée essaierait d'entraîner le tube extérieur avec elle.

C'est cette friction que Tesla utilise maintenant dans sa turbine. Un jet de vapeur se précipitant à grande vitesse entre les disques, avec une très courte distance les séparant, était ralenti par la friction. Mais les disques, capables de rotation, se déplacent avec une vitesse croissante, jusqu'à ce qu'elle soit presque équivalente à la vitesse de la vapeur. En plus du facteur de friction, il existe une attraction particulière entre les gaz et les surfaces métalliques ; ce qui a permis à la vapeur en mouvement de saisir le métal des disques plus efficacement et de les entraîner dans sa course à des vitesses élevées. Le premier modèle que Tesla a inventé en 1906, avait douze disques de 12,7 cm de diamètre. Il fonctionnait en comprimant l'air au lieu de la vapeur, et atteignait une vitesse de 20 000 tours par minute. Tesla avait l'intention d'utiliser l'huile comme combustible, de la brûler dans une tuyère et de tirer partie de l'énorme augmentation du volume, avec la transformation d'un liquide en gaz brûlés hautement détendus, pour faire tourner le rotor. Cela permettrait d'éliminer l'utilisation de chaudières de la production de vapeur et donnerait une efficacité accrue proportionnelle au procédé direct.

Si Tesla avait poursuivi le développement de sa turbine en 1889, quand il est revenu de l'usine Westinghouse, sa turbine aurait sans doute été celle finalement mise au point pour remplacer les moteurs alternatifs lents, gros et lourds alors en usage. Les quinze années, cependant, qu'il a consacré au développement des courants à fort potentiel et à haute fréquence ont entraîné un retard, ce qui a permis aux concepteurs d'autres idées de turbine de faire avancer leurs travaux jusqu'à un point tel, qu'on pouvait désormais faire passer Tesla pour un retardataire. Entre-temps, les turbines avaient été développées, et elles étaient pratiquement des moulins à vent dans une boîte. Elles se composaient de rotors avec des petits godets ou aubes autour de la circonférence frappée par le jet de vapeur entrant. Elles n'avaient pas la simplicité de la turbine Tesla ; mais le temps que Tesla présente son modèle, les autres étaient déjà bien établies dans le processus de développement

Le premier moteur minuscule Tesla à été construit en 1906 par Julius C. Czito, qui travaillait à Astoria, Long Island, dans un atelier d'usinage où se fabriquait les modèles de l'inventeur. Il a également construit les modèles de turbine des années 1911 et 1925, ainsi que de nombreux autres appareils sur lesquels Tesla a travaillé jusqu'en 1929. Le père de M. Czito a été membre du personnel de Tesla dans les laboratoires de Houston Street de 1892 à 1899, ainsi qu'à Colorado Springs.

La description de M. Czito du premier modèle est la suivante :

« Le rotor consistait en une pile de disques très minces de 15,2 cm de diamètre, en maillechort. Les disques étaient de 0,8 mm d'épaisseur et étaient séparés par des entretoises du même métal et de la même épaisseur, mais de diamètre beaucoup plus petit et coupés sous la forme d'une croix avec une section centrale circulaire. Les bras tendus servaient de nervures pour soutenir les disques.

« Il y avait huit disques et la tranche de la pile était seulement de 1,3 cm de diamètre. Ils étaient montés sur le centre d'un arbre d'environ 15,2 cm de long. Celui-ci faisait presque 2,5 cm de diamètre en son milieu et était effilé aux extrémités, mesurant moins de 1,3 cm. Le rotor était placé dans un carter en quatre parties assemblées les unes aux autres par des boulons.

« La chambre circulaire où le rotor tournait, était parfaitement usinée afin de permettre un dégagement de 0,4 mm entre le carter et la face du rotor. M. Tesla désirait un ajustement qui se touchait presque entre la face du rotor et le carter lorsque celui-ci tournait. Un grand dégagement était nécessaire parce que le rotor avait atteint des vitesses extrêmement élevées, en moyenne 35 000 tours par minute. À cette vitesse, la force centrifuge générée par le mouvement de rotation était si grande qu'elle étirait sensiblement le métal des disques rotatifs. Leur diamètre, en tournant à vitesse maximale, était 0,8 mm plus grand que quand ils restaient immobiles. »

Un modèle plus grand a été construit par Tesla en 1910. Celui-ci possédait des disques de 30,5 cm de diamètre. Avec une vitesse de 10 000 tours par minute, il développait 100 chevaux, ce qui indique une efficacité grandement améliorée par rapport au premier modèle. Il développait plus de trois fois plus de puissance à la moitié de la vitesse.

Au cours de l'année suivante, en 1911, de nouvelles améliorations ont été apportées. La taille des disques a été réduite à un diamètre de 24,8 cm, la vitesse de fonctionnement a été réduite de dix pour cent, soit 9000 tours par minute, et la puissance de sortie a augmentée de dix pour cent, soit 110 chevaux !

Après ce test, Tesla a publié un communiqué dans lequel il déclarait :

« J'ai développé une puissance de 110 chevaux avec des disques de 24,8 cm de diamètre, pour une épaisseur d'environ 5,1 cm. Dans de bonnes conditions, la performance aurait pu aller jusqu'à 1 000 chevaux. En fait, il n'y a pratiquement aucune limite à la performance mécanique d'une telle machine. Ce moteur fonctionnera avec du gaz, comme dans les types habituel de moteur à explosion utilisés dans les automobiles et les avions. Cela fonctionnera même mieux qu'avec de la vapeur. Les tests que j'ai effectués ont montré que l'effort de rotation est supérieur avec du gaz qu'avec de la vapeur. »

Enthousiasmé du succès de ses plus petits modèles de turbine, qui fonctionnaient en comprimant l'air, et de façon plus limitée par la combustion directe d'essence, Tesla a conçu et construit une unité double, plus grande, qu'il avait l'intention de tester avec de la vapeur à la station Waterside, la principale centrale électrique de l'Edison Company de New York.

Il s'agissait d'une station initialement conçue pour fonctionner sur le système de courant continu développé par Edison, mais qui fonctionnait à présent entièrement sur le système alternatif de courant polyphasé de Tesla.

Maintenant, Tesla était certainement en territoire ennemi, lui qui envahissait le sanctuaire d'Edison pour y tester un nouveau type de turbine qui, l'espérait-il, remplacerait les modèles en usage. Le fait qu'il bénéficie du soutien de Morgan, et que l'Edison Company soit une « entreprise Morgan » n'a eu aucun effet quel qu'il soit sur la querelle entre Edison et Tesla.

Cette situation ne s'est pas non plus arrangée avec la manière dont Tesla a poursuivi ses tests. Tesla voulait à tout prix éviter le soleil ; c'est-à-dire qu'il préférait travailler la nuit plutôt que la journée. C'est après le coucher du soleil que les centrales électriques enregistrent, non par choix, mais par nécessité, les demandes les plus importantes en matière de courant. La charge pendant la journée était relativement légère, mais à la tombée de la nuit, les dynamos ont commencé à crouler sous la charge croissante des demandes. Les services des travailleurs de la station Waterside ont été mis à la disposition de Tesla pour la mise en place de sa turbine ainsi que pour les tests à effectuer sur celle-ci, avec l'espoir que le travail serait fait pendant la journée, au moment où les tâches des travailleurs étaient les plus faciles.

Tesla, cependant, se montrait rarement avant cinq heures de l'après-midi, voire même plus tard, et faisait la sourde oreille aux supplications des travailleurs demandant à ce qu'il arrive plus tôt. Il insistait pour que certains des travailleurs qu'il favorisait, restent travailler avec lui après leur journée de travail et fassent des heures supplémentaires. Il n'a pas non plus cherché à conserver une attitude conciliante envers le personnel technique ou les dirigeants de l'entreprise. Ces attitudes étaient, bien entendu, réciproques.

La turbine que Tesla avait construite pour ce test avait un rotor de 45,7 cm de diamètre qui tournait à une vitesse de 9 000 tours par minute. Il développait 200 chevaux. Les dimensions générales du moteur étaient : 91,4 cm de longueur, 61 cm de largeur et 61 cm de hauteur. Il pesait 181,4 kg.

Deux turbines de ce genre ont été construites et installées en ligne sur une base unique. Les arbres des deux turbines étaient reliés par une barre de torsion. De la vapeur était délivrée aux deux moteurs, de sorte que, s'ils étaient libres de tourner, ils le feraient dans des directions opposées. La puissance développée était mesurée par la barre de torsion reliée aux deux arbres opposés.

Lors d'un test formel, auquel il avait convié de nombreux invités, Tesla a fait une déclaration, dans laquelle il disait entre autres :

« Il convient de noter que, bien que l'usine expérimentale développe 200 chevaux avec 56,7 kg au tuyau d'alimentation et d'échappement libre, elle pouvait montrer un rendement de 300 chevaux à pleine pression du circuit d'alimentation. Si la turbine était compound et que l'échappement menait à une unité de basse pression transportant environ trois fois le nombre de disques contenus dans l'élément à haute pression, avec une connexion à un condensateur offrant 72,4 à 73,7 cm de vide, les résultats obtenus dans cette machine à haute pression indiqueraient que l'unité composée donnerait un rendement de 600 chevaux, sans grande augmentation des dimensions. Cette estimation était très conservatrice.

« Les tests ont démontré que, lorsque la turbine tourne à 9 000 tours par minute sous une pression d'entrée de 861,8 kilopascal ainsi qu'avec un échappement libre, une puissance au frein de 200 chevaux est développée. Dans ces conditions, la consommation de puissance maximale est de 38 livres de vapeur saturée par cheval par heure, ce qui est un rendement très élevé si l'on considère que la chute de la chaleur, mesurée par des thermomètres, est seulement de 137 150 joules et que la transformation énergétique s'effectue sur une seule phase. Étant donné que trois fois le nombre d'unités thermiques sont disponibles dans une centrale moderne avec surchauffe et vide poussé, l'utilisation de ces installations impliquerait une consommation de moins de 12 livres par cheval par heure dans ces turbines, adaptées pour rattraper toute baisse de température.

« Dans certaines conditions, des rendements thermiques très élevés ont été obtenus, ce qui démontre que, dans les grandes machines basées sur ce principe, la consommation de vapeur sera beaucoup plus faible et qu'elle devrait se rapprocher du minimum théorique, entraînant ainsi la turbine, presque dépourvue de friction, à transmettre presque toute l'énergie expansive de la vapeur à l'arbre. »

Il faut garder à l'esprit que toutes les turbines que Tesla a construites et testées étaient des moteurs à une seule phase, utilisant environ un tiers de l'énergie de la vapeur. Dans la pratique, ils devaient être installés avec une deuxième phase qui utiliserait l'énergie restante et augmenterait la puissance de sortie d'environ deux ou trois fois. (Les deux types de turbines couramment utilisées, ont chacune une douzaine de phases et plus au sein d'une seule coque.)

Certaines personnes du camp électrique Edison qui observaient les tests couple-tige et ne comprenaient apparemment pas que dans ce genre de test, les deux rotors restent immobiles, leurs pressions opposées mettant en scène une lutte acharnée mesurée par le couple, ont fait circuler l'histoire que la turbine a été un échec complet, que cette turbine ne serait pas pratique si son efficacité avait été multiplié par mille. Ce sont des histoires comme celles-ci qui ont contribué au fait que Tesla était perçu comme un visionnaire manquant d'esprit pratique. Cependant, la turbine Tesla utilisée comme un moteur à une seule phase et fonctionnant comme un petit producteur d'énergie, sous la forme dans laquelle elle était réellement testée, était attendue depuis plus de vingt-cinq ans. Un type de turbine qui a été installé au cours des dernières années dans la station Waterside. Il s'agit d'un très petit moteur, comprenant des pales sur le rotor et connu sous le nom de « turbine en tête », qui est inséré dans la conduite de vapeur entre les chaudières et les turbines ordinaires. La valeur de la pression accrue est fournie, et la turbine en tête effleure la « crème » de cette vapeur et épuise la vapeur qui dirige les autres turbines de façon normale.

À cette époque, la General Electric Company était en train de développer la turbine Curtis, et la Westinghouse Electric and Manufacturing Company, la turbine Parsons. Aucune des deux sociétés ne montrait le moindre intérêt quant à la démonstration de Tesla.

Poursuivre le développement de sa turbine sur une plus grande échelle aurait nécessité une grosse somme d'argent, et Tesla n'en possédait même pas la moitié.

Il est finalement parvenu à intéresser la société Allis-Chalmers Manufacturing de Milwaukee, des constructeurs de moteurs alternatifs, de turbines et autres machines lourdes. Cependant, d'une manière typiquement Tesla, il a fait preuve, au cours de ses négociations, d'un tel manque de diplomatie et de compréhension de la nature humaine, qu'il aurait mieux valu qu'il ne prenne aucune disposition concernant l'exploitation de la turbine.

Tesla, qui était lui même ingénieur, a ignoré les ingénieurs faisant partie du personnel de la société Allis-Chalmers et est allé s'adresser directement au président. Pendant qu'on préparait un rapport technique sur sa proposition, il s'est rendu au conseil d'administration et a « vendu » le corps de son projet avant que les ingénieurs aient une chance d'être entendus. Trois turbines ont été construites. Deux d'entre elles avaient vingt disques de 45,7 cm de diamètre et ont été testées avec de la vapeur, sous une pression de 36 kg. Elles se sont respectivement développées à des vitesses de 12 000 et 10 000 tours par minute, 200 chevaux. C'était exactement la même puissance de sortie qu'avait atteint le modèle de Tesla de l'année 1911, qui avait des disques de la moitié de ce diamètre et qui fonctionnait à 9 000 tours sous une pression de 56 kg. On s'est ensuite attaqué à un moteur beaucoup plus grand. Celui-ci comprenant quinze disques de 1,5 m de diamètre, était conçu pour fonctionner à 3 600 tours par minute, et a été évalué avec une capacité de 500 kilowatts, soit environ 675 chevaux.

Hans Dahlstrand, ingénieur-conseil du Département des turbines à vapeur, rapporte en partie :

« Nous avons également construit une turbine à vapeur de 500 kilowatts pour fonctionner à 3 600 tours. Le rotor de la turbine est composé de quinze disques de 1,5 m de diamètre et de 3,175 mm d'épaisseur. Les disques ont été disposés à environ 3,175 mm les uns des autres. On a testé l'appareil en le connectant à un générateur. L'efficacité mécanique maximale obtenue sur cet appareil était d'environ 38 pour cent en fonctionnant sous une pression de vapeur absolue d'environ 36 kg, une contre-pression absolue d'environ 1 kg et une surchauffe de 37,8 degrés Celsius à l'arrivée.

« Lorsque la pression de la vapeur a été augmentée au-dessus de celle donnée, l'efficacité mécanique a chuté. Par conséquent, la conception de ces turbines était d'une nature telle que, pour obtenir une efficacité maximale à haute pression, il aurait été nécessaire d'avoir plus d'une turbine en série.

« L'efficacité des unités de la petite turbine se compare avec l'efficacité obtenue sur les petites turbines à impulsion fonctionnant à des vitesses où elles peuvent être directement reliées à des pompes et autres machines. Il est donc évident que pour obtenir la même efficacité, la petite unité devait fonctionner à partir de 10 000 à 12 000 tours, et il aurait été nécessaire de prévoir des équipements de réduction entre la turbine à vapeur et l'unité entraînée. »

En outre, pour ce qui est des coûts de fabrication, la conception de la turbine Tesla ne pouvait pas rivaliser avec le plus petit type d'unités d'impulsion. La question se pose également de savoir si les disques de rotor, en raison de leur construction légère et d'une tension élevée, auraient duré un certain temps en fonctionnant en continu.

Les remarques formulées ci-dessus s'appliquent également à la turbine de grande taille fonctionnant à 3 600 tours. Lorsque cette unité a été démontée, il a été constaté que les disques étaient en grande partie déformés. L'opinion à ce sujet était que ces disques auraient, en fin de compte, échoué si l'unité avait été utilisée pendant un certain temps.

La turbine à gaz n'a été jamais construite, pour la bonne et simple raison que la société n'a pas réussi à obtenir suffisamment d'information technique de M. Tesla, indiquant ne serait-ce qu'une ébauche approximative de ce qu'il avait à l'esprit.

Tesla semble avoir abandonné les tests à ce stade. À Milwaukee, cependant, il n'y avait pas de George Westinghouse pour sauver la situation. Plus tard, pendant les années vingt, l'auteur a demandé à Tesla pourquoi il avait mis un terme à son travail avec la société Allis-Chalmers. Il a répondu : « Ils ne voulaient pas construire les turbines comme je le voulais, » sans expliciter davantage.

La société Allis-Chalmers est devenue plus tard le fabricant pionnier d'un autre type de turbine à gaz, et cela fait plusieurs années maintenant que le succès est assuré.

Bien que le rapport de Dahlstrand puisse sembler critiquer sévèrement la turbine Tesla, et révéler des faiblesses fondamentales qu'on ne trouve pas dans les autres turbines, ce n'est pas le cas. Le rapport est, en général, une présentation fidèle des résultats. La description des faiblesses apparentes offre simplement, d'un autre point de vue, des faits que Tesla lui-même a indiqué à propos de la turbine dans ses premiers essais ; à savoir que, lorsqu'il est utilisé comme un moteur à une seule phase, il consomme environ un tiers de l'énergie de la vapeur, et que, pour pouvoir utiliser le reste, celui-ci devra être combiné à une seconde turbine.

La référence à une force centrifuge de 31 750 kg, résultant de la grande vitesse de rotation du rotor et provoquant des dommages aux disques, se réfère à une expérience commune avec tous les types de turbines. Cela apparaît clairement dans un opuscule sur « The Story of the Turbine (L'Histoire de la Turbine) » publié au cours de l'année passée par la General Electric Company, dans lequel il est dit :

« Elle [la turbine] a dû attendre jusqu'à ce que les ingénieurs et les scientifiques aient pu développer du matériel pour résister à ces pressions et ces vitesses. Par exemple, une seule aube dans une turbine moderne se déplaçant à 600 milles à l'heure, possède une force centrifuge de 40 820 kg essayant de la retirer de sa fixation sur la roue à godets et l'arbre...

« Dans cet enfer qui fait rage, les godets à haute pression situés à une extrémité de la turbine deviennent d'un rouge ardent tandis qu'un peu plus loin, les grands godets, dans les derniers stades, tournent à 600 milles à l'heure à travers une tempête de pluie tiède, tellement vite que les gouttes de vapeur condensée coupent comme des lames de rasoir. »

Dahlstrand a rapporté qu'à cause des vibrations, des difficultés sont survenues dans la turbine Tesla, rendant nécessaire le fait de renforcer les disques. Le fait que cette difficulté soit commune à toutes les turbines est également indiqué dans l'opuscule de la General Electric qui stipule :

« Les vibrations fissurent les godets, les roues et détruisent les turbines, parfois en seulement quelques heures et quelques fois après des années de fonctionnement. Ces vibrations sont causées par la prise d'énormes quantités d'énergie provenant de machines relativement légères, et dans certains cas, jusqu'à 400 chevaux d'un godet ne pesant pas plus de cinq cents grammes ou un kilo... »

La turbine connaît quatre problèmes majeurs : les températures élevées, les pressions élevées, les vitesses élevées et les vibrations internes. Et la solution à chacun d'eux réside dans l'ingénierie, la recherche et les compétences en fabrication.

Ces problèmes attendent toujours d'être résolus, même avec les fabricants qui construisent des turbines depuis quarante ans. Le fait que ces problèmes aient été rencontrés dans la turbine Tesla, et par la suite signalés, n'est pas l'énième critique de l'invention de Tesla dans les premiers stades de son développement.

Au cours de la dernière année écoulée, ou des deux dernières années, il y a eu des rumeurs dans les milieux d'ingénierie indiquant un regain d'intérêt pour la turbine Tesla ainsi que la possibilité que les fabricants des modèles Curtis et Parsons pourraient étendre leurs lignes afin d'y inclure le modèle de Tesla, pour que celui-ci soit exploité conjointement avec les autres. Le développement de nouveaux alliages, qui peuvent à présent presque être fabriqués sur commande avec les qualités désirées de stabilité mécanique dans des conditions de haute température et de grande tension, est en grande partie responsable de la tournure qu'on prit les événements.

Il est possible que, si la turbine de Tesla avait été construite avec deux phases ou plus, lui conférant ainsi la plage complète de fonctionnement de la turbine Curtis ou de la turbine Parsons, et qu'elle avait été construite avec les mêmes compétences techniques et développements métallurgiques modernes, comme ce qui a été prodigué à ces deux turbines, la plus grande simplicité de la turbine Tesla lui aurait permis de manifester une plus grande efficacité de fonctionnement et des économies en matière de construction.

QUATORZE

Le plus grand honneur que le monde peut conférer à ses savants est le prix Nobel, fondé par Alfred B. Nobel, scientifique suédois devenu riche avec l'invention de la dynamite. Cinq prix sont attribués chaque année, et chacun comporte une rétribution d'environ 40 000 dollars en temps normal.

En 1912, une annonce faite en Suède a affirmé que Nikola Tesla et Thomas A. Edison avaient été choisis pour partager le prix de 1912 décerné en physique. Toutefois, cela ne s'est pas fait. À la place, le prix à été attribué à Gustav Dalen, un scientifique suédois.

On n'a jamais su en détail ce qui s'est réellement passé. La correspondance sur le sujet n'est pas disponible. Il est définitivement établi que Tesla avait refusé d'accepter le prix. À cette époque, Tesla avait grandement besoin d'argent et les 20 000 dollars qu'aurait représentés sa part du prix partagé, l'auraient aidé à continuer son travail. Mais d'autres facteurs ont eu une influence bien plus importante.

Tesla a établi une distinction très nette entre l'inventeur d'appareils utiles et le découvreur de nouveaux principes. Le découvreur de nouveaux principes, avait-il déclaré dans une conversation avec l'auteur, est un pionnier qui ouvre de nouveaux champs de connaissances, dans lesquels des milliers d'inventeurs se réunissent pour réaliser des applications commerciales de l'information nouvellement révélée. Tesla a déclaré être un découvreur et Edison un inventeur, et il estimait que le fait de placer les deux dans la même catégorie détruirait complètement tout le sens de la valeur relative des deux réalisations.

Il est fort probable que Tesla ait également été influencé par le fait que trois ans plus tôt, le prix Nobel de physique avait été attribué à Marconi, un fait qui l'avait profondément déçu. Voir le prix être d'abord décerné à Marconi avant de se voir prier de le partager avec Edison était une dépréciation trop grande de la valeur relative de son travail dans le monde pour que Tesla le supporte sans se rebeller.

Tesla a été le premier, et probablement le seul scientifique à refuser ce célèbre prix.

De même, l'un des plus grands honneurs dans le monde de l'ingénierie est de recevoir la médaille Edison, fondée par des amis de Thomas A. Edison dont les noms n'ont pas été divulgués, et décernée chaque année par l'American Institute of Electrical Engineers lors de son congrès annuel, comme récompense d'une contribution exceptionnelle aux arts électriques et à la science. En général, les récipiendaires sont très heureux de recevoir ce prix ; mais en 1917, lorsque le comité a voté pour remettre la médaille à Tesla, une situation tout à fait différente s'est développée.

B. A. Behrend était le président du comité de la médaille Edison. Behrend avait été l'un des premiers ingénieurs électriques à saisir la signification considérable des découvertes de Tesla sur le courant alternatif et leur grande importance pour tous les domaines de l'industrie électrique. Quelques ingénieurs remarquables ont été capables, au début, de comprendre les subtilités des nouvelles procédures de courant alternatif qui font des découvertes de Tesla une importance pratique immédiate ; mais c'est Behrend qui a développé une technique mathématique belle et simple, connue sous le nom de « diagramme circulaire », qui a permis de résoudre les problèmes de conception des machines à courant alternatif avec une grande facilité, et aussi de comprendre les phénomènes complexes se produisant à l'intérieur de ces appareils. Il a publié d'innombrables articles sur le sujet dans des revues techniques et a écrit le traité de référence sur le sujet, Le moteur d'induction. Behrend reçut notoriété et fortune. Il a été reconnu comme étant l'un des ingénieurs électriques exceptionnels, et fut par la suite nommé vice-président de l'American Institute of Electrical Engineers. Son travail était tellement important pour le monde commercial qu'il était considéré comme un récipiendaire probable pour recevoir la médaille Edison.

Behrend avait commencé à publier des articles sur sa découverte du diagramme circulaire en 1896, mais il n'a pas rencontré Tesla avant 1901, lorsque celui-ci a demandé un type particulier de moteur destiné à son usine en construction à Wardencliff, Long Island, pour l'application de son Système Mondial Sans Fil. La tâche de concevoir ce moteur a été assignée au département d'ingénierie d'une entreprise de fabrication dont Behrend était en charge. Après que Tesla et Behrend aient fait connaissance, une profonde amitié s'est nouée entre les deux hommes. Behrend était l'un des rares qui comprenait parfaitement le travail de Tesla ; et l'inventeur, solitaire en l'absence d'individus dont l'esprit étaient du même niveau que le sien, appréciait grandement l'amitié de Behrend.

Behrend croyait donc rendre hommage à Tesla de toute la considération qu'il lui vouait en réussissant à faire en sorte que la médaille Edison lui soit attribuée ; et il était très heureux de pouvoir porter les bonnes nouvelles à l'inventeur. Cette nouvelle cependant, ne rendit pas Tesla heureux. Il ne voulait pas de la médaille Edison, il ne la recevrait pas !

Behrend, très surpris de la rebuffade de Tesla, lui a demandé d'expliquer la situation qui l'avait causée.

« Oublions toute cette affaire, M. Behrend. J'apprécie votre bonne volonté ainsi que votre amitié mais je désire que vous retourniez au comité et lui demandiez d'effectuer une nouvelle sélection pour choisir un autre récipiendaire. Cela fait presque trente ans maintenant depuis que j'ai annoncé mon champ magnétique tournant et mon système de courant alternatif devant l'Institut. Je n'ai pas besoin de ses honneurs mais quelqu'un d'autre pourrait en bénéficier. »

Il aurait été impossible pour Behrend de nier qu'au cours de cette longue période, l'Institut avait en effet échoué à honorer l'homme dont les découvertes étaient responsables de la création des emplois, occupés par probablement plus de trois quarts des membres de l'Institut, alors que les honneurs avaient été décernés à beaucoup d'autres dont les travaux étaient de moindre importance. Malgré cela, Behrend, utilisant le privilège de l'amitié, l'a pressé de s'expliquer davantage.

« Vous proposez, » répondit Tesla, « de m'honorer avec une médaille que je pourrais épingler sur mon manteau avant de passer une heure à me pavaner devant les membres et les invités de votre Institut. Vous m'accorderiez un semblant d'honneur, vous voudriez décorer mon corps tout en laissant mon esprit et ses produits créatifs dépérir, pour de ne pas avoir réussi à obtenir de reconnaissance, eux qui ont fourni le fondement sur lequel existe la plus grande partie de votre Institut. Et lorsque vous accompliriez la pantomime vide de sens que représente le fait d'honorer Tesla, vous n'honoreriez pas Tesla mais Edison, qui a déjà partagé la gloire imméritée de chaque ancien récipiendaire de cette médaille.»

Toutefois, après plusieurs visites, Behrend a finalement persuadé Tesla d'accepter la médaille.

La coutume exige que le récipiendaire de la médaille prononce un discours officiel. Dans les occasions, un quart de siècle plus tôt, où Tesla était invité à s'adresser devant l'Institut, il avait eu un grand laboratoire et avait investi beaucoup de temps, d'effort, de réflexion et d'argent dans la préparation de ses conférences. Pour ces dernières, cependant, il n'a reçu aucun honneur. Maintenant, il n'avait plus de laboratoire ni les ressources financières suffisantes, bien que son esprit plus mature soit rempli de plus d'idées et d'inventions à naître qu'il ne l'avait jamais été. Il n'était pas tenu de présenter une conférence avec démonstration. Dans cette affaire, toutefois, Tesla était victime de ses propres performances passées ; il subsistait l'espoir qu'il sortirait de l'oubli comparatif qui l'avait enveloppé pendant plus d'une décennie, et revienne, tel un grand magicien, apportant au monde quelques nouveaux cadeaux merveilleux d'invention.

Tesla a assisté à certaines des réunions de la convention. Behrend, qui n'était pas sûr de ce que le médaillé pourrait faire, est resté à ses côtés après la séance de l'après-midi et l'a escorté à l'hôtel St. Regis, où Tesla résidait maintenant, où tous deux ont revêtu leur tenue formelle pour les cérémonies de la soirée.

Le premier événement au programme de la soirée était un dîner privé à l'*Engineers' Club*, donné par l'Institut pour le médaillé, celui-ci étant l'invité d'honneur, et auquel assistaient les anciens récipiendaires de la médaille Edison ainsi que les membres du comité et les administrateurs de l'Institut. Il s'agissait d'un dîner de gala qui représentait une concentration inhabituelle des plus grands talents du génie électrique du monde. On pouvait faire confiance à Tesla pour conférer de l'intelligence à un tel événement. Cependant, alors que sa conversation brillante ajoutait à la gaieté du groupe, il était nettement mal à l'aise.

L'*Engineers' Club*, du côté sud de la 40e rue, entre la Cinquième et la Sixième Avenue, fait face au Bryant Park, dont le tiers est est occupé par le bâtiment classique qu'est la New York Public Library, construit le long de la Cinquième Avenue, entre la 40e et la 42e rue. L'United Engineering Societies Building, une imposante structure du côté nord de la 39e rue, se tient presque dos-à-dos avec l'*Engineers' Club*. En faisant quelques pas dans une ruelle, il était possible de passer d'un bâtiment à l'autre.

Après le dîner à l'*Engineers' Club*, le brillant groupe, présent au dîner du médaillé, a traversé l'allée avant de franchir l'entrée bondée de l'Engineering Societies Building, en pleine effervescence avec les innombrables activités associées à une convention. Le groupe est entré dans les ascenseurs, ces derniers les ont amenés à la grande salle de conférence du cinquième étage où les remises des médailles devaient avoir lieu.

La salle était remplie de gens venant en grande partie des dîners officiels, qui s'étaient tenus dans le cadre du programme de la convention. La salle et la tribune étaient remplies au maximum de leur capacité. Le brouhaha des conversations animées diminua lorsque les personnalités marquantes du monde de l'électricité, vêtues en queue-de-pie et cravate blanche, montèrent sur scène. Elles devaient faire office d'« œuvres de cire » durant les cérémonies et prendre part à la présentation des médailles.

Comme celles-ci regagnaient les places qu'on leur avait attribuées, le décor était planté pour l'ouverture des cérémonies. Mais l'ouverture ne se déroula pas comme prévue. La consternation enfla au sein du groupe lorsqu'ils découvrirent que la chaise réservée au participant principal de l'événement était vide.

Tesla avait disparu!

On fouilla le côté de la salle menant à la scène ainsi que les antichambres, aucun signe de lui. Les membres du Comité s'éclipsèrent de la salle, revinrent sur leurs pas, traversèrent le vestibule et retournèrent à la salle à manger du Club. Un homme aussi grand que Tesla ne pouvait se cacher dans n'importe quel groupe, pourtant il n'y avait aucune trace de lui dans les deux bâtiments.

Le retard que cela occasionnait dans l'ouverture de la réunion était gênant, mais les cérémonies ne pouvaient commencées sans Tesla. Où était-il donc passé ?

Il ne semblait guère possible qu'une figure imposante comme celle de Tesla, sa taille exagérée par les contours simplifiés de son queue-de-pie, et sous la garde presque révérencieuse de près d'une vingtaine de remarquables esprits, puisse disparaître sans qu'aucun d'eux ne remarque son départ.

Behrend retourna à toute vitesse à la salle de conférence, espérant que Tesla l'y ait précédé, mais ce n'était pas le cas. Les toilettes des deux bâtiments avaient été cherchées, il ne se trouvait dans aucune d'elles. Personne ne pouvait avancer de théorie pour expliquer sa disparition.

Personne, si ce n'est Behrend, ne connaissait l'aversion de Tesla à venir accepter la médaille Edison. Pourtant, même lui n'avait pas la moindre idée de ce qu'il était advenu du célèbre inventeur. Il se rappela avoir remarqué les promenades ombragées de Bryant Park en face du Club lorsque Tesla et lui étaient descendus du taxi plus tôt dans la soirée, et il se demanda si Tesla ne s'y était pas réfugié pour méditer tranquillement avant la cérémonie. Il se précipita hors du Club.

Au moment où Behrend pénétrait dans Bryant Park, les dernières lueurs pâles du crépuscule étaient visibles dans les hauteurs du ciel ; mais dans le parc, les ombres de la nuit se rassemblaient, et ici et là on pouvait entendre le léger pépiement des oiseaux. Tout à coup, le fait d'entendre les oiseaux pépier, rappela à Behrend la scène qu'il avait observée dans l'appartement de Tesla à l'hôtel St. Regis. Dans la pièce que Tesla avait aménagée en salle de lecture et bureau il y avait un bureau à cylindre, au dessus duquel se trouvaient quatre paniers circulaires bien rangés. Des pigeons s'étaient blottis dans deux d'entre eux. Avant de quitter l'appartement, Tesla est allé à la fenêtre, maintenue ouverte en permanence, siffla doucement, et deux autres pigeons sont rapidement entrés dans la pièce. Juste avant de partir pour le dîner, Tesla a nourri les pigeons. Une fois cela fait, il a glissé un sac en papier rempli de quelque chose dans sa poche. Behrend n'avait pas réalisé le sens possible de ce dernier geste, jusqu'à ce qu'il entende gazouiller les oiseaux dans le parc.

Behrend se précipita le plus rapidement possible hors du parc, descendit la 40e rue vers la Cinquième Avenue, avant de gravir les marches jusqu'à la place de la Bibliothèque. Le spectacle qui s'offrit à lui l'étonna presque plus que ce que ses yeux voulaient bien lui montrer. À cet endroit, se tenait l'homme qui avait disparu. Behrend s'était souvenu que Tesla visitait régulièrement la Bibliothèque, la Cathédrale Saint-Patrick, et d'autres endroits pour nourrir les pigeons.

Au centre d'un cercle grand et mince formé d'observateurs, se dressait l'imposante figure de Tesla. Sa tête était couronnée de deux pigeons, ses épaules ainsi que ses bras ornés d'une douzaine d'autres, leurs corps blanc ou bleu pâle offrant un contraste frappant avec son costume et ses cheveux noirs, même dans le crépuscule. Sur chacune de ses mains tendues se trouvait un autre oiseau, pendant qu'apparemment des centaines d'autres formaient un tapis vivant sur le sol devant lui, sautillant et picorant les graines pour oiseaux qu'il avait éparpillé.

La première idée de Behrend fut de se précipiter vers lui, de chasser les oiseaux, d'attraper l'homme qui avait disparu et de le ramener à la salle de conférence. Quelque chose le freina dans son élan. Une action aussi brusque semblait presque un sacrilège. Alors qu'il était en train d'hésiter, Tesla l'aperçu et lentement, bougea la position d'une de ses mains pour lever un doigt en signe d'avertissement. Cependant, en faisant cela il s'approcha lentement de Behrend, et, alors qu'il se trouvait à quelques pas de lui, certains oiseaux s'envolèrent des épaules de Tesla pour venir se poser sur celles de Behrend. Détectant apparemment une situation troublante, cependant, tous les oiseaux vinrent se poser au sol.

Suppliant Tesla de ne pas le décevoir, ni d'embarrasser ceux qui l'attendaient à la réunion, Behrend persuada l'inventeur de retourner à la salle de conférence. Mais ce qu'il ignorait, c'était que les pigeons représentaient plus pour Tesla que la médaille Edison ; et très peu de monde aurait pu soupçonner le fantastique secret de la vie de Tesla, dont la manifestation extérieure était le fait de nourrir fidèlement ses amis à plumes. Pour Behrend, il s'agissait juste d'une autre manifestation, et dans ce cas précis très embarrassante, de la non-conformité du génie. Nous reviendrons là-dessus plus tard.

Après avoir regagné la salle, Behrend prit le président en aparté et lui expliqua rapidement que Tesla avait été temporairement malade, mais que son état était maintenant tout à fait satisfaisant. L'ouverture de la réunion avait été retardée d'environ vingt minutes.

Dans son discours de présentation, Behrend a souligné que, par une extraordinaire coïncidence, cela faisait très exactement vingt-neuf ans, au jour et à l'heure près, que Nikola Tesla avait présenté sa description originale de son système de courant alternatif polyphasé. Il a ajouté :

« Jamais, depuis l'apparition des « Recherches expérimentales sur l'électricité » de Faraday, une grande vérité expérimentale n'aura été formulée aussi simplement et aussi clairement que cette description de la grande découverte de M. Tesla sur la production et l'utilisation des courants alternatifs polyphasés. Il n'a rien laissé à faire pour ceux qui l'ont suivi. Son rapport contenait le squelette même de la théorie mathématique.

« Trois ans après, en 1891, des ingénieurs suisses ont donné la première grande démonstration de la transmission d'énergie à 30 000 volts de Lauffen à Francfort au moyen du système de M. Tesla. Quelques années plus tard, cela a été suivi par le développement de la Cataract Construction Company, sous la présidence de notre membre, M. Edward D. Adams, et avec l'aide des ingénieurs de la Westinghouse Company. Il est intéressant de rappeler ici, ce soir, qu'en apportant son soutien à M. Adams, Lord Kelvin a recommandé l'utilisation du courant continu pour le développement de l'énergie aux chutes du Niagara et sa transmission à Buffalo.

« L'appréciation attendue ou même l'énumération des résultats de l'invention de M. Tesla n'est ni pratique ni souhaitable en ce moment. Il y a un temps pour toutes choses. Il suffit de dire que, si nous devions saisir et éliminer de notre monde industriel les résultats des travaux de M. Tesla, les roues de l'industrie cesseraient de tourner, nos trains et voitures électriques s'arrêteraient, nos villes s'assombriraient et nos usines tomberaient en désuétude. En effet, ce travail est tellement important qu'il est devenu la chaîne et la trame de l'industrie… Son nom marque une époque dans l'avancée des progrès de la science électrique. Grâce à ce travail, une révolution à vu le jour dans les arts électriques.

« Nous avons demandé à M. Tesla d'accepter cette médaille. Nous n'avons pas fait cela pour le plaisir de conférer une distinction, ou de perpétuer un nom. Aussi longtemps que les hommes s'occupent de notre industrie, son travail sera incorporé dans la pensée commune de notre art, et le nom de Tesla ne risquera plus de tomber dans l'oubli, à l'instar de celui de Faraday ou d'Edison.

« Cet Institut ne remet pas non plus cette médaille comme preuve que le travail de M. Tesla a sa sanction officielle. Son travail n'a aucunement besoin de ce genre de sanction.

« Non, M. Tesla, nous vous prions de chérir cette médaille comme symbole de notre gratitude pour une nouvelle pensée créatrice, l'impulsion puissante, comparable à la révolution que vous avez donné à notre art et à notre science. Vous avez vécu pour voir le travail de votre génie mis en place. Qu'est-ce qu'un homme devrait désirer de plus que cela ? Cela appelle à une paraphrase des lignes que Pope à écrit sur Newton :

« La Nature et les lois de la Nature se cachaient dans la nuit :
Dieu dit, Que Tesla soit !, et la lumière fut. »

Il ne reste aucune trace du discours de remerciement de Tesla. Il n'avait pas préparé de discours officiel. Il avait eu l'intention de faire une réponse brève, mais à la place, il s'est impliqué dans la narration anecdotique ainsi que dans un aperçu de l'avenir de la science électrique, qui, faute de version écrite, est devenue assez longue.

Il est peu probable que quelqu'un dans le public, ou sur la scène, ait saisi toute la signification des paroles de Behrend quand il a dit, « Nous avons demandé à M. Tesla d'accepter cette médaille. » Les membres de l'Institut étaient encore moins nombreux à avoir ne serait-ce que la moindre idée de l'ampleur ou de l'importance de la contribution de Tesla à leur science. Ses inventions majeures avaient été annoncées trente ans plus tôt. La majorité des ingénieurs présents appartenaient à la jeune génération qui avaient appris dans des manuels ayant presque complètement omis de mentionner le travail de Tesla.

QUINZE

L'annonce faite par Tesla dans ses dernières années qui a attiré le plus d'attention concernait sa découverte de ce qui a brièvement, mais pas de façon précise, été appelé un rayon de la mort. Des rapports précédents venus d'Europe faisaient état de l'invention des rayons de la mort, des faisceaux de radiation pouvant faire s'enflammer des dirigeables au moindre contact, fondre les corps en acier des réservoirs et cesser de fonctionner les machines des navires. Mais tous ont donné des indications comme faisant partie du jeu des foutaises diplomatiques.

Le prélude à l'annonce de Tesla sur le rayon de la mort remonte à quelques années, quand il a déclaré avoir réalisé des découvertes concernant une nouvelle forme de production d'énergie qui, lorsqu'elle est appliquée, ferait passer les plus grandes unités turbine-dynamo existantes pour des avortons. Il a annoncé cela dans des interviews avec la presse en 1933. Il a également révélé qu'il travaillait sur un nouveau type de générateur pouvant produire des radiations de toutes sortes et dans les plus grandes intensités. Il a réalisé des annonces similaires l'année suivante.

Ces deux annonces étaient en droit de recevoir la plus grande attention, même si elles n'étaient pas accompagnées de preuves expérimentales, et ne révélaient aucun détail technique.

Lorsque Tesla s'exprimait en sa qualité de scientifique, il était opposé aux guerres morales, économiques et à tous les motifs pratiques et théoriques. Mais, comme la plupart des scientifiques, quand il arrêtait de penser comme tel et qu'il laissait ses émotions gouverner ses pensées, il trouvait des exceptions pour lesquelles il estimait que certaines guerres et situations étaient justifiables. En tant que scientifique, il était réticent à voir les découvertes des scientifiques appliquées aux objectifs des décideurs de guerre, mais quand la phase émotionnelle de sa nature a pris le dessus, il était prêt à mettre son génie en application afin de concevoir des mesures qui empêcheraient les guerres en fournissant des dispositifs de protection.

Cette attitude est illustrée dans la déclaration suivante, déclaration qu'il avait préparée dans les années vingt, mais n'a pas publié :

« Actuellement, un grand nombre des esprits les plus capables tentent d'élaborer des moyens ingénieux pour éviter une répétition du conflit terrible qui a seulement pris fin en théorie, dont j'avais correctement prédit la durée et les grandes questions dans un article paru dans le Sun, le 20 décembre 1914. La Ligue n'est pas un remède, mais, de l'avis d'un certain nombre d'hommes compétents, elle peut au contraire aboutir à des résultats exactement opposés. Il est particulièrement regrettable qu'une politique punitive ait été adoptée pour définir les conditions de paix parce que, d'ici quelques années, il sera possible pour les nations de combattre sans armées, navires ou armes à feu, avec des armes bien plus terribles dont l'action destructrice et la portée ne connaît pratiquement aucune limite. N'importe quelle ville à n'importe quelle distance, quel que soit l'ennemi, peut être détruite par celui-ci, et rien au monde ne pourra l'empêcher de le faire. Si nous voulons éviter une catastrophe imminente ainsi qu'un état de choses pouvant faire de ce monde un véritable enfer, nous devons pousser le développement des machines volantes et la transmission sans fil de l'énergie sans perdre un instant et avec toute la puissance et les ressources de la nation. »

Tesla a vu des possibilités préventives dans sa nouvelle invention exprimant les caractéristiques du « rayon de la mort », conçue plusieurs années après que la déclaration qui précède ait été écrite. Il la voyait fournir un rideau de protection que n'importe quel pays, aussi petits soient-ils, pourrait utiliser comme moyen de défense contre l'invasion. Alors qu'il pourrait l'offrir comme une arme défensive, cependant, rien ne pourrait empêcher les militaires de l'utiliser comme une arme d'attaque.

Tesla n'a jamais donné le moindre indice concernant les principes de fonctionnement de son appareil.

En tout cas, il y a des indications que Tesla travaillait sur un système de courant continu à fort potentiel pour produire et transmettre de l'électricité sur de longues distances. Le courant continu à très haute tension peut être transmis plus efficacement que le courant alternatif.

Il n'existait aucun moyen pratique de produire du courant continu à haute tension. C'est pour cette raison que le système de courant alternatif polyphasé de Tesla a été adopté pour notre système actuel de superpuissance national, car il a rendu possible l'utilisation de hautes tensions. Mais, malgré son efficacité, il a occasionné certaines pertes qui auraient pu être éliminées si le courant continu de tension suffisamment élevée pouvait être obtenu. Un tel système remplacerait son système de courant alternatif mais ne le supplanterait pas.

Le courant continu, peut-être au potentiel de plusieurs millions de volt, serait utilisé pour transmettre le courant sur de grandes distances, peut-être même à travers le continent, fournissant une sorte de système de transmission express auquel le système de courant alternatif déjà existant serait lié pour la distribution locale. En plus du système de transmission à courant continu, Tesla semble avoir mis au point un générateur de courant continu à haute tension et un nouveau type de moteur à courant continu qui fonctionnerait sans commutateur.

Les inventions ont commencé à se répandre dans l'esprit de Tesla comme de l'eau dans un réservoir, à l'intérieur duquel il n'y a aucune sortie.

Au moment où il développait son système de courant alternatif en domaine de distribution d'énergie par le sans-fil à haute fréquence et à fort potentiel, qu'il avait démontré à Colorado Springs, il semble avoir porté son système de courant continu vers l'avant et l'avoir lié à son système de distribution sans fil de courant alternatif, afin qu'il puisse utiliser les deux dans un système d'enclenchement. Ceci étant resté inappliqué, il l'a développé davantage et a élaboré un plan pour le faire fonctionner avec ce qui semble être un système de faisceau de transmission sans fil d'énergie, qui pourrait nécessiter l'utilisation d'un flux de particules telles que celles utilisées dans le cyclotron désintégrateur d'atomes.

Au fil du temps, de la fin des années vingt à la fin des années trente, les allusions que Tesla faisait sur son travail sont devenues plus complexes, et tellement ambiguës qu'elles ont davantage suscité le scepticisme que le respect. Il ne voulait pas révéler la nature de ses découvertes jusqu'à ce qu'il ait obtenu des brevets, et il ne ferait pas de demande de brevets avant d'avoir construit de véritables modèles fonctionnels. Malheureusement, il ne pouvait pas les réaliser parce qu'il n'avait pas d'argent. Cela faisait de nombreuses années que Samuel Insull, le magnat des services publics, versait de fréquentes et généreuses contributions au travail de Tesla. Elles étaient en générale utilisées pour payer les dettes impayées, et n'étaient pas assez importantes pour lui permettre de se livrer à des travaux de recherche en laboratoire.

Tesla, cependant, n'a jamais montré le moindre signe apparent d'amertume face à la situation. Au lieu de cela, il apparaissait toujours dans le rôle de l'optimiste confirmé, maintenant toujours un esprit d'espoir qui lui permettrait d'obtenir par ses propres moyens, l'argent dont il avait besoin pour mener à bien ses projets élaborés. Tout cela est indiqué dans une lettre qu'il a écrite à B. A. Behrend, celui qui l'avait incité à accepter la médaille Edison et à qui il faisait probablement plus confiance qu'à n'importe qui d'autre :

« Je travaille dur sur ces découvertes qui sont les miennes, dont je vous ai déjà parlé, et à partir desquelles j'espère obtenir une somme à huit chiffres (sans compter les centimes, bien sûr), ce qui me permettrait d'ériger cette centrale électrique sans fil à mes propres frais. Je n'ose pas vous dire ce que je vais accomplir avec cette autre invention, celle pour laquelle je suis venu spécialement vous voir. Je vous dis cela en toute sincérité. »

L'invention dont il n'osait pas parler était probablement son système de production de courant continu et de transmission.

Dans une interview accordée en 1933, il a déclaré que son générateur électrique était l'un des plus simples du genre, juste une grosse masse d'acier, de cuivre et d'aluminium comprenant une pièce fixe et une pièce tournante, assemblées de façon particulière. Il avait l'intention, dit-il, de produire de l'électricité et de la transmettre sur une longue distance grâce à son système d'alternance ; mais le système à courant continu pourrait aussi être utilisé, si les difficultés jusqu'ici insurmontables de l'isolation de la ligne de transmission pouvaient être surmontées.

Un an plus tard, il avait élaboré le plan de transmission de faisceau ; et il a fait une déclaration ambiguë le concernant, déclaration qui a été rapportée dans la presse comme la nouvelle d'un « rayon de la mort », puisque la description semblait s'insérer dans le même moule que ces déclarations à l'emporte-pièce et invraisemblables en provenance d'Europe quelques années plus tôt. Un écrivain du New York World Telegram a qualifié le plan de Tesla de « nébuleux ». Cela a amené une réponse de Tesla (24 juillet 1934), dans laquelle les paragraphes suivants sont apparus :

« Un rapport de Washington publié dans le World Telegram du 13 juillet 1934 a également suscité mon intérêt. Il révélait que les scientifiques doutaient des effets du rayon de la mort. Je suis tout à fait d'accord avec ces sceptiques, je suis d'ailleurs probablement plus pessimiste à cet égard que quiconque, car je parle d'expérience.

« Les rayons de l'énergie requise ne peuvent pas être produits, et, là encore, leur intensité diminue avec le carré de la distance. Ce n'est pas tant l'agent que j'utilise qui nous permettra de transmettre à un point éloigné, plus d'énergie que ce qui est possible par tout autre type de rayon.

« Nous sommes tous faillibles, mais, alors que j'examine cette question à la lumière de mes connaissances théoriques et expérimentales actuelles, je suis convaincu que je donne au monde quelque chose qui va bien au-delà des rêves les plus fous des inventeurs de tous les temps. »

Il s'agit là de la première déclaration écrite par Tesla dans laquelle il mentionne son « rayon ». Toutefois, comme je l'ai déjà indiqué, j'avais obtenu quelques déclarations confidentielles de sa part, aux alentours de l'année précédente, concernant les résultats qu'il espérait obtenir grâce à sa nouvelle découverte, dont il gardait la nature secrète. Trois ans plus tard, en 1937, Tesla m'a permis d'écrire un reportage pour le *New York Herald Tribune* sur sa nouvelle découverte de puissance et de rayon. J'y ai souligné l'utilité de la découverte pour livrer de la puissance aux navires qui doivent traverser l'océan, éliminant ainsi le besoin de transporter des provisions de carburant, plutôt que son utilisation comme une arme de défense ou d'attaque.

À cette occasion, j'ai essayé qu'il me révèle certains détails techniques, mais il réussissait à éluder chaque question et ne divulguait aucune information au-delà de la déclaration selon laquelle l'usine de transmission sur le rivage était l'une des usines qu'il serait en mesure d'ériger pour un coût d'environ 2 000 000 dollars. L'énergie serait transmise par un rayon ou un faisceau de coupe transversale infiniment petite, un cent millième de centimètre de diamètre. Aux autres journaux qui ont copié mon histoire, il a déclaré que le chiffre était d'un millionième de centimètre carré.

Plus tard, j'ai écrit un rapport quelque peu critique de son plan et j'ai cherché à le faire parler en examinant les propriétés du rayonnement électromagnétique dans toutes les parties du spectre. Comme je n'en ai trouvé aucune qui possédait les caractéristiques connues nécessaires pour rendre son rayon pratique, j'ai également examiné les propriétés de toutes les particules connues de la matière, avant de déclarer que rien de tout cela ne servirait son but, à l'exception peut-être de la particule non électrifiée, le neutron. Il n'a apporté aucune réponse suite à cet article.

À son dîner d'anniversaire en 1938, à l'hôtel New Yorker, Tesla a brièvement décrit sa combinaison sans fil-transmission de puissance et rayon de la mort, ajoutant peu à ce qui avait déjà été dit. Dans la dernière partie de son discours, il a déclaré qu'il avait mis au point une méthode de communication interplanétaire, avec laquelle il serait en mesure de transmettre non seulement des signaux de communication de faible puissance mais aussi des énergies impliquant des milliers de chevaux.

À cette occasion, je lui ai demandé s'il serait spécifique concernant les effets produits, et si ces derniers seraient visibles depuis la terre. Par exemple, pourrait-il produire un effet sur la lune suffisamment grand pour être vu par un astronome regardant la lune à travers un télescope de grande puissance ? À cela, il a répondu qu'il serait en mesure de produire un point incandescent dans la région sombre du mince croissant de la nouvelle lune qui brillera aussi vivement qu'une étoile lumineuse, afin qu'il puisse être vu sans l'aide d'un télescope.

Il paraît probable que Tesla ait proposé d'utiliser à cette fin le faisceau qu'il décrit comme son puissant « rayon de la mort » sans fil. La limitation des effets destructeurs du faisceau, qu'il a visualisé allant jusqu'à deux cents milles, était due au fait que le faisceau avait une trajectoire linéaire. Tesla a déclaré que la courbure de la terre fixait une limite quant à la distance de fonctionnement, de sorte que la portée opérationnelle de deux cents milles a donné une indication de la plus grande hauteur pratique d'une tour à partir de laquelle le faisceau pouvait être dirigé.

Il prévoyait d'utiliser les potentiels d'environ 50 000 000 volts dans son système, mais on ignore s'il s'agissait de courant continu ou alternatif.

La seule déclaration écrite par Tesla sur ce sujet se trouve dans son manuscrit de la conférence qui a été livré, par contumace, quelques mois plus tard devant l'Institute of Immigrant Welfare en réponse à sa citation honorifique. À l'intérieur de celui-ci était inclus le paragraphe suivant :

« Passons à un autre sujet : j'ai consacré une grande partie de mon temps au cours de l'année passée à perfectionner un nouvel appareil petit et compact, grâce auquel l'énergie, en quantités considérables, peut maintenant traverser l'espace interstellaire à n'importe quelle distance sans la moindre dispersion. Je pensais m'entretenir avec mon ami, George E. Hale, le grand astronome et expert solaire, à propos de l'utilisation possible de cette invention avec ses propres recherches. Entre-temps, cependant, on attend de moi que je fasse une description précise de l'appareil avec les données et les calculs devant l'Institut de France et que je réclame le prix Pierre Guzman de 100 000 francs pour les moyens de communication avec d'autres mondes, parfaitement convaincu qu'il me serait décerné. L'argent, bien sûr, est une considération insignifiante, mais pour le grand honneur historique d'être le premier à avoir réussi ce miracle, je serais presque prêt à donner ma vie. »

UN SURHOMME DE SA PROPRE CONCEPTION

SEIZE

Entre 1892 et 1894, alors qu'il s'affairait avec ses expériences sur les courants de hautes fréquences et à hauts potentiels, Nikola Tesla trouva encore le temps de s'intéresser intensément à un autre problème, une autre question, et une autre énergie, desquels découlèrent ce qu'il considéra comme un nouveau principe physique. Il le développa jusqu'à un stade où il put proposer une nouvelle théorie dynamique de la gravité.

Bien qu'une grande partie de son raisonnement fût orienté par ce principe, ce n'est que vers la fin de sa vie qu'il décida de le communiquer. Cependant, des révélations telles que celles-ci pointaient vers une évidence : Nikola Tesla estimait que sa théorie était totalement incompatible avec la théorie de la relativité, ainsi qu'avec la théorie moderne reposant sur la structure de l'atome et la transformation mutuelle de la matière et de l'énergie. Nikola Tesla remit sans arrêt la validité des travaux réalisés par Einstein en question et, jusqu'à deux ou trois ans avant sa mort, il continua de mépriser l'idée selon laquelle il serait possible d'obtenir de l'énergie à partir de la matière.

Ces antagonismes étaient tout à fait regrettables car Nikola Tesla se retrouvait dans une situation de conflit avec la physique expérimentale moderne. Et cela n'avait absolument pas lieu d'être puisque Nikola Tesla aurait sans aucun doute pu rester fidèle à son principe tout en l'interprétant d'une telle sorte qu'il ne fusse pas contradictoire aux théories modernes. On pouvait sûrement imputer cet antagonisme à des raisons psychologiques plutôt qu'à des incohérences scientifiques.

La seule déclaration que Nikola Tesla fit au sujet de son principe et de sa théorie se trouvait dans l'exposé qu'il avait l'intention de faire lors de la conférence à l'Institute Immigrant Welfare (le 12 mai 1938). Voici ce qu'il déclara :

« Suite à deux années consécutives [1893 et 1894] de recherches intenses, j'ai eu la chance de faire deux découvertes capitales. La première est une théorie dynamique de la gravité que j'ai élaborée dans les moindres détails et que j'ai l'intention de partager très prochainement. Celle-ci explique si parfaitement les origines de cette force, ainsi que les mouvements des corps célestes sous son influence, qu'elle mettra fin aux spéculations sans fondement et aux conceptions erronées, comme celle de la courbure spatiale…

« Les mouvements des corps tels que nous les avons observés peuvent être uniquement justifiés par l'existence d'un champ de force, dont la théorie éliminerait ainsi l'idée de courbure spatiale. Toutes les informations sur ce sujet sont inutiles et vouées à disparaître. Il en va de même pour toutes les tentatives visant à expliquer les fonctionnements de l'univers sans pour autant reconnaître l'existence de l'éther et de son rôle essentiel dans la manifestation des phénomènes.

« Ma deuxième découverte est une vérité physique de la plus haute importance. Après avoir longuement étudié la totalité du patrimoine scientifique dans plus de six langues différentes sans trouver la moindre trace de conjecture à ce sujet, j'estime être à l'origine de la découverte de cette vérité, qui peut s'exprimer par l'affirmation suivante : L'énergie de la matière provient de l'environnement.

« J'y avais fait allusion lors de mon 79ème anniversaire, et depuis, sa signification et son importance me paraissent encore plus évidentes. Cette vérité s'applique aussi bien mathématiquement aux molécules et aux atomes qu'aux grands corps célestes, à toute matière dans l'univers quelque soit son stade d'existence, de sa formation jusqu'à sa désintégration. »

Nikola Tesla avait un avis fixé sur la question de la relativité et des théories modernes. S'il avait publié son principe-théorie de la gravité au début du siècle, il aurait sans aucun doute reçu beaucoup d'attention ainsi qu'une acceptation générale, bien qu'il fût difficile d'émettre une hypothèse raisonnable sans connaître ses postulats. Sa publication aurait peut-être influencé le raisonnement d'Einstein. Le champ de force mentionné par Nikola Tesla, qui est un élément indispensable pour expliquer les mouvements des planètes, aurait pu être son apport visant à éliminer la nécessité de l'existence de l'éther, ce que la théorie de Einstein fit. Les deux théories auraient pu se rejoindre, ce qui aurait alors sûrement apporté un développement harmonieux de la réflexion de deux génies.

Dans ce dernier cas, Nikola Tesla aurait très bien pu avancer son raisonnement afin de voir une cohérence entre sa théorie, où la matière ne contient que l'énergie qu'elle reçoit de son environnement, et l'opinion moderne où toute matière est constituée d'énergie, et dont la transformation est mutuelle, car lorsque la matière est transformée en énergie, l'énergie retourne à l'environnement d'où ses particules se sont formées.

Le comportement de Nikola Tesla semblerait être causé par une frustration qui aurait pu être évitée s'il avait publié rapidement sa théorie. Si cela avait été le cas, sa grande intelligence ainsi que son étrange capacité à résoudre des problèmes auraient pu être utilisées pour résoudre des problèmes rencontrés en physique atomique, et Nikola Tesla aurait en retour grandement bénéficié de l'application des nouvelles connaissances dans le domaine où il était souverain.

La capacité de Nikola Tesla à générer des courants de très hautes tensions aurait été très utile pour « casser l'atome ». D'autres scientifiques, et ce encore aujourd'hui, peinent à générer des courants à 5 000 000 volts de potentiel, alors que quarante ans plus tôt, Nikola Tesla produisait des potentiels de 135 000 000 volts.

Comme le principe établi par Nikola Tesla était contradictoire à la représentation de l'atome, constitué d'un petit noyau complexe entouré d'électrons en orbite (incohérence qui provenait plus de l'inventeur que de la Nature) il développa un antagonisme contre toutes les avancées scientifiques qui utilisaient une représentation différente de l'atome sphérique à la mode dans les années 1880. Pour lui, un atome cassé était semblable à une boule de billard éclatée.

Cependant, Nikola Tesla reconnaissait l'existence de l'électron. Il le considérait comme une sorte de sous-atome, un quatrième état de la matière, comme décrit par Sir William Crookes, qui était à l'origine de sa découverte. Nikola Tesla le visualisait comme étant lié à l'atome et non pas comme l'un de ses composants. La charge électrique qu'il portait était tout à fait différente de celle de l'électron. Pour lui, l'électricité était un liquide dont l'atténuation de matière était la plus élevée, et qui possédait des propriétés propres très spécifiques et indépendantes de la matière. La charge de l'électron provenait d'une couche superficielle d'électricité qui le couvrait, il pouvait avoir plusieurs couches et ainsi plusieurs charges qui pouvaient être dissipées. Ces affirmations étaient similaires à celles qu'il avait publiées cinquante ans plus tôt.

En revanche, d'après la théorie moderne, la nature électrique de l'électron, décrite comme étant sa charge, est une caractéristique intrinsèque de la nature de l'énergie cristallisée en un point, et qui fait ainsi exister l'électron. Celui-ci est l'une des particules, ou des unités d'énergie, qui composent l'atome.

Lors de discussions au sujet d'articles rédigés par des scientifiques dans le domaine de la physique atomique, Nikola Tesla protestait contre le fait que leurs théories n'étaient pas défendables et que leurs affirmations étaient sans fondement. Son désaccord était encore plus grand surtout en ce qui concernait les résultats d'expériences rapportant l'émission d'énergie des atomes.

« La puissance atomique est un mythe » disait-il souvent. Il rédigea plusieurs déclarations où il affirmait avoir, grâce à ses courants de plusieurs millions de volts, cassé des milliards d'atomes un nombre incalculable de fois, et que cette opération ne s'accompagnait pas d'émission d'énergie.

Il est arrivé que je me fasse réprimander sévèrement par Nikola Tesla pour ne pas avoir publié ses déclarations. Je lui avais répondu : « Je ne les ai pas divulguées pour protéger votre réputation. Vous attachez une trop grande importance à la régularité. Vous n'avez pas besoin de rester fidèle à des théories que vous aviez émises dans votre jeunesse, et je suis convaincu qu'au fond, vous avez des théories qui sont en accords avec les avancées scientifiques dans d'autres domaines, mais parce que vous vous êtes opposés et avez critiqué quelques théories modernes, vous vous sentez obligés de rester sur votre position et de toutes les critiquer. Je suis persuadé que le raisonnement que vous aviez appliqué lors de l'élaboration de votre rayon de la mort était semblable à celui présenté dans la théorie moderne de la structure de l'atome et de la nature de la matière et de l'énergie. »

Là-dessus, Nikola Tesla me fit comprendre très clairement qu'il avait un avis très tranché des personnes qui essayaient de penser à sa place.

Cette discussion se passa en 1935, et je n'eus plus de nouvelles pendant plusieurs mois. Toutefois, je remarquai que dans ses dernières entretiens, il était devenu beaucoup moins catégorique sur les théories modernes. Et quelques années plus tard, il annonça qu'il avait l'intention de construire un appareil capable de tester concrètement la structure de l'atome avancée par la théorie moderne, et qu'il espérait que ses nouveaux systèmes et faisceaux d'énergie libéreraient une énergie atomique avec plus de succès que n'importe quel autre dispositif alors utilisé par les physiciens.

Après avoir finalement reconnu l'idée que l'homme serait capable de casser, transformer, créer ou détruire des atomes, ainsi que de contrôler de grandes quantités d'énergie, il s'épancha longuement sur le sujet. Il étendit le contrôle de l'homme sur les atomes et l'énergie à une échelle cosmique, capable de façonner l'univers selon sa volonté. Il déclara dans un article non publié, intitulé « Le plus grand exploit de l'homme » :

« L'être pleinement développé, l'Homme, est habité par un désir mystérieux, énigmatique et irrésistible : celui d'imiter la nature, de créer, d'étudier les merveilles qu'il perçoit. Poussé par ce désir, il cherche, découvre et invente, il conçoit et construit, il recouvre l'étoile où il est né de monuments de beauté, de grandeur et d'émerveillement. Il voyage au centre de la terre pour révéler ses trésors cachés et pour libérer des énergies titanesques et les mettre à contribution. Il s'aventure dans les abîmes ténébreux des océans et les étendues azurées célestes. Il scrute les recoins les plus profonds de la structure moléculaire et dévoile des mondes infiniment distants. Il dompte l'étincelle ardente et dévastatrice de Prométhée, les forces titanesques des cascades, des vents et des marées, et les met à son service. Il apprivoise la foudre de Jupiter et détruit le temps et l'espace. Même le Soleil devient un esclave de labeur soumis à ses ordres. Sa force et sa puissance sont telles que les cieux se déchirent et que la terre entière se met à trembler au simple son de sa voix.

« Que réserve l'avenir pour cet étrange être, né d'un souffle, dans un corps éphémère mais pourtant immortel par ses pouvoirs divins et redoutables ? Quelle magie va-il répandre sur le monde au final ? Quel sera son plus grand triomphe, son apogée ?

« Il y a bien longtemps, il prit conscience que toute matière était issue d'une substance élémentaire, ou d'une finesse inconcevable, qui remplissait l'espace : l'Akasha ou l'éther luminifère. à travers lequel se manifestait le Prana, le souffle de vie ou la force créatrice, à l'origine de l'existence cyclique et infinie de toute chose et de tout phénomène. La substance élémentaire, emportée dans des tourbillons infimes à une vitesse extraordinaire, se transforme en matière brute, puis, la force diminue, le mouvement s'arrête et la matière disparaît, revenant à son état de substance élémentaire.

« L'homme est-il capable de contrôler le procédé le plus grandiose de tous, le plus intimidant qui existe dans la nature ? Peut-il exploiter ses énergies infinies et s'approprier toutes leurs fonctions, voire les commander par la seule force de sa volonté ?

« S'il en était capable, il détiendrait des pouvoirs presque infinis et surnaturels. Par un simple ordre, qui ne demanderait qu'un minime effort de sa part, les anciens mondes disparaîtraient et de nouveaux, de sa propre conception, prendraient forme. Il pourrait arranger, consolider, préserver les formes immatérielles de son imagination, les brèves images entraperçues dans ses rêves. Il pourrait exprimer à n'importe quelle échelle toutes les conceptions de son esprit sous forme concrète et immortelle. Il pourrait modifier la taille de cette planète, contrôler ses saisons, la mener sur la trajectoire de son choix et voyager dans les profondeurs de l'Univers. Il pourrait provoquer la collision de planètes et ainsi produire ses soleils et ses étoiles, sa chaleur et sa lumière. Il pourrait créer la vie et la développer dans ses formes infinies.

« Créer et détruire la substance matérielle, la forcer à se rassembler en des formes dictées par ses envies, voilà ce que serait la manifestation ultime du pouvoir de l'esprit humain, son triomphe absolu sur le monde physique, son apogée, qui le placerait alors comme l'égal de son Créateur, lui permettrait d'accomplir sa destinée suprême. »

Nikola Tesla, alors octogénaire, faisait toujours preuve d'un complexe du surhomme, mais qui était encore plus marqué que dans sa jeunesse. Ses rêves, qui étaient tout d'abord basés sur une vision terrestre, s'élargirent et s'étendirent avec le temps jusqu'à englober l'univers tout entier.

Néanmoins, même à une échelle cosmique, Nikola Tesla continuait à s'exprimer en termes de matière et d'énergie. Selon son raisonnement, ces deux entités suffisaient à expliquer tous les phénomènes observés, une position qui s'opposait à la découverte de toutes nouvelles organisations.

Les civilisations antiques n'avaient aucune notion d'électricité et de magnétisme, les manifestations contrôlées de ces deux degrés d'une même entité de force engendrèrent une nouvelle civilisation et une nouvelle conception culturelle de la vie et permirent d'élargir les horizons du domaine de la vie humaine. Rien ne nous empêche de nous réjouir de la découverte de nouvelles forces aussi différentes de l'électricité que celle-ci diffère des vents de l'air et des vagues des océans. Si on considère comme acceptables des explications insuffisantes de phénomènes vitaux, qu'on souscrit aux extensions démesurées des forces déjà connues, alors, nous nous fermons à toute opportunité de découverte de forces inconnues et de nouvelles connaissances. Voilà la limite que s'était imposée la science au cours du dernier quart du siècle dernier, sur laquelle Nikola Tesla basa sa philosophie et qu'il lui fut compliqué de revoir dans les dernières années de sa vie.

Les compartiments cérébraux de la mémoire de la plupart des individus agissent comme des systèmes de classement, il s'agit d'un parfait dépotoir pour tous les éléments entrants, mais retrouver un souvenir enregistré n'est pas une mince affaire. Les capacités de mémorisation de Nikola Tesla étaient extraordinaires. En une seule lecture rapide, il retenait définitivement toutes les informations qui étaient inscrites, il était capable de toujours faire appel à un enregistrement photographique de la lecture du document et de pouvoir ainsi l'étudier quand il le voulait. Pour Nikola Tesla, l'apprentissage était un processus bien différent de celui d'une personne ordinaire. Il n'avait pas besoin de bibliothèque de référence, il pouvait consulter mentalement n'importe quelle page de n'importe quel livre qu'il avait lu, n'importe quelle formule, équation ou élément d'une table de logarithmes, et l'information apparaissait sous ses yeux. Il pouvait réciter par cœur des quantités de livres, et cela lui faisait gagner un temps fou dans ses recherches.

Cette capacité étrange de visualisation était certes supranormale mais tout à fait naturelle et résultait sûrement d'une spécificité structurelle de son cerveau, qui reliait directement l'hémisphère visuelle à celle de la mémoire, le dotant ainsi d'un nouveau sens très pratique.

Le cerveau humain se divise en deux hémisphères, droite et gauche, qui forment chacune, à certain niveau, un cerveau en lui-même. Les deux moitiés fonctionnent en harmonie comme un tout. Le cerveau comprend plusieurs couches parallèles reliées les unes aux autres par des fibres nerveuses complexes, comme un fil reliant chaque couche d'un oignon. La couche externe semble être directement reliée à notre conscience. La surface se divise en plusieurs régions spécialisées. Une bande, s'étendant à travers la moitié transversale de chaque hémisphère, entre les deux oreilles et sur la partie supérieure du cerveau, est réservée aux sens et c'est ici que se trouve une région propre à chaque faculté sensorielle : la vue, l'ouïe, le goût et l'odorat. Juste à côté de cette bande se trouve les régions motrices et de l'activité musculaire des différentes parties du corps. Le lobe occipital, à l'arrière du cerveau, semble habiter la mémoire, tandis que le lobe frontal s'associe aux fonctions plus nobles de la cognition, il s'agit de l'une des parties les moins connues du cerveau.

Lors du processus normal de la vue, les yeux reflètent une image de l'objet observé sur la rétine, un écran qui se trouve à l'arrière du globe oculaire. La rétine est alimentée par des milliers de terminaisons nerveuses agglomérées comme des bottes d'asperges. Leurs extrémités étant photosensibles, lorsque la lumière vient frapper l'une d'elles, celle-ci transmet un signal via le nerf optique jusqu'au cerveau qui l'enregistre en tant que réponse visuelle dans les régions de la vision de chaque hémisphère cérébrale. Ainsi, l'acte de voir en lui-même est effectué dans le cerveau et non par les yeux. Lorsqu'un objet est vu par le cerveau, un souvenir de cette expérience visuelle est transmis des régions cérébrales de la vision jusqu'au centre de la mémoire qui se trouve dans la partie arrière du cerveau, et toutes les autres régions sensorielles envoient des souvenirs similaires. En temps normal, il s'agit d'un processus à sens unique, les stimulus vont en direction de la mémoire mais rien ne circule en sens inverse. Si ce n'était pas le cas, alors nos régions sensorielles seraient en permanence en train de ressasser des faits passés, les mélangeant aux nouvelles expériences entrantes, ce qui sèmerait une fâcheuse confusion.

La région réservée à la mémoire contient un archivage complet de toutes les expériences sensorielles que nous avons vécues. Lorsque nous pensons, nous utilisons un mécanisme (encore peu compris) pour relier des faits stockés dans la zone de mémoire afin de produire des combinaisons ou des relations utiles, ou bien, en d'autres mots, pour produire des idées. La mémoire semble fonctionner à un niveau inconscient, mais nous paraissons capables d'activer les fibres nerveuses qui atteignent la couche recherchée au bon endroit afin de les relier avec la mémoire au niveau conscient. Grâce à cela, nous pouvons faire appel à des souvenirs, mais ces derniers sont bien différents de la véritable expérience de la vision par laquelle le souvenir a été construit.

Par contre, si, pendant la réminiscence, la fibre nerveuse connectant la région cérébrale de la vision avec celle de la mémoire était activée, alors nous serions capables de revoir l'objet qui a créé un souvenir que nous essayons de nous rappeler aussi clairement que lorsque le processus de la vision est enclenché.

La production de pensées créatives semble être l'association d'un ensemble de deux ou de plusieurs souvenirs sensoriels pour former un mélange possédant de toutes nouvelles caractéristiques qui ne faisaient pas partie des composants de base. Si cette même connexion nerveuse, que nous avons vue supra, s'effectuait à double sens avec le région de la vision, alors nous pourrions visualiser la nouvelle création comme s'il s'agissait d'un objet concret que nous observions avec nos yeux, même si le cerveau limiterait l'ensemble de ce procédé.

Il s'agit du processus hypothétique qui se déroulerait dans le cerveau de Nikola Tesla et qui lui prodiguerait une force de travail créatif bien supérieure à celle du commun des mortels. S'agissait-il d'une nouvelle invention de Mère Naturelle dont Nikola Tesla était le cobaye ?

Même Nikola Tesla ne comprit jamais le processus neurologique ou physiologique sous-jacent de cette étrange capacité. Pour lui, le fait de voir devant lui les objets résultant de ses pensées créatrices était une expérience tout à fait réelle. Il pensait que l'image de ce qu'il voyait était renvoyée le long des nerfs optiques, depuis le cerveau jusqu'aux yeux, et que celle-ci se reflétait sur la rétine, il aurait alors pu la faire voir de tous grâce à un procédé approprié, ou à un amplificateur adéquat, comme ceux utilisés dans la télévision, en la projetant sur un écran. Il en fit même la proposition. (La faille évidente de son raisonnement reposait sur le fait qu'il croyait réaliser cette vision supranormale avec ses yeux, alors que ce processus se limitait au cerveau. Les automatismes des centres de la mémoire s'arrêtant alors aux centres de la vision au lieu de remonter, comme il le pensait, le nerf optique jusqu'à la rétine.)

Nikola Tesla décrivit son expérience de cette étrange capacité lors d'une interview avec M. K. Wisehart, qui fut publiée sous le nom de « Laissez votre imagination travailler pour vous » dans l'American Magazine, en avril 1921. Il déclara :

« Lorsque j'étais enfant, je souffrais d'un mal étrange, je voyais des images qui apparaissaient avec des éclairs aveuglants. Quand j'entendais un mot, l'image de l'objet désigné m'apparaissait si nettement que j'étais incapable de dire si ce que je voyais était réel ou non... Même si je tendais la main pour le toucher et qu'elle le traversait, l'image continuait à flotter dans les airs.

« Pour me débarrasser de ces apparitions qui me harcelaient, j'essayais de fixer mes pensées sur un lieu paisible et calme que j'avais vu. Cela me soulageait pour un temps, mais après l'avoir fait deux ou trois fois, cette solution devenait moins efficace. Je commençais alors à entreprendre des voyages mentaux au-delà du petit univers de ma connaissance. Jour et nuit, je m'aventurais dans mon imagination, je voyais de nouveaux endroits, des pays, et à chaque fois j'essayais de rendre ces images très nettes et distinctes dans mon esprit. Je m'imaginais vivre dans des pays que je n'avais jamais visités, que je me faisais des amis imaginaires, auxquels je tenais énormément et qui me semblaient aussi réels que vous et moi.

« Je fis cela jusqu'à mes dix-sept ans, où mes pensées s'intéressèrent sérieusement aux inventions. Puis, j'eus le plaisir de découvrir que j'étais capable de les visualiser avec une grande facilité. Je n'avais besoin ni de maquette ou de croquis, ni de réaliser des expériences. Je pouvais toutes me les représenter dans mon esprit...

« Grâce à cette capacité de visualisation, que j'avais apprise dans ma jeunesse pour me débarrasser de ces images agaçantes, j'avais développé ce que je pensais être une nouvelle méthode pour concrétiser les idées et les conceptions créatrices. Il s'agit d'une méthode qui peut être très utile pour tout homme doté d'imagination, qu'il soit un inventeur, un homme d'affaires ou un artiste.

« Certains, dès lors qu'ils ont un appareil à fabriquer ou une tâche à réaliser, se précipitent sans aucune préparation adéquate, et se focalisent aussitôt sur des détails au lieu d'en voir l'idée principale. Ils peuvent obtenir des résultats, mais au détriment de la qualité.

« Voilà, en quelques mots, ma méthode : quand je ressens le besoin d'inventer quelque chose en particulier, il m'arrive de garder cette idée à l'esprit pendant plusieurs mois, voire des années. Quand je le souhaite, je m'aventure alors dans mon imagination et je pense aux problèmes sans chercher à me concentrer sur leur question. Il s'agit d'une période d'incubation.

« Puis, s'ensuit une période de réelle concentration. Je sélectionne avec soin les solutions éventuelles aux problèmes. Je réfléchis, et je focalise mon esprit petit à petit sur un domaine restreint de recherches. Lorsque je pense intentionnellement aux problèmes dans leurs spécificités, je sens parfois que je m'approche de la solution. Et ce qui est incroyable, c'est que lorsque je ressens cette sensation, je sais alors que j'ai résolu les problèmes et que j'arriverai à mes fins.

« Cette sensation est aussi probante que si je les avais déjà résolus. J'en suis venu à conclure qu'à cette étape, la réelle solution se trouve inconsciemment dans mon esprit, même s'il me faudrait beaucoup plus de temps pour en prendre conscience.

« Avant d'en faire des croquis, l'idée est élaborée mentalement dans son intégralité. J'en modifie la construction, je fais des améliorations, et je fais même fonctionner l'appareil dans mon esprit. Sans même avoir dessiné de croquis, je suis capable de transmettre à mes ouvriers les mesures de chaque élément, qui s'assembleront parfaitement une fois terminés, comme si je les avais réellement dessinés. Que je fasse fonctionner ma machine dans mon esprit ou dans mon laboratoire revient au même pour moi.

« Les inventions que j'ai conçues de cette manière ont toujours fonctionné. Sans exception, pendant trente ans. Mon premier moteur électrique, le tube électronique de lumière sans fil, mon moteur à turbines et beaucoup d'autres appareils furent élaborés exactement ainsi.»

C'est en mars 1893, quand il annonça la découverte de la radio lors de sa célèbre conférence à la convention du National Electric Light Assocation à St. Louis, que Nikola Tesla fit certaines déclarations indiquant qu'il pensait que ses visualisations mentales résultaient d'images envoyées sur ses rétines par son cerveau. Celles-ci n'avaient aucun rapport avec le sujet de la conférence, mais le fait qu'il se fût ainsi exprimé montrait que ses expériences avec cette étrange capacité avaient une grande influence sur sa réflexion créative. Il indiqua :

« Comme le démontre la théorie de l'activité oculaire, nous pouvons établir que pour chaque impression extérieure, c'est-à-dire chaque image reflétée sur la rétine, les terminaisons des nerfs optiques, qui participent à la transmission des impressions à l'esprit, doivent être soumises à une certaine pression ou être en état de vibration. Il ne serait pas impossible que, lorsqu'une image est évoquée par la force de la pensée, un réflexe précis, peu importe son intensité, agisse sur certaines terminaisons des nerfs optiques, et de ce fait, sur la rétine. L'homme aura-t-il jamais la possibilité, grâce à un moyen optique ou autre d'une grande sensibilité, d'analyser avec précision l'état de la rétine lorsque celle-ci est perturbée par la pensée ou par un réflexe ? Si c'était le cas, alors lire les pensées précises d'une personne comme s'il s'agissait d'un livre ouvert serait beaucoup plus facile à réaliser que d'autres problèmes du domaine de la science physique positive, dont beaucoup, si ce n'est la majorité, des scientifiques, croient absolument en leur résolution.

« Helmholtz a démontré que les fundus oculaires étaient en eux-mêmes lumineux, et il put observé dans l'obscurité la plus totale, les mouvements de son bras illuminés par ses propres yeux. Il s'agit de l'une des expériences les plus remarquables jamais réalisée dans l'histoire scientifique, et peu de personne serait capable de la réitérer de manière satisfaisante, puisqu'il est fort probable que la luminosité des yeux soit en relation directe avec une activité cérébrale inhabituelle et de grandes capacités d'imagination. Il s'agit de la fluorescence de l'activité cérébrale, si l'on veut.

« Un autre fait important sur ce sujet, que beaucoup d'entre vous ont sûrement entendu puisqu'il est cité dans des expressions populaires, mais dont je n'ai pas souvenir d'avoir trouvé de compte rendu détaillé des résultats d'observation, est que lorsqu'une idée ou une image inattendue se présente à l'intellect, une douleur lumineuse se produit dans les yeux, et ce même en plein jour. »

Quarante ans plus tard, Nikola Tesla envisageait toujours la possibilité de prendre un enregistrement photographique de ses pensées. Il révéla lors d'interview que si ses théories étaient correctes (que les pensées sont enregistrées sur la rétine) il serait alors possible de photographier ce qui apparaît sur l'écran du fond oculaire et d'en projeter un agrandissement.

Le raisonnement de Nikola Tesla sur son étrange capacité de visualisation et la possibilité d'en trouver l'image correspondante sur la rétine n'avait rien d'illogique. Il y avait une très faible probabilité que, dans un cas extrême, un arc réflexe se fût prolongé du cerveau à la rétine, mais cela était fort improbable. S'il avait été une personne capable de se confier à d'autres pour ses expériences, il aurait pu réaliser des tests simples dans un laboratoire d'ophtalmologue et ainsi obtenir des preuves expérimentales certaines pour remettre en question ou valider ses théories, en ce qui concerne les images de pensées photographiques.

Autour de 1920, Nikola Tesla prépara, même s'il ne le publia jamais, un communiqué sur ce qu'il considérait comme étant « Une fantastique découverte ». Celle-ci comprenait des facteurs qu'il appelait « cosmiques », mais présentait également des situations que les adeptes du vaudou à Haïti, ainsi que d'autres communautés humaines dépourvues d'un lustre intellectuel, comprendraient parfaitement. Comme Nikola Tesla, une des personnes les plus civilisées, était capable d'élaborer ce concept, il était alors probable que les idées et les expériences d'autres individus ou groupes surcultivés concordaient avec celui-ci.

Toutefois, cette découverte comportait une situation où l'automate sans âme de « matière et d'énergie » (auquel Nikola Tesla reléguait le statut de l'être humain) était capable de juger des valeurs éthiques et, tel un souverain présidant un tribunal de mœurs, pouvait infliger des peines pour avoir enfreint la loi.

Voici la description que Nikola Tesla fit de sa « fantastique découverte » :

« Bien que je ne parvins pas à obtenir de preuve supportant les affirmations des psychologues et des spiritualistes, j'ai démontré, à ma grande satisfaction, l'automatisme de la vie, et ce non seulement par des observations ininterrompues d'actions individuelles, mais de manière beaucoup plus concluante, grâce à certaines généralisations. Celles-ci représentent une découverte que j'estime comme étant l'apogée de la société humaine et sur laquelle je vais m'attarder brièvement.

« J'eus les premiers soupçons de cette vérité incroyable quand je n'étais encore qu'un jeune garçon, mais pendant plusieurs années je m'expliquais ce que je remarquais comme étant de simples coïncidences. C'est-à-dire, chaque fois que je, ou qu'une personne que j'affectionnais, ou encore une cause à laquelle je me vouais, se retrouvait blessée d'une certaine manière, plus couramment de la manière la plus injuste, par d'autres personnes, je ressentais une douleur singulière et indescriptible que je qualifiais de « cosmique », faute d'un meilleur terme. Puis, peu de temps après, les responsables souffraient toujours de désagréments. Après avoir remarqué cela plusieurs fois, je me confiai à plusieurs amis qui eurent l'occasion de se convaincre de la véracité de la théorie que j'émis petit à petit et qui peut se formuler ainsi :

« Nos corps sont construits de la même manière et sont exposés aux mêmes influences extérieures. Ce qui découle à des réactions similaires et une conformité des activités générales sur lesquelles sont basées, entre autres, nos mœurs et nos lois. Nous sommes des automates entièrement contrôlés par les forces du support, secoués comme des bouchons de liège flottant sur l'eau, mais nous confondons les impulsions résultantes extérieures avec le libre arbitre.

« Les mouvements ainsi que les autres actions que nous effectuons sont toujours dans un but de survie, et, bien que nous semblons assez indépendants les uns des autres, nous sommes connectés par des liens invisibles. Tant que l'organisme est en parfait état, il réagit avec justesse aux agents qui l'ont provoqué, mais dès qu'un individu souffre d'un dérèglement, la force de son instinct de survie est altérée.

« Bien entendu, chacun comprend que si l'on devient sourd, que notre vue s'affaiblit, que nous nous blessons un membre, nos chances de poursuivre notre existence s'amenuiseraient. Mais cela vaut également, et sûrement bien plus, pour certaines anomalies cérébrales qui privent plus ou moins l'automate de cette qualité essentielle et le font se précipiter vers sa destruction.

« Un être très sensible et perspicace, dont tous les mécanismes les plus sophistiqués sont intactes, et qui agit avec précision en respect des conditions changeantes de l'environnement, est doté d'un sens mécanique supérieur, lui permettant d'éviter des dangers trop subtiles pour être perçus directement. Lorsqu'il est en contact avec d'autres dont les organes de contrôle sont extrêmement défectueux, le sens se manifeste et l'être souffre de cette douleur « cosmique. »

« Cette vérité résulte de centaines d'exemples, et j'invite d'autres étudiants de la nature humaine à s'intéresser à ce sujet, convaincu que grâce à un effort combiné et systématique, nous atteindrons des résultats d'importance capitale pour le monde. »

Le refus de Nikola Tesla de révéler ses expériences intimes avait sans aucun doute privé le monde d'histoires très intéressantes. Il était indubitablement un individu anormal, et d'une sorte qui vivait ce que nous appelons des « expériences psychiques ». Il nia catégoriquement avoir jamais vécu des expériences de ce genre, pourtant, il rapporta des évènements qui étaient clairement du domaine psychique. Il semblait craindre que s'il avouait avoir vécu des expériences psychiques, ou qu'il énonçait des théories selon lesquelles un autre élément que la matière et l'énergie intervenait dans la vie, on le prendrait alors à tord comme un adepte du spiritualisme.

À chaque fois qu'on l'interrogeait sur sa philosophie de vie, il discourait sur une théorie selon laquelle le corps humain était une machine de chair et de sang qui réagissait aux forces extérieures.

Un soir, à New York, alors que Nikola Tesla et l'auteur étaient assis dans le hall d'entrée de l'Hôtel Governor Clinton, l'inventeur présenta sa théorie de la machine corporelle. Il s'agissait d'une philosophie matérialiste typique de l'ère Victorienne. « Nous sommes, dit-il, composés uniquement de ces choses qui sont identifiées dans des tubes à essais et pesées sur des balances. Nos seules propriétés sont celles que nous recevons des atomes qui composent nos corps. Nos expériences, que nous appelons la vie, sont un mélange complexe des réactions entre nos atomes qui nous composent et les forces extérieures de notre environnement.»

Une telle philosophie avait le mérite d'avoir une présentation simple et concise, et elle se prêtait facilement au fait d'être avancée avec un positivisme qui agissait sur celui qui l'émettait, et transformait son attitude en un dogmatisme où une opinion clairement exprimée était souvent mal interprétée, et remplacée, comme étant des preuves factuelles.

«Je ne crois pas un mot de votre théorie, répondis-je à son exposé, et, Dieu merci, je suis persuadé que vous n'y croyez pas non plus. La meilleure preuve qui remet en question votre théorie est que Nikola Tesla existe. Selon votre théorie, Nikola Tesla ne pourrait pas exister. Il possède un esprit créatif et, il surpasse tous les hommes de par ses exploits. Si votre théorie était correcte, nous serions alors tous des génies comme Nikola Tesla, ou nous serions tous des êtres d'insuffisance mentale habitant ces machines de chair et de sang que vous décrivez, nous réagirions tous de la même manière aux forces régulières, inanimées et non créatrices de l'extérieures.

« Mais nous sommes des machines de chair, contredit Nikola Tesla, et il se trouve que je suis une machine bien plus sensible que les autres, je distingue des impressions que les autres ne perçoivent pas, je peux à la fois comprendre et interpréter ces impressions. Je suis simplement un automate plus sophistiqué que les autres, insista-t-il.

« Cette différence, que vous avouez vous sépare des autres, Docteur Tesla, réfute parfaitement votre théorie, de mon point de vue, rétorquai-je, votre sensibilité serait alors un pur accident dû au hasard. En prenant en compte ce caractère aléatoire, relativement à tous les individus, nous nous élèverions au moins une fois, et peut-être bien plus souvent, à un niveau de génie tel que vous avez manifesté toute votre vie durant. Même avec des coups de génie sporadiques, chaque individu serait toujours considéré comme un génie. Le génie ne se manifeste pas, même par intermittence, en chacun de nous, c'est pourquoi votre théorie des machines corporelles me semble insoutenable. Si vous étiez réellement sincère avec moi, vous me raconteriez vos nombreuses expériences, des expériences étranges que vous ne pourriez pas expliquer, qui ne concorde pas avec votre théorie, et dont vous avez peur de discuter par crainte d'être incompris ou peut-être ridiculisé. Mais, je ne trouverai pas ces expériences bizarres et dépassant l'entendement, et un jour, vous vous confierez et vous me les raconterez.»

Comme c'était le cas à chaque fois que je le contredisais, je ne revis plus Nikola Tesla pendant un certain temps après cette soirée. Le temps venu, cependant, j'eus de nombreuses conversations téléphoniques avec lui. Nos discussions semblaient opérer un changement dans son attitude à mon égard, et lorsque je le vis la fois suivante, il me confia: «M. O'Neill, vous êtes la personne qui me comprend le mieux dans le monde.» La raison pour laquelle je mentionne ceci est pour montrer la justesse de ma conviction selon laquelle il existait un autre Nikola Tesla, enfoui dans cet être artificiel, le surhomme, qu'il cherchait à faire passer en public comme étant sa véritable personne.

À cette époque, je n'étais pas au courant de la «fantastique découverte» de Nikola Tesla, ou de certaines de ses expériences, que j'appris plus tard. Si j'avais su, nos discussions auraient été bien plus précises.

DIX-SEPT

Même si Nikola Tesla ne croyait absolument pas aux phénomènes psychiques, comme indiqué dans le chapitre précédent, il vécut toutefois plusieurs expériences de ce genre, dont il ne nia ni dénigra la réalité. De tels paradoxes étaient chose courante avec lui, quel que soit le sujet.

Par exemple, Nikola Tesla rejetait complètement l'idée de la télépathie comme étant un niveau de phénomènes psychiques, mais il était tout à fait convaincu que l'esprit pouvait communiquer directement par la pensée. Quand un journaliste lui posa des questions sur ses croyances sur la télépathie, au début des années quatre-vingt dix, Nikola Tesla répondit : « Ce qui est souvent considéré comme étant une preuve de l'existence de la télépathie se trouve être de simples coïncidences. Mais l'observation et l'étude du fonctionnement de l'esprit humain est une chose qui m'intéresse et me surprend. » Puis, il ajouta le paradoxe suivant : « Supposons que je décide de vous tuer. Vous le sauriez immédiatement. N'est-ce pas là une chose incroyable ? Comment est-ce que l'esprit le sait ? »

En simplifiant au maximum ce qui fut dit lors de cette interview, voilà ce qui en ressortit : La télépathie psychique n'est pas une réalité, mais la transmission de pensées entre deux esprits est un phénomène incroyable, qui mérite une étude scientifique.

Le paradoxe reposait sur le fait que, à l'époque où Nikola Tesla s'était exprimé, tous les phénomènes psychiques étaient censés être attribués à l'intervention des esprits, ou des âmes des défunts. Une telle théorie n'avait pas sa place dans la philosophie de Nikola Tesla car il ne croyait pas en l'immortalité et estimait qu'il pouvait expliquer tous les phénomènes en terme de matière et d'énergie, alors que l'esprit existait soi-disant au-delà de ces deux catégories. Néanmoins, la pensée était, d'après les théories de Nikola Tesla, quelque chose qui résultait d'une interaction entre la matière et l'énergie dans le cerveau, un processus qui produisait sûrement des ondes dans l'éther, il n'y avait donc aucune raison pour que ces ondes, envoyées par un esprit, ne puissent pas être reçues par un autre, et ainsi réaliser un transfert de pensées.

Toutefois, Nikola Tesla n'abordait pas les sujets s'avoisinants aux expériences psychiques en dehors de son cercle d'amis et de proches. Mais, une fois, il sauva certainement la vie de trois de ses amis grâce à une prémonition, et il raconta l'incident à son neveu, Sava N. Kosanovich, qui rapporta ainsi l'histoire :

« Nikola Tesla me dit qu'il avait eu des prémonitions, qu'il expliquait par des raisons mécaniques. Il disait qu'il était un récepteur sensible aux perturbations. Il affirmait que chaque homme était comme un automate qui réagissait aux impressions extérieures.

« Il me raconta un cas où il avait organisé une grande fête ici, à New York, avec quelques uns de ses amis qui avaient prévu de partir pour Philadelphie en train. Il avait ressenti un besoin très fort d'empêcher ses amis de partir comme prévu et de les retenir de force pour qu'ils ratent leur train. Ce train eut un accident et il y eut beaucoup de victimes. C'est arrivé dans les années 90.

« Quand sa sœur Angelina tomba malade, il envoya un télégramme qui disait : 'J'ai eu une vision où je voyais Angelina s'élever et disparaître, j'ai le pressentiment que quelque chose ne va pas.' »

Nikola Tesla lui-même relata dans un manuscrit qui ne fut pas publié une histoire incroyable de deux évènements surnaturels. Ce document mentionnait une situation où, dû au surmenage, son étrange phénomène de visualisation disparut, ou s'éteignit, et naquit à nouveau. En renaissant, le phénomène grandit rapidement en répétant des visualisations d'évènements qui eurent lieu dans sa petite enfance et en reconstituant, à la suite, des évènements plus récents jusqu'à revenir à l'instant présent et culminer par une visualisation d'un évènement qui n'avait pas encore eu lieu.

Nikola Tesla raconta l'expérience de la manière suivante :

« Je vais relater une expérience extraordinaire qui intéressera peut-être les étudiants en psychologie. Je produisais un phénomène saisissant grâce à mes transmetteurs en prise de terre, et j'essayais d'en déterminer la réelle importance quant à son rapport avec les courants qui se propageaient à travers la terre. Cela semblait être une entreprise vouée à l'échec, et pendant plus d'un an je travaillais sans relâche, en vain. Je fus tellement absorbé dans cette étude approfondie que j'en oubliais tout le reste, même mon état de santé qui se dégradait. Enfin, alors que j'étais sur le point de m'effondrer, la nature activa l'instinct de survie et je m'endormis d'un sommeil de plomb.

« En reprenant connaissance, je me rendis compte avec consternation que j'étais incapable de visualiser des souvenirs de ma vie à l'exception de ceux de ma petite enfance, les tous premiers souvenirs dont je fus conscient. Etrangement, ces souvenirs défilaient devant mes yeux avec une incroyable précision et m'accordèrent un véritable répit. Nuit après nuit, quand j'allais me coucher, je pensais à ces souvenirs et je voyais de plus en plus d'éléments de ma précédente existence. Ma mère était toujours le personnage principal de la longue scène dont j'étais le spectateur, et je fus petit à petit habité par un besoin intense de la revoir.

« Ce sentiment devint si fort que je décidai d'abandonner mon travail et de satisfaire mon besoin. Mais il m'était trop difficile de m'éloigner du laboratoire, et plusieurs mois s'écoulèrent durant lesquels je parvins à revivre toutes les impressions de mon passé jusqu'au printemps 1892.

« Dans la prochaine image qui émergea des profondeurs de mon inconscient, je me revis à l'Hôtel de la Paix, à Paris, en train de me réveiller de l'un de ces sommeils profonds qui me prenaient après un effort cérébral prolongé. Imaginez la souffrance et le désarroi qui m'envahirent quand je pris soudainement conscience que j'avais reçu à cet instant même un communiqué m'annonçant la terrible nouvelle que ma mère se mourrait.

« Ce qui était extrêmement étonnant, c'est que durant cette période où ma mémoire était en partie effacée, j'étais parfaitement conscient de tout ce qui se rattachait au sujet de mes recherches. Je pouvais me souvenir des moindre détails et des observations les plus insignifiantes de mes expériences, et même réciter des pages de textes et des formules complexes de mathématiques. »

Il s'agissait d'une prédiction des évènements qui se déroulèrent juste après sa conférence à Paris, décrit dans un précédent chapitre, où il rentra chez lui en toute hâte, juste à temps pour revoir sa mère avant qu'elle ne s'éteignit.

Le second incident était aussi en rapport avec la mort de sa mère, il le raconta dans un autre contexte dans le même manuscrit. Il indiqua :

« Pendant plusieurs années, je m'efforçai de résoudre l'énigme de la mort et je guettais avidement le moindre signe spirituel. Mais de toute mon existence, je ne vécus qu'une seule expérience qui me sembla, un instant, surnaturelle. Ce fut à la mort de ma mère.

« J'étais accablé par la souffrance et une attention continue, on m'emmena une nuit dans un immeuble à deux blocs de notre maison. Alors que je gisais, impuissant, je pensais que si ma mère mourrait alors que j'étais loin de son chevet, elle me ferait certainement un signe.

« Deux ou trois mois auparavant, je me trouvais à Londres en compagnie de mon ami Sir William Crookes, maintenant disparu, quand nous abordâmes le sujet du spiritualisme et que je fus très influencé par ses pensées. En tant normal, je n'aurai pas accordé d'attention à d'autres hommes, mais je fus sensible à ses arguments car c'est grâce à ses travaux marquants sur la matière radiante, que j'avais lus étant étudiant, que j'embrassai la voie de l'électricité.

« J'estimai que les conditions étaient très propices à l'observations de l'au-delà, puisque ma mère était une génie qui avait des capacités intuitives excellentes. Toute la nuit, chaque fibre de mon cerveau attendait un signe, mais rien n'arriva, jusqu'à ce que je m'endormis ou sombrai en début de matinée. C'est à cet instant que je vis un nuage portant des silhouettes angéliques d'une extrême beauté, l'une d'entre elles me regarda avec amour et prit petit à petit les traits de ma mère. L'apparition flotta doucement à travers la pièce, et disparut, je fus alors réveillé par un chant d'une douceur indescriptible de plusieurs voix. Une certitude, qui ne peut s'exprimer par des mots, m'envahit alors, celle que ma mère venait de mourir. Et c'était vrai.

« J'étais incapable de faire face à la dimension gigantesque de cette douloureuse nouvelle que je fus le premier à recevoir, j'écrivis alors une lettre à Sir William Crookes tout en étant encore habité par ces impressions et dans un état affaibli.

« Quand je récupérai, je cherchai pendant un long moment les raisons extérieures de cette étrange manifestation, et à mon grand soulagement, je les trouvai après plusieurs mois sans résultat. J'avais vu le tableau d'un artiste célèbre, qui représentait de manière allégorique une des saisons sous la forme d'un nuage entouré d'un groupe d'anges qui semblaient comme flotter dans les airs, et qui me toucha profondément. Il s'agissait exactement de la même scène qui m'était apparue en rêve, excepté pour la ressemblance avec ma mère. La musique provenait du chœur de l'église non loin de là qui chantait pour la messe matinale du matin de Pâques. Tout s'expliquait parfaitement par des faits scientifiques. »

Mais cette explication « scientifique » que Nikola Tesla établit n'avait, bien sûr, rien de scientifique. Elle ignorait trois faits essentiels : Tout d'abord, qu'il avait vécu ce qu'il avait considéré à l'époque comme une expérience surnaturelle qui l'avait envahi d'une certitude indescriptible. Deuxièmement, que cette expérience lui avait révélé la mort de sa mère et qu'il en prit conscience de cette manière. Et troisièmement, que l'évènement s'était déroulé à l'heure exacte de sa mort. Le mécanisme qui produisit ce phénomène se servit des souvenirs stockés dans l'esprit de Nikola Tesla (comme celui du tableau, par exemple) pour communiquer l'information de manière intelligible, bien que symbolique. De plus, quelques mois auparavant, il avait eu une prémonition qui avait été le point culminant d'un phénomène prolongé en connexion avec sa mère.

Le fait que Nikola Tesla s'efforçait d'expliquer « scientifiquement » tout ce qui avait attrait au psychique ou au spirituel, et qu'il s'était satisfait d'explications insuffisantes, indiquait un conflit intérieur qui visait à concilier le surhomme très matérialiste de « matière et d'énergie », qu'il était devenu, avec son individualité sous-jacente qui était dotée d'une grande capacité de clairvoyance spirituelle et profonde de la vie, qu'il refoulait.

L'un des déjeuners les plus étranges que Nikola Tesla organisa fut celui qu'il prépara pour Fritzie Zivic, un boxeur professionnel. Il se déroula en 1940 dans l'une des salles à manger privées de l'Hôtel New Yorker. Fritzie Zivic avait un combat prévu au Madison Square Garden lors du championnat des poids welters et le déjeuner avait lieu à midi le jour du combat.

Fritzie avait cinq frères qui étaient tous des boxeurs ou des lutteurs professionnels. Ils habitaient à Pittsburgh, où leur père tenait un bar. Ils naquirent tous à Pittsburgh, mais leurs parents étaient originaires de Yougoslavie, les frères raccourcirent leur nom de famille slave difficile à prononcer en Zivic pour leur activité professionnelle.

Nikola Tesla invita les six frères à déjeuner. Les autres invités étaient William L. Laurence, un journaliste scientifique du New York Times, et l'auteur de ce livre.

La table réunissait trois sortes de personnes différentes. Les six frères combattants avaient tous un physique exemplaire. Ils avaient une taille moyenne, mais leurs corps puissants et massifs, leurs poitrines développées et leurs larges épaules les rapetissaient. Ils avaient tous des yeux clairs, une peau blanche et des traits soignés, ils étaient vêtus d'un traditionnel complet noir à col blanc. L'apparence des deux journalistes créaient un fort contraste avec les boxeurs, et Nikola Tesla contrastait nettement avec tous. Laurence, avec sa grande tignasse noire de jais coiffée en arrière, ressemblait à un musicien.

Nikola Tesla siégeait en bout de table. À sa droite se trouvait Frtizie, qui avait à côté de lui trois de ses frères. En face, M. Laurence et deux autres frères étaient assis. L'auteur était installé à l'autre bout de la table.

Cette fois-ci, Nikola Tesla n'avait pas préparé l'un de ses fameux plat à base de canard, il avait autre chose de prévu en tête. Dès que ses invités se furent installés, Nikola Tesla se leva. Fritzie, avec sa large silhouette charpentée, semblait minuscule à côté. Nikola Tesla portait un complet serré à coupe droite, noir et léger, qui le rendait encore plus mince qu'à l'habitude. Il avait perdu beaucoup de poids l'année précédente, soulignant les traits anguleux de son visage qui étaient apparus avec l'âge. Son visage, austère, était maintenant couronné de mèches de cheveux clairsemées de couleur poivre et sel. Ses longues mains fines, aux formes délicates, s'agitèrent vers le boxeur professionnel assis à côté, qui sourit à l'étrange silhouette qui le dominait.

«Je vais vous commander un bon gros bifteck de cinq centimètres d'épaisseur, vous serez plein d'énergie ce soir pour gagner le championnat par…»

Le boxeur, les deux mains levées, tenta d'interrompre le scientifique qui gesticulait.

« Non, protesta Fritzie, je suis un entraînement et je ne peux pas manger de steak aujourd'hui.

« Vous allez m'écouter. » tempêta Nikola Tesla avec insistance en secouant les bras et gesticulant tellement qu'il ressemblait à une pom-pom girl à un match de football américain. « Je vais vous dire comment vous entraîner. Et je dis que vous mangerez des biftecks. Je vais vous commander un steak saignant de cinq centimètres d'épaisseur et vous pourrez… »

Les cinq frères de Fritzie se joignirent à la mêlée pour protester.

« Il ne peut pas manger de steak aujourd'hui. Il perdrait le combat, Docteur Tesla, dirent-ils en chœur.

« Mais non, il ne perdra pas le combat, rétorqua Nikola Tesla, pensez aux héros de notre poésie serbe. Des hommes vigoureux et de grands guerriers. Vous aussi vous devez vous battre pour la gloire de la Serbie, et pour ça, vous avez besoin d'un bon bifteck saignant ! »

Nikola Tesla était maintenant pris de frénésie, il agitait ses mains et frappait ses paumes comme s'il se trouvait aux premières loges d'un combat palpitant. Fritzie et ses frères boxeurs ne comprenaient pas son excitation. Ils restèrent tout à fait indifférents. Fritzie lui répondit :

« Je vais gagner, Docteur Tesla. Je vais gagner pour la gloire de la Yougoslavie et quand l'arbitre proclamera le verdict du combat et que je parlerai au microphone, je dirai que je me suis aussi battu pour Docteur Tesla. Mais pas de bifteck pour aujourd'hui, Docteur Tesla, je vous en prie.

« Très bien Fritzie, mangez ce que vous voulez, accepta Nikola Tesla, mais vos frères auront droit à leur biftecks.

« Non, Docteur Tesla, objecta l'aîné, si Fritzie ne peut pas manger de steak, alors nous non plus. Nous mangerons comme lui. »

Fritzie commanda des œufs brouillés sur du pain grillé, avec du bacon et un verre de lait. Les cinq frères commandèrent la même chose, et les deux journalistes les imitèrent.

Nikola Tesla se mit à rire de bon cœur. « Vous allez vous battre avec ça dans le ventre aujourd'hui alors» dit-il entre des éclats rires.

Pour lui, le scientifique de 83ans assoiffé de sang commanda «une assiette de lait chaud» dont il put tirer une grande quantité d'énergie au cours du repas qu'il employa à conseiller Fritzie de «tout donner» face à son adversaire et de «le mettre K-O dès le premier round.»

Ce fut un diner étrange. Bien que la majorité des invités fut des boxeurs, avec leurs visages sévères et leurs corps puissants, le scientifique, mince, au visage anguleux et presque émacié, aux yeux enfoncés et aux cheveux fins argentés, dominait aisément la scène. Tout le monde était détendu, malgré l'anticipation ressentie par les frères pour le prochain combat de Fritzie et l'enthousiasme de Nikola Tesla. Pourtant, même si tout le monde était détendu, il y avait une sorte de tension étrange qui unissait cette unique assemblée. Quand j'en pris conscience, j'observai avec intérêt l'évolution de la situation. J'avais vécu des situations semblables auparavant mais jamais dans de telles circonstances.

M. Laurence, journaliste du Times, était assis à ma droite. Il commença un peu à s'agiter alors que le diner n'en était qu'à sa moitié. Il regarda plusieurs fois sous la table. Il se frotta, dans l'ordre, les chevilles, les genoux et les mollets. Il changea de position. Il frotta ses coudes, et ensuite son avant-bras. Je parvins à retenir son attention.

«Quelque chose ne va pas, Bill? demandai-je, sachant très bien ce qu'il se passait.

«Il se passe une chose étrange ici.» répondit-il

Quelques minutes plus tard, il se baissa et regarda à nouveau sous la table.

«Vous avez senti quelque chose? le questionnai-je

«Oui, dit-il un peu inquiet, il y a quelque chose de chaud qui me touche à différents endroits. Je sens la chaleur mais je ne vois pas ce que c'est. Vous le sentez aussi? me demanda-t-il.

«N'y prêtez pas attention, le rassurai-je, je sais ce que c'est, et je vous expliquerai plus tard. Essayez seulement d'observer aussi attentivement que possible à partir de maintenant.»

Le phénomène perdura jusqu'à la fin de la fête. En retournant à nos bureaux, j'expliquai à M. Laurence:

« Vous vous êtes souvent moqués de ma crédulité à accepter la réalité d'expériences soi-disant psychiques, lui dis-je, vous venez maintenant d'en vivre une. Dès que ce diner fut bien engagé, et après que les débordements du Docteur Tesla se fussent calmés, j'ai ressenti une tension étrange dans l'air autour de moi. J'avais parfois comme l'impression que mes mains et mon visage étaient pris dans une toile, j'ai alors pensé que quelque chose de bizarre allait peut-être se passer.

« Cette assemblée était parfaite pour organiser une séance psychique, et si nous avions été plongés dans l'obscurité, qui sait ce qui se serait passé. Il y avait six hommes très musclés, très proches les uns des autres, débordants d'énergie vitale en attente d'un évènement qui aurait déclenché des passions. En plus de cela, le Docteur Tesla fit preuve d'un enthousiasme comme jamais auparavant. Il était surchargé d'un autre genre d'énergie vitale. Imaginez le Docteur Tesla devenir, d'une manière que j'ignore, un médium servant de coordinateur à la libération de ces réserves d'énergies vitales qui, encore par un procédé inconnu, avaient créé des canaux de transmission grâce auxquels l'énergie se transféra des hauts niveaux aux bas niveaux de potentiel.

« Dans notre cas, nous étions les niveaux de faible potentiel, car j'ai ressenti exactement la même chose que vous, avec ces canaux de transferts d'énergie dans l'espace qui entrèrent en contact à plusieurs endroits de mon corps et où je ressentais une sensation de très forte chaleur.

« Vous avez lu des rapports de séances au cours desquelles les participants déclarèrent qu'ils avaient senti un air frais. Dans ces cas-là, l'action était l'inverse de la nôtre, puisque l'énergie de ces séances était puisée dans les participants qui devaient être arrangés par le soi-disant médium pour produire les phénomènes.

« Lors de notre expérience d'aujourd'hui, une sorte de liquide appauvri porteur d'énergie fut extrait des corps des boxeurs et vint alimenter nos corps. Dans le cas des séances, l'énergie provient du corps des participants et pénètre le corps du médium, ou un point d'accumulation central. Dans un compte rendu que j'écrivis sur mes observations de ces séances, j'appelais cette substance un liquide psynovial, qui était une abréviation plus pratique des termes « nouveau liquide psychique.

« Après avoir vécu l'expérience d'aujourd'hui, vous comprenez pourquoi, il y a quelques années de cela, je pris le risque de me faire massacrer, au sens figuré, par le Docteur Tesla lorsque je lui dis qu'il utilisait sa philosophie de vie humaine de machine de chair pour dissimuler les étranges expériences qu'il avait vécues, dont il avait peur de parler... »

Nikola Tesla vécut une autre étrange expérience surnaturelle quelques jours avant sa mort, mais il ignorait sans doute que la situation ait eu des aspects inhabituels.

Tôt, un matin, il appela son messager favori, Kerrigan, et lui remit une enveloppe scellée, il lui demanda d'aller la remettre aussi vite que possible. La lettre était adressée à « M. Samuel Clemens, 35 South Fifth Ave., New York City. »

Kerrigan revint peu de temps après et annonça qu'il n'avait pas pu délivrer le message car l'adresse était erronée. « La rue South Fifth Ave. n'existe pas » avait signalé le garçon, et dans les environs de ce numéro sur la Fifth Ave. il ne trouva aucune personne du nom de Clemens.

Nikola Tesla s'irrita, il dit à Kerrigan : « M. Clemens est un auteur très célèbre qui utilise le nom de plume de Mark Twain, tu ne devrais avoir aucun problème à le trouver à l'adresse que je t'ai indiquée. C'est là qu'il habite. »

Kerrigan alla rendre compte de son problème au directeur de son bureau. Celui-ci lui répondit : « Evidemment que tu n'as pas trouvé la South Fifth Avenue. Elle a été renommée en West Broadway il y a des années de ça, et tu ne pourras pas remettre de message à Mark Twain non plus, il est mort depuis vingt-cinq ans. »

En possession de ces informations, Kerrigan retourna auprès de Nikola Tesla, et il fut troublé par la réaction que son annonce avait provoquée.

« Tu ne vas pas me dire que Mark Twain est mort, dit Nikola Tesla, il était dans ma chambre, ici, la nuit dernière. Il s'est assis sur cette chaise et nous avons discuté pendant une heure. Il a des difficultés financières et a besoin de mon aide. Alors tu vas retourner immédiatement à cette adresse et remettre cette enveloppe, et ne revient pas tant que ce ne sera pas fait. » (L'adresse où il envoya le messager était l'adresse où se trouvait le premier laboratoire de Nikola Tesla !)

Kerrigan retourna à son bureau. L'enveloppe, qui n'avait pas été bien scellée, fut ouverte dans l'espoir de trouver quelque indice pour savoir comment elle pourrait être remise. Celle-ci contenait une feuille blanche enroulée autour de vingt billets de 5 dollars ! Quand Kerrigan essaya de lui rendre l'argent, Nikola Tesla lui rétorqua, très agacé, qu'il n'avait qu'à livrer l'argent ou bien le garder.

Les vingt dernières années de la vie de Nikola Tesla furent remplies de plusieurs situations embarrassantes relatives à des notes d'hôtel non payées, et il semblerait que la situation fut modifiée sur sa perception de Mark Twain par une sorte de procédé de transfert.

En prenant compte des capacités très élevées de Nikola Tesla à visualiser les objets de ses pensées comme des objets concrets, la théorie la plus simple serait qu'il aurait fait apparaître par son procédé habituel l'image de Mark Twain. Nikola Tesla et Mark Twain étaient de très bons amis, et l'inventeur avait toutes les raisons de savoir que l'humoriste maître-penseur était décédé. Or, comment put-il oublié qu'il était mort ? On pourrait avancer une théorie objective qui serait, ou non, l'explication correcte.

La mémoire de Nikola Tesla était remplie de plusieurs souvenirs de Mark Twain, et ce remontant au début de sa jeunesse lorsqu'il attribua sa guérison d'une maladie grave à la lecture d'un des livres écrits par l'humoriste. Vingt ans plus tard, quand Nikola Tesla raconta cet incident, l'humoriste avait été si touché qu'il en pleura. Une amitié naquit entre les deux hommes, ponctuée de plusieurs situations agréables. Chaque incident en rapport avec Mark Twain était inscrit dans la mémoire de Nikola Tesla. Nous ignorons comment ces registres sont réalisés par le cerveau, mais nous pouvons supposer, pour l'instant, que leur agencement soit fait avec assez de minutie, que le système est basé sur une séquence temporelle où chaque incident consécutif est enregistré sur celui qui précède, le dernier en date se trouvant par-dessus tous les autres. Lorsque Nikola Tesla activa le procédé de visualisation de Mark Twain dans sa chambre (qui se fit sûrement à un niveau inconscient), il creusa dans la réserve de souvenirs jusqu'à atteindre celui qui lui convenait, puis il concentra un flux si grand d'énergie vitale pour le transporter jusqu'au centre de la vision de son cerveau, qu'il grilla, détruisit, et anesthésia tous les souvenirs suivants qui se trouvaient au-dessus. Par conséquent, quand le processus de visualisation se termina, il n'y avait plus d'archive dans la mémoire de Nikola Tesla de ce qu'il était arrivé à Mark Twain ultérieurement au souvenir agréable qu'il avait si étrangement revécu. Tous les souvenirs ultérieurs avaient été effacés, dont celui de la mort de Mark Twain. Il aurait été ainsi tout à fait logique pour lui de conclure que Mark Twain était toujours en vie !

Il existe plusieurs versions de cette histoire. Toutes ont en commun que Nikola Tesla était convaincu que Mark Twain était encore vivant, qu'il avait discuté avec lui récemment et qu'il cherchait à lui envoyer de l'argent pour l'aider à surmonter une situation difficile.

Copié illégalement, victime de mensonges, ignoré (Le docteur W. H. Eccles conclut une nécrologie commémorative, dans Nature (Londres), le 13 février 1943 : « Tout au long de ses 85 longues années de vie, Nikola Tesla s'intéressa peu à ses propres succès, il ne réécrivait jamais ses anciens travaux, et revendiquait rarement ses privilèges bien qu'on lui volait en permanence ses inventions. Une telle pudeur est particulièrement frappante chez un esprit aussi riche de pensées créatrices, si compétent en réalisations concrètes. ») Nikola Tesla continua ses travaux au cours de la dernière décennie, espérant toujours qu'il réussirait à résoudre ses problèmes afin de pouvoir financer toutes les inventions qu'il gardait précieusement en tête. Sa fierté ne lui permettait pas de reconnaître qu'il était en difficultés financières. Il était souvent forcé de quitter des hôtels pour factures impayées. Quand son ami B. A. Behrend, auteur du livre Le moteur d'induction, qui avait explicité la théorie de Nikola Tesla pour les ingénieurs, se rendait à New York et découvrait que l'inventeur ne se trouvait plus à l'hôtel où il l'avait vu pour la dernière fois, il payait à chaque fois ses notes, et demandait à ce qu'on retournât les affaires de Nikola Tesla à son propriétaire.

Au début des années trente, alors qu'il semblait que les problèmes financiers allaient « l'abattre », Nikola Tesla, toutefois, semblait plus optimiste que jamais. Il déclara : « Personne ne peut avoir la moindre idée de l'inspiration qui résulte du fait que mes inventions soient mises à contribution et deviennent des faits historiques, ni de la force qui me pousse à aller de l'avant pour accomplir de plus grandes choses encore. Je ressens sans cesse une satisfaction indescriptible en sachant que mon système polyphasé est utilisé à travers le monde pour alléger le fardeau de l'humanité et accroître le confort et le bonheur, et que mon système sans fil, dans toutes ses caractéristiques essentielles, est employé pour rendre service et donner du plaisir aux peuples des quatre coins de la terre.»

Quand son système d'énergie sans fil fut mentionné, il n'exprima aucun ressentiment sur l'abandon de son projet, mais répondit avec philosophie: «J'étais sans doute allé trop vite en besogne. Nous pouvons nous débrouiller sans du moment que mon système polyphasé satisfait nos besoins. Dès que la nécessité se ressentira, par contre, le système sera parfaitement prêt à être utilisé avec succès.»

Lors de son quatre-vingtième anniversaire, on lui demanda s'il s'attendait vraiment à construire et manipuler les inventions qu'il avait annoncées récemment, en guise de réponse, il cita, en allemand, une strophe de Faust de Goethe:

Le dieu qui habite en mon sein
Peut soulever les tempêtes de mon âme
Lui qui trône sur toutes mes forces,
Il est impuissant à rien émouvoir au dehors.

Nikola Tesla avait eu l'intention d'écrire sa biographie. Il souhaitait archiver l'histoire de ses travaux avec une attention des plus minutieuses sur leur exactitude. Et il estimait qu'il était le seul à pouvoir le faire. Il avait déclaré qu'il n'avait pas l'intention de se pencher sur ce projet jusqu'à ce qu'il ait réussit à faire utiliser toutes ses plus grandes découvertes. Plusieurs personnes se proposèrent de rédiger sa biographie mais elles essuyèrent toutes des refus à leur demande de collaboration. Kenneth Swezey, un journaliste scientifique, resta en contact régulier avec Nikola Tesla pendant des années, et on s'attendait à ce que Nikola Tesla collaborât avec lui pour ce projet. Swezey rassembla des quatre coins du monde soixante-dix lettres de scientifiques et d'ingénieurs éminents pour faire une surprise à Nikola Tesla lors de son soixante-quinzième anniversaire, où il reçut ainsi ces fameuses lettres, rassemblées dans un recueil. Ces lettres, qui furent recopiées en Yougoslavie, résultèrent à l'installation du Tesla Institute dans ce pays. À la mort de Nikola Tesla, Swezey prenait part aux efforts de guerre et devait s'engager dans la Marine, si la situation avait été différente, il aurait entrepris la rédaction de la biographie de l'inventeur. Nikola Tesla, même jusqu'à ses quatre-vingt-quatre ans, s'attendait à recouvrer une santé plus robuste et à vivre au-delà de cent ans. C'est pourquoi il est probable qu'il n'avait pas commencé à travailler sur sa biographie. Il est actuellement impossible de déterminer s'il en avait rédigé une partie ou non. Tous les documents que possédait Nikola Tesla furent scellés par le Gardien des biens étrangers, même s'il était un citoyen des Etats-Unis.

Lors des six dernières années de sa vie, Nikola Tesla, heureusement, reçut assez d'argent pour subvenir à ses besoins immédiats, grâce aux paiements d'honoraires d'un montant de 7200 dollars par an par le gouvernement yougoslave, en tant que parrain du Tesla Institute qui fut établi à Belgrade. (La société pour la fondation de l'institut Nikola Tesla à Belgrade fut mise en place alors que l'inventeur approchait de ses quatre-vingt ans. Elle récolta le soutient de chercheurs, du gouvernement, d'intérêts commerciaux et du peuple dans son ensemble. Le gouvernement et des sources privées firent des dons suffisants pour construire et équiper un laboratoire de recherche ainsi que pour entretenir son fonctionnement en tant qu'institut. Celui-ci s'ouvrit en 1936, en commémoration au quatre-vingtième anniversaire de Nikola Tesla. Une semaine de célébration se déroula dans toute la Yougoslavie et des cérémonies furent organisées à Belgrade les 26, 27 et 28 mai, puis à Zagreb le 30 mai, ainsi qu'à son village natal, Smiljan, le 2 et le 12 juin.) Mais même avec ce revenu, et un domaine restreint d'activités (il restait la plupart du temps dans sa chambre) au cours de ces deux dernières années, Nikola Tesla prenait toujours du retard sur ses factures d'hôtel. Et ceci était dû à sa générosité sans limite. Il était très généreux dans les pourboires qu'il donnait à ceux qui réalisaient même les services les plus simples pour lui, et dans ses aides lorsqu'il y avait la moindre suggestion que quelqu'un était dans le besoin.

Vers la fin de l'année 1942, il passait la plupart de son temps alité, actif mentalement mais physiquement faible. Il n'acceptait aucun visiteur dans sa chambre, même ses proches associés des précédentes années. Il soutenait aux employés de l'hôtel qu'il n'était pas malade et refusait d'être raisonnable et d'accepter de voir un médecin. Il ordonna qu'aucun employé n'entrât dans sa chambre à moins qu'il ne les ait appellé.

Le Mardi 5 janvier, au matin, il laissa la domestique entrer dans sa chambre, puis ordonna qu'on gardât sa chambre avec attention pour qu'il ne fusse pas dérangé. Et ce fut fait. Nikola Tesla avait l'habitude de demander à ce qu'il ne fut pas dérangé pendant de longues périodes. Le Vendredi, tôt le matin (le 8 janvier), une domestique, qui avait eu un pressentiment, entra dans sa chambre au risque de le contrarier et le retrouva mort. Il était paisible, comme s'il dormait, avec un sourire dessiné sur les lèvres de son visage décharné. Le surhomme mourut de la même manière qu'il avait vécut : seul.

On informa la police que Nikola Tesla était décédé, seul et sans intervention médicale. Le médecin légiste annonça que sa mort était de cause naturelle et liée à l'âge, et qu'il était décédé dans la nuit du Jeudi, le 7 janvier 1943, quelques heures avant que la domestique n'entrât dans la chambre. Des agents du FBI (Federal Bureau Investigation) arrivèrent et ouvrirent le coffre de sa chambre et emportèrent les papiers qu'il contenait afin de les examiner pour chercher une présumée invention secrète importante qui pourrait être utilisée pour la guerre. Le corps fut emmené au Campbell funérarium, sur la Madison Avenue et la 81st Street.

Les funérailles se déroulèrent à la cathédrale de St. John the Devine, le Mardi 12 janvier, à 16 heures. L'évêque Manning fit la première lecture de la Sépulture des Morts ainsi que de la Prière finale. Après le service, le corps fut emmené au cimetière Ferncliff à Ardsley, N. Y., et fut incinéré.

RÉMANENCE

DIX-HUIT

Même si Nikola Tesla vivait une vie solitaire, une vie presque à l'écart du monde, cantonné à son propre univers intellectuel, il restait une personne agréable dans ses contacts sociaux. L'année qu'il avait passée à creuser des fossés et à réaliser de durs travaux manuels, quand il lui était possible de trouver n'importe quel emploi, et le fait de dormir dans les refuges qu'il trouvait et de manger la nourriture qu'il réussissait à se procurer à cette époque, avait sans aucun doute laissé une trace marquante. La preuve étant qu'il était impossible de l'inciter à parler de cette période. Pourtant, vivre ces dures épreuves avait sans doute été à son avantage et l'avait rendu plus tolérant. Mais il avait été profondément insulté de n'avoir été considéré que pour la force brute de ses muscles, et cela lui resta à jamais en travers de la gorge.

Après avoir obtenu des fonds grâce à la création de son laboratoire et à la vente de ses brevets à Westinghouse, il conserva toujours par la suite un statut presque princier. Il savait comment s'habiller pour accentuer sa silhouette imposante, sa taille devenait une sorte d'avantage qu'il avait sur les autres, sa force indéniable condamnait tout manque de respect, sa très bonne maîtrise de l'anglais, le soin qu'il prenait à bien s'exprimer et sa capacité à parler six autres langues lui valut d'être un érudit reconnu, et suite à ses premières inventions sur le courant alternatif il obtint une renommé établie sur une réussite scientifique exceptionnelle auprès du public. Comme il parlait toujours de l'importance que représentait ses inventions pour le monde, et qu'il ne s'attardait pas sur l'excellence de ses propres réalisations, il gagnait le cœur de tous ceux qu'il rencontrait.

Dans les années quatre-vingt-dix, alors qu'il jouissait d'une immense renommée, il répugna l'attention qu'on lui accordait, mais de très grands journalistes parvenaient tout de même à se faufiler jusqu'à lui pour décrocher une interview « spéciale ». Franklin Chester écrivit un article contenant une très bonne description de l'inventeur, accommodée au style de l'époque, qui fut publiée dans le *Citizen* le 22 août 1897. Voici un extrait se rapportant à son apparence physique et à ses activités :

« Quant à son apparence, la force qu'il dégage ne laisse personne indifférent. Il mesure plus d'un mètre quatre-vingt et est très élancé. Il possède toutefois une grande force physique. Il a de grandes mains, dont les pouces sont extraordinairement longs, signe distinctif d'une grande intelligence. Ses cheveux sont noirs de jais et lisses. Il les coiffe élégamment en arrière au niveau des tempes en une mèche effilée.

« Ses pommettes, hautes et saillantes, sont caractéristiques des Slaves, sa peau est tel du marbre que les années ont nuancé de jaune. Il a des yeux bleus enfoncés, brillants d'une énergie électrique semblable aux mystérieux éclairs qu'il produit avec ses instruments. Sa tête est triangulaire et se termine par un menton pointu.

« Jamais un homme n'œuvra pour des idéaux aussi nobles. Jamais un homme ne s'investit autant dans son travail, avec autant d'ardeur et aussi généreusement dans l'intérêt du peuple. Nikola Tesla n'est pas un homme riche. Il n'a que faire des histoires d'argent. S'il avait choisi de suivre l'exemple de Edison, il aurait sans doute été l'homme le plus riche du monde à seulement quarante ans.

« Mais avant toutes choses, Nikola Tesla est un homme réfléchi, et certainement le plus réfléchi de New York. Il n'est cependant pas dénué d'humour et fait preuve d'une grande politesse. C'est un homme d'une modestie sincère comme je n'en ai jamais vu. La jalousie lui est un sentiment étranger. Il n'a jamais décrié les réussites de ses confrères et ne refusa jamais les honneurs.

« Vous buvez ses paroles. Vous êtes comme subjugués, ignorants leurs significations, mais vous êtes tout de même sensibles à leur importance. Il s'exprime dans un anglais parfait, que les étrangers instruits utilisent, sans aucun accent et avec une grande précision. Et il peut parler huit autres langues avec tout autant de maîtrise.

« Ses habitudes quotidiennes sont restées sensiblement les mêmes depuis son arrivée à New York. Il habite au Gerlach, un hôtel familial très calme sur la 27th Street, entre Broadway et Sixth Avenue. Il se rend à son laboratoire avant 9 heures du matin, et il passe toute la journée dans ce monde étrange et mystérieux, s'évertuant à s'approprier de nouvelles énergies, de nouvelles connaissances.

« Aucun étranger n'est autorisé à observer son travail et ses assistants sont de véritables fantômes. En de rares occasions, il fait la présentation de certaines expériences dans son laboratoire et nous serions capables de tout sacrifier pour avoir la chance de faire partie des spectateurs.

« Il travaille habituellement jusqu'à 18 heures, mais il peut lui arriver de rester plus longtemps. Il n'est pas gêné par le manque de lumière naturelle puisqu'il est capable de créer des soleils dans son atelier.

« A 20 heures précises, il arrive au Waldorf. Il est vêtu d'une tenue de soirée impeccable. Même lors des froides soirées d'hiver, il ne porte jamais de veston mais est toujours habillé d'une queue-de-pie.

« Le souper prend fin à exactement 22 heures, heure à laquelle il quitte l'hôtel pour monter dans sa chambre pour faire ses recherches, ou pour retourner à son laboratoire et travailler toute la nuit durant. »

Arthur Brisbane, qui devint par la suite le fameux directeur éditorial du groupe Hearst, interviewa Nikola Tesla et publia le 22 août 1894 le plus long article qu'il écrivit sur une célébrité dans le journal *The World*. Il déclara Nikola Tesla comme « Our Foremost Electrician — Greater Even than Edison » et le décrivit de la manière suivante :

« Ses yeux, profondément enfoncés dans leurs orbites, sont d'une couleur claire. Je lui demandai comment ses yeux pouvaient être d'une telle couleur alors qu'il avait des origines slaves. Il m'expliqua que ses yeux étaient auparavant beaucoup plus foncés, mais que dû à une grande activité cérébrale ils s'étaient éclaircis. J'avais effectivement entendu dire que l'activité cérébrale pouvait éclaircir la couleur de l'iris. Avoir Nikola Tesla valider cette théorie suite à une expérience personnelle est un fait essentiel.

« Il est très mince : il mesure plus d'un mètre quatre-vingt et pèse moins de soixante kilos. Ses mains sont très grandes, et ses pouces sont exceptionnellement longs, même pour des mains d'une telle taille. Ils sont incroyablement longs, ce qui est un très bon signe, puisque les pouces représentent la partie intellectuelle des mains. Si vous observez les gorilles, vous remarquerez que leurs pouces sont très courts.

« Nikola Tesla est doté d'une tête triangulaire dont le sommet se déploie tel un éventail. Son menton est aussi pointu qu'un pic à glace. Sa bouche est extrêmement fine et son menton, bien qu'il ne soit pas fuyant, n'est pas assez volontaire. Il n'est pas possible d'étudier son visage comme on le ferait avec d'autres hommes, étant donné qu'il n'est pas un ouvrier de terrain. Toute sa vie se passe dans sa tête, où naissent ses idées et où se trouve tout l'espace dont il a besoin. Ses cheveux sont noirs de jais et bouclés. Il se voute, c'est ce qui arrive aux hommes dénués de vanité. Il est introverti. Il est passionné par son travail. Il possède un amour propre et une assurance qui accompagnent souvent la réussite. Et ce qui le différencie des autres hommes sur lesquels ont écrit et ont discute, est le fait qu'il a quelque chose à raconter. »

Nikola Tesla avait un sens de l'humour certain et adorait faire des boutades. Avant qu'il ne prenne l'habitude de souper à l'hôtel Waldorf-Astoria, il dinait tous les soirs chez Delmonico's qui était à l'époque l'auberge la plus chic de la ville, et le lieu de rassemblement des « 400 » de l'élite New Yorkaise. Nikola Tesla était la personnalité la plus renommée et sensationnelle de toutes les célébrités qui venaient diner dans ce restaurant réputé, mais il soupait toujours en solitaire. Il était impossible de le convaincre de se joindre à d'autres groupes et il n'était jamais accompagné. Après son repas, il retournait toujours travailler à son laboratoire.

Un soir, quelques uns de ses amis, pensant qu'il travaillait trop et qu'il avait besoin de se détendre, le persuadèrent de faire une partie de billard avec eux. Ils pensaient qu'il n'avait jamais appris à jouer, alors, quand ils arrivèrent dans la salle, ils lui montrèrent comment utiliser la queue, frapper les boules, et d'autres éléments du jeu. Nikola Tesla n'avait pas joué au billard depuis des années, mais lors de sa deuxième année à Grätz, comme il avait une année d'avance dans ses études, il passait ses soirées au café et il était devenu un maître du jeu. Alors, quand les experts du Delmonico's lui expliquèrent les règles de base, il posa des questions « idiotes » et fit semblant de faire des fausses queues. Puis, il joua contre l'un des joueurs et continua à poser ses questions tout en essayant de frapper les boules de la manière la plus difficile possible (pour bien montrer qu'il était un véritable amateur) et réussissait, à la plus grande surprise des experts, à les empocher. Il joua contre plusieurs d'entre eux cette nuit-là, et il gagna chaque match avec des scores très déséquilibrés. Il déclara que le nouveau jeu lui donnait la chance d'exercer des théories très abstraites et mathématiques. Les experts du Delmonico's répandirent l'exploit incroyable de Nikola Tesla, le scientifique, qui était parvenu à maîtriser le jeu de billard en une seule soirée et qui avait battu les meilleurs joueurs de la ville. L'histoire se retrouva dans les journaux. Nikola Tesla refusa de rejouer, expliquant qu'il risquait de devenir si passionné par le jeu que ses recherches en seraient perturbées.

Ce même grand homme qui fit honneur de sa présence au Waldorf-Astoria et chez Delmonico's n'hésitait toutefois pas à arpenter la Bowery, qui se trouvait seulement à un bloc de son laboratoire de Houston Street. Un après-midi, il fit une halte désaltérante dans l'un des emporiums de cette rue, peu de temps après qu'un habitant de la Bowery, Steve Brodie, devint célèbre pour avoir sauté, ou du moins pour avoir affirmé qu'il avait sauté, du pont de Brooklyn. Alors que Nikola Tesla levait son verre de whisky, il dit au barman : « Vous savez ce que Steve a dit juste avant de sauter du pont ? "Une bonne descente que voilà" » et il descendit d'une traite son verre.

Un buveur qui se trouvait à côté, et qui n'était pas très frais, ne comprit pas la remarque de Nikola Tesla et crut que ce dernier avait entendu Steve Brodie raconter le fin mot de son histoire. Il courut rejoindre l'inventeur pour lui proposer un verre, et ses amis le rejoignirent. Nikola Tesla les abandonna en riant et s'échappa du bar, le buveur malavisé se mit à sa poursuite en criant « Arrêtez-le, c'est Brodie. » Les piétons qui se trouvaient dans la rue comprirent de travers ce qu'il criait à cause de son fort accent et se mirent aussi aux trousses de l'inventeur, en appelant « Arrêtez ce bandit ! » Avec ses longues jambes, Nikola Tesla distançait aisément le cortège, il se précipita dans une allée, par-dessus la palissade, et grimpa à l'échelle de la sortie de secours qui se trouvait derrière son bâtiment, il entra dans son laboratoire par une fenêtre, enfila rapidement un tablier de forgeron et commença à battre une barre métallique. Ses poursuivants perdirent sa trace.

Nikola Tesla était adulé par les Serbes de New York. Beaucoup d'entre eux pouvait affirmer être un parent éloigné de la famille Tesla ou Mandich, et même ceux qui ne pouvaient pas en dire autant l'admiraient de la même manière, et ce même s'il n'accepta jamais leurs invitations pour se joindre à leurs réunions ou autres.

Un jour, un Serbe très enthousiaste, un ouvrier, lui rendit visite à son appartement au Waldorf-Astoria pour lui demander de l'aide. Il s'était disputé et avait frappé un de ses compatriotes serbes qui avait ordonné un mandat pour son arrestation. Le visiteur n'avait pas d'argent mais il souhaitait s'échapper à Chicago. Est-ce que Nikola Tesla aurait eu la générosité de lui payer le voyage ?

« Tu as donc attaqué un homme, et maintenant tu cherches à échapper à ta punition, lui dit Nikola Tesla, tu peux sans doute échapper à la loi, mais tu n'échapperas pas à ton châtiment, tu vas le recevoir sur-le-champ ! » Il prit une canne et attrapa l'homme par l'arrière du cou, il le fit tourner ainsi autour de la salle, en lui frappant le derrière et en faisant voler la poussière de son pantalon jusqu'à ce que le jeune homme le supplia d'arrêter.

« Penses-tu pouvoir devenir un homme meilleur et ne plus chercher la bagarre en étant à Chicago ? » lui demanda-t-il. L'homme en était convaincu. Nikola Tesla lui donna de quoi acheter son billet de train et quelques dollars de plus.

Nikola Tesla était si populaire dans les années quatre-vingt-dix que beaucoup venaient souper au Palm Room du Waldorf juste pour apercevoir l'inventeur. Il partait de son bureau à dix-huit heures, mais juste avant il appelait le maître d'hôtel pour passer la commande de son diner, insistant que lui seul pouvait le servir. Le repas devait être prêt pour vingt heures. Entre temps, il montait dans sa chambre et se changeait en tenue de soirée, une cravate blanche et une queue-de-pie. Il soupait seul, sauf en de très rares occasions où il invitait un groupe à diner par contrainte sociale.

L'argent fut toujours un détail pénible pour Nikola Tesla. Pendant quinze ans, à partir de 1888, il eut toujours ce dont il avait besoin pour s'acquitter de ses obligations, et il vivait bien. Mais aux environs de 1902, sa situation financière ne fut pas de tout repos, mais il était au sommet de sa gloire, tout comme l'était la nécessité d'entretenir son niveau de vie s'il souhaitait récupérer sa fortune. Il continua d'organiser de grands diners réguliers au Waldorf pour se libérer de ses contraintes sociales, et il lui était difficile de s'acclimater à ce manque d'argent. Une fois, alors que beaucoup de personnes étaient réunies dans une salle à manger privée, le maître d'hôtel lui chuchota qu'un diner somptueux avait été préparé et était prêt à être servi quand il le désirerait, mais que le service de crédit insistait qu'il serait impossible de le servir avant qu'il ne fusse payé d'avance. « Appelez M. Morgan au téléphone dans le bureau du directeur, j'arrive tout de suite. » fulmina Nikola Tesla. En un rien de temps, un messager vint lui remettre un chèque d'un montant-plus-qu'approprié. On rapporta que ce genre de situation arriva plusieurs fois, mais qu'à chaque fois elles s'arrangeaient dans le bureau du directeur, sans aucune intervention extérieure.

Le seul semblant de vie privée que vécut Nikola Tesla fut par l'intermédiaire de Robert Underwood Johnson, un diplomate et poète, mais aussi un des éditeurs du Century Magazine, dont le siège se trouvait sur la Madison Avenue, dans le quartier réputé de Murray Hill. Nikola Tesla et Johnson étaient très proches. L'amour de la poésie était l'un des nombreux points qu'ils partageaient. Johnson écrivit, et publia en avril 1895 dans le Century, un court poème au sujet de sa visite du laboratoire de Nikola Tesla. Il en résulta une coopération des deux hommes où Johnson reformulait plusieurs traductions littérales de poésies serbes faites par Nikola Tesla, qui était capable de réciter des milliers de vers de mémoire. Environ quarante pages de ces traductions, ainsi qu'une préface rédigée par Nikola Tesla, furent inclus dans la prochaine édition de Poems rédigé par Johnson.

Des célébrités de tous les domaines d'activité étaient souvent invitées à la maison de Johnson, et des diners officiels étaient en permanence organisés pour rassembler toutes sortes de personnalités brillantes. Nikola Tesla était présent à chaque fois qu'on réussit à le convaincre de participer, mais il préférait éviter autant que possible les diners officiels. Cependant, il rendait régulièrement des visites informelles, arrivant à l'improviste et souvent à des heures inhabituelles. Il lui arriva souvent de se rendre à la maison de Johnson après minuit, après que la famille se soit couchée, et que « Bob » et « Nick » passaient des heures à se complaire dans leurs échanges d'idées fabuleuses. (Johnson et « Willie » K. Vanderbilt furent, comme il a été souligné, les seules personnes à avoir appelé Nikola Tesla par son prénom.)

Les visites de Nikola Tesla à la maison des Johnson duraient plusieurs heures. Il arrivait en taxi, qui devait toujours attendre son retour pour le ramener à son hôtel à quelques blocs de là. Les enfants de Johnson apprirent à profiter de ces occasions, et lorsqu'il arrivait tôt en soirée, ils lui demandaient s'ils pouvaient emprunter son taxi pour faire le tour de Central Park pendant qu'il discutait à la maison.

Nikola Tesla appréciait l'opéra et pendant un temps il assista souvent à plusieurs représentations. La loge de William K. Vanderbilt lui était toujours disponible, ainsi que celles d'autres mécènes du Métropolitain. Il se rendait quelques fois au théâtre. Sa comédienne préférée était Elsie Ferguson qui, d'après lui, savait comment s'habiller et était la femme la plus élégante qu'il vit sur scène. Il délaissa petit à petit le théâtre et l'opéra pour le cinéma, mais même encore il n'y alla que peu fréquemment. Les tragédies n'étaient pas à son goût, mais il aimait les comédies et les divertissements légers.

Parmi ses amis proches se trouvait le contre-amiral Richmond Pearson Hobson, le héros de la guerre hispano-américaine. Dans les années qui suivirent, Hobson devint la seule personne capable de persuader Nikola Tesla d'interrompre sa quête intellectuelle pour une séance au cinéma.

Nikola Tesla n'était adepte d'aucune religion. Il se sépara très tôt de l'Eglise et n'acceptait pas ses doctrines. Lors du diner donné pour son dix-septième anniversaire, il avait annoncé que ce qui était appelé l'âme n'était qu'une des fonctions du corps, et que lorsque le corps cesserait de fonctionner, l'âme disparaîtrait.

Un homme est rarement un héros pour sa secrétaire, mais pour Mlle Dorothy F. Skeritt, qui travailla pour Nikola Tesla pendant plusieurs années, jusqu'à ce qu'il fermât son bureau à ses soixante-dix ans, il resta toujours un surhomme vertueux. Sa description de Nikola Tesla, à cet âge-là, mentionne la même personnalité magnétique qui avait tant impressionné les écrivains trente ans plus tôt. Elle écrivit :

« Côtoyer M. Tesla c'était contempler un homme d'une grande taille et très mince. Il avait cette apparence presque divine. Quand il eut environ 70 ans, il se tenait droit, son corps émacié impeccablement et simplement vêtu de couleurs pâles. Il ne portait aucune broche d'écharpe ni d'anneau à ses doigts. Il coiffait ses cheveux noir broussailleux avec une raie au milieu qu'il ramenait en arrière d'un geste pour dégager son haut et large front, où des lignes s'étaient creusées à force de concentration appliquée sur des problèmes scientifiques qui le stimulaient et le fascinaient. Sous ses sourcils saillants, ses yeux enfoncés de couleur d'acier, au regard doux mais à la fois pénétrant, semblaient capables de lire vos pensées les plus secrètes. Quand il s'extasiait sur des domaines à conquérir et des exploits à réaliser son visage s'illuminait d'un éclat presque surnaturel et son audience était transportée de la banalité du présent vers des royaumes imaginaires futuristes. Son sourire aimable et son attitude majestueuse dénotaient toujours la courtoisie et la galanterie qui étaient une partie intégrante de son âme. »

Jusqu'à la fin, Nikola Tesla fit toujours très attention à son allure. Il savait bien s'habiller et il le montrait. En 1910, il affirma à sa secrétaire qu'il était l'homme le mieux vêtu de la Fifth Avenue et qu'il avait bien l'intention de le rester. Il n'était pas question de coquetterie ici. L'aspect soigné et la méticulosité dans le choix des vêtements allaient tout naturellement de paire avec les autres aspects de sa personnalité. Il n'avait pas une grande garde-robe et il ne portait aucun bijou. Les beaux vêtements seyaient parfaitement à son attitude raffinée. Toutefois, il remarqua qu'en matière de vêtements, le monde considérait un homme à sa propre valeur, qu'il dénotait dans son apparence, et qu'il atteignait souvent plus facilement ses objectifs en faisant preuve d'un minimum de courtoisie qu'il se gardait d'exprimer envers des personnes moins avenantes.

Il avait un faible pour les manteaux cintrés. Mais quoiqu'il portât, une élégance discrète s'en dégageait. Le seul type de chapeau qu'il portait était un chapeau melon noir. Il avait une canne et portait habituellement des gants en daim gris.

Nikola Tesla payait 2,50 dollars la paire de gants, les portait pendant une semaine, puis il les jetait même s'ils semblaient aussi neuf qu'à leur premier jour. Il uniformisa son style de cravates et les portait toujours avec un nœud simple. Les motifs n'avaient pas d'importance mais les couleurs devaient se limiter à une combinaison de rouge et de noir. Il achetait une cravate neuve toutes les semaines, en payant toujours un dollar.

Il ne portait qu'un seul genre de chemise et c'était des chemises de soies blanches ordinaires. Comme le reste de ses vêtements, dont ses pyjamas, ses initiales étaient brodées sur la poitrine gauche.

Nikola Tesla achetait ses mouchoirs en grande quantité car il ne les faisait jamais laver. Il les jetait après leur première utilisation. Il appréciait le tissus de bonne qualité et achetait un ensemble d'une marque standard. Ses cols n'étaient non plus jamais lavés, il ne les portait jamais plus d'une fois.

Il portait toujours des chaussures montantes, sauf lors des évènements officiels. Il réclamait des chaussures longues et étroites et insistait pour avoir une pointe parfaitement fuselée au bout carré. Ses chaussures étaient sans aucune doute faites sur mesure puisque la partie haute s'étendait jusqu'au mi-mollet, et il n'était pas possible d'acheter ce genre de chaussures en magasin. Ce soutient supplémentaire aux chevilles était certainement souhaitable du fait de sa grande taille.

L'utilisation unique de ses objets, comme les mouchoirs et les cols, comprenait aussi les serviettes de table. Nikola Tesla avait une phobie des microbes qui gênait profondément le fonctionnement de la machine sociale de sa vie. La table à laquelle il s'asseyait dans la salle à manger de son hôtel ne devait pas être utilisée par d'autres personnes. Une nouvelle nappe propre devait être installée à chaque repas. Il demandait également qu'une pile de plusieurs serviettes soit déposée sur le côté gauche de la table. Ainsi, à chaque fois qu'on lui apportait une assiette avec des couverts, il exigeait qu'ils fussent stériliser par la chaleur avant de sortir des cuisines, puis, il plaçait sur chacun une serviette pour que sa main ne soit pas en contact direct avec le couvert, et il utilisait une autre serviette pour le nettoyer. Il laissait ensuite tomber les deux serviettes sur le sol. Même pour un simple repas, il utilisait généralement toute la pile de serviettes. Il avait une sainte horreur des mouches. Si une mouche avait le malheur de se poser sur sa table, cela constituait une raison suffisante pour tout débarrasser et recommencer tous les préparatifs du repas depuis le début.

Heureusement pour Nikola Tesla, le maître d'hôtel du Waldorf-Astoria, lorsqu'il y habitait, était M. Peterson qui devint plus tard maître d'hôtel à l'hôtel Pennsylvania, où l'inventeur habita par la suite pendant plusieurs années. Une rumeur circulait selon laquelle un chef spécial avait été employé au Waldorf et au Pennsylvania pour préparer ses repas, mais M. Peterson démentit la rumeur.

Dans sa jeunesse, il aimait grandement avoir des steaks épais de bonne qualité pour le souper, de préférence un filet mignon, et il ne lui était pas inhabituel de manger deux ou trois steaks en un repas. Avec le temps, ses préférences s'orientèrent vers l'agneau, et il commandait souvent une selle rôtie. Même si une selle d'agneau était suffisamment grosse pour servir un repas de plusieurs personnes, il ne mangeait en règle générale que la partie centrale du filet. Les côtelettes d'agneau de lait rôties en couronne étaient un autre de ses plats favoris. Il appréciait aussi le pigeonneau farci aux noix. Cependant, en ce qui concernait les volailles, son met de choix était le rôti de canard. Il demandait à ce qu'il soit rôti sous une couche de pousses de céleri cuites à l'étouffé. Il avait créé lui-même cette méthode de cuisson du canard. Il en faisait souvent l'attraction principale pour inviter ses amis à diner, et dans ces moments-là, il allait en cuisine superviser sa préparation. Le canard préparé de cette manière était en tout cas délicieux. Du canard, il n'en mangeait que les filets.

Les décennies passant, Nikola Tesla se détourna de la viande. Il la remplaça par du poisson, toujours bouilli, et retira entièrement les viandes de son alimentation. Puis, plus tard, il élimina aussi le poisson et suivit un menu végétarien. Le lait était sa boisson de prédilection et vers la fin de vie, il devint l'ingrédient principal de son alimentation, servit tiède.

Quand il était jeune, il buvait énormément de café, puis, bien qu'il se rendit compte qu'il souffrait de ses effets secondaires, il trouva difficile de s'en séparer. Quand il se décida à ne plus en boire, il réussit à tenir ce bon sentiment mais il fut forcé de reconnaître que l'envie d'en boire lui restait. Il combattit cette envie en commandant à chaque repas une carafe de son café préféré dont il se servait une tasse pour pouvoir en sentir les arômes. Il lui fallut dix années pour que l'arôme du café se transformât en une gêne et qu'il n'eut plus besoin de s'en servir. Il considérait le thé et le chocolat tout aussi mauvais.

Il fumait beaucoup dans sa jeunesse, en particulier des cigares. Une de ses sœurs qui tomba gravement malade quand il avait une vingtaine années, lui dit qu'elle essayerait d'aller mieux s'il arrêtait de fumer. Ce qu'il fit immédiatement. Sa sœur se remit et il ne fuma plus jamais.

Nikola Tesla buvait du whisky car il estimait qu'il s'agissait d'une bonne source d'énergie et un moyen inestimable pour prolonger l'espérance de vie. Le whisky était, selon lui, à l'origine de la longévité de plusieurs de ses ancêtres. Au début du siècle, il déclara que le whisky lui permettrait de vivre jusqu'à l'âge de cent cinquante ans. Mais à la Prohibition durant la Première Guerre mondiale, il la condamna comme étant une atteinte inexcusable aux droits des citoyens. Cependant, il abandonna vite la consommation de whisky et de toutes autres boissons excepté le lait et l'eau. Mais il annonça que ne plus boire de whisky réduirait son espérance de vie à cent trente ans.

Nikola Tesla avança qu'il n'avait besoin d'aucun stimulant pour l'aider à réfléchir. Une marche rapide l'aidait bien mieux à se concentrer. Il semblait prit dans ses rêves lorsqu'il marchait. Il serait passé juste à côté d'une personne qu'il connaissait très bien sans même la voir, malgré qu'il l'aurait regardée directement. Ses pensées l'emmenaient à des kilomètres de là où il se trouvait. C'est apparemment ce qui causa en 1937 son accident, où il fut reversé et sérieusement blessé par un taxi. En réalité, deux ans plus tôt, lors d'une interview, il avait précisé qu'il serait certainement tué par un camion ou un taxi en traversant illégalement la rue.

Il pesait, dévêtu, soixante-cinq kilos, et, sauf en période de maladie, son poids varia à peine entre 1888 et 1926, date à laquelle il perdit volontairement deux kilos.

L'un des petits plaisirs de Nikola Tesla fut, pendant des années, des massages crâniens. Il allait chez le barbier trois fois par semaine et demandait à ce qu'on le massât pendant une demi-heure. Il insistait pour que le barbier plaçât une serviette propre sur sa chaise, mais, étrangement, il n'avait rien contre le fait d'utiliser la tasse ou le blaireau communs de rasage.

Nikola Tesla soutint toujours qu'il ne dormait pas plus de deux heures par nuit. Il dit qu'il allait se coucher à cinq heures du matin, et qu'il se levait à dix heures, après avoir dormi deux heures, puisque trois étaient bien trop. Une fois par an, il admit, il dormait cinq heures et cela lui permettait d'accumuler énormément d'énergie. Il ne cessait jamais de travailler, dit-il, et ce même lorsqu'il dormait. Nikola Tesla avait ri quand Edison avait affirmé qu'il ne dormait que quatre heures par nuit. Edison avait pour habitude, expliqua-t-il, de s'asseoir dans son laboratoire et de faire une sieste de trois heures, deux fois par jour. Il est possible que Nikola Tesla, lui aussi, récupérait du temps de sommeil de la même manière, sans en être conscient. Les employés de l'hôtel racontèrent qu'il leur arrivait souvent de voir Nikola Tesla debout, immobile, pendant plusieurs heures, totalement inconscient de ce qu'il se passait autour de lui, de sorte qu'ils pouvaient travailler dans la même pièce sans, apparemment, qu'il ne se rendît compte de leur présence.

Le bureau de Nikola Tesla était toujours équipé d'une deuxième salle de bain qu'il était le seul à pouvoir utiliser. Il lavait ses mains pour la moindre raison. Et à chaque fois, il demandait à sa secrétaire de lui donner une serviette fraichement lavée pour se sécher.

Il allait aux extrêmes pour éviter de serrer la main. Il plaçait souvent ses mains derrière son dos à l'approche de quelqu'un qui risquerait de vouloir essayer de lui serrer la main, ce qui créait souvent des situations embarrassantes. Si par chance, un visiteur venait à son bureau et le prenait par surprise et lui serrait la main, Nikola Tesla devenait si contrarié qu'il était incapable de prêter la moindre attention quant à la raison de la visite de cette personne et il leur demandait souvent de l'excuser avant qu'elle n'ait eu le temps de s'expliquer, puis il se précipitait dans sa salle de bain pour se récurer les mains. Il avait presque la nausée quand il voyait ses ouvriers manger leur déjeuner avec des mains sales.

Une autre phobie de Nikola Tesla était les perles. Si une femme invitée à un diner auquel il participait portait des perles, il en devenait incapable de manger. Les surfaces lisses et rondes, en général, était une véritable aversion pour lui, il avait même mis du temps à supporter les boules de billard.

Nikola Tesla n'eut jamais de migraine. Malgré qu'il eut plusieurs maladies graves, il n'eut jamais besoin d'un docteur quand il était autonome.

Pratiquement toutes ses phobies avaient une raison, mais qui n'étaient pas toutes connues. Sa phobie des microbes pouvait être attribuée aux deux graves maladies qu'il avait développées dans son enfance, qui furent sûrement le choléra, une maladie très fréquente dans sa terre natale, qui était transmise par un virus qui se trouvait dans l'eau non potable et par contagion entre personnes.

Nikola Tesla n'ignorait pas ses particularités, il en était parfaitement conscient ainsi que des frictions qui en résultaient quotidiennement. Mais elles faisaient partie intégrante de lui-même, et il lui était aussi impossible de s'en défaire que de s'arracher le bras droit. Il s'agissait sûrement de l'une des conséquences de sa vie solitaire, ou peut-être, qu'elles en étaient les causes.

DIX-NEUF

Il semblerait que l'esprit de Nikola Tesla était en permanence sous une énorme pression explosive. Une avalanche d'idées menaçait de déferler à tout instant. Il semblait incapable de suivre le fil de ses propres pensées. Ses réalisations ne purent jamais être à la hauteur de ses projets par manque d'équipement. Même une armée d'assistants compétents à sa disposition n'aurait pas été suffisant. Par conséquent, ses associés ressentaient en permanence une sorte de « détermination », mais il était un employeur généreux en matière de salaires et d'heures de travail. Il leur demandait souvent de travailler des heures supplémentaires, mais ils étaient payés gracieusement en échange.

Pourtant, travailler pour Nikola Tesla n'était pas de tout repos. Il était extrêmement méticuleux et ordonné dans ses affaires personnelles et attendait la même chose de ses employés. Il était un excellent mécanicien et plaçait la barre très haute dans ses critères, qu'il basait sur sa réussite, pour tout travail accompli dans son laboratoire. Il admirait beaucoup l'intelligence dont faisait preuve ses assistants, qu'il récompensait souvent par des compensations supplémentaires lorsqu'ils réalisaient parfaitement des travaux difficiles, mais il n'avait aucune patience pour la stupidité et la négligence.

Même si Nikola Tesla employait des dessinateurs, il ne les laissait jamais s'occuper des travaux de conception de ses machines, et il tolérait leur présence uniquement parce qu'il lui était impossible d'éviter les relations avec d'autres organisations. Quand il avait des machines construites pour son utilisation personnelle, il donnait des instructions spécifiques pour chaque partie. L'ouvrier chargé de réaliser la machine était convoqué dans le bureau de Nikola Tesla, où l'inventeur lui dessinait un croquis presque microscopique au milieu d'une grande feuille blanche. Peu importe la précision de la pièce à réaliser, le croquis ne dépassait jamais les trois centimètres. Si Nikola Tesla faisait le moindre faux mouvement avec son crayon, il n'effaçait pas le trait, mais il recommençait le croquis depuis le début sur une nouvelle feuille. Toutes les dimensions étaient indiquées oralement. Quand le croquis était terminé, l'ouvrier ne pouvait pas emporter la feuille avec lui à l'atelier pour le guider dans son travail. Nikola Tesla détruisait le document et demandait au mécanicien de travailler de mémoire. L'inventeur dépendait entièrement de sa mémoire pour tous les détails, et il ne rabaissait jamais ses plans mentaux en les couchant sur papier pour les directions de construction, il pensait que d'autres pouvaient obtenir cette capacité s'ils s'en donnaient suffisamment la peine. Il chercha donc à les forcer à essayer ainsi en imposant qu'ils travaillèrent sans aucun croquis.

Tous ceux qui travaillèrent aux côtés de Nikola Tesla admiraient énormément sa capacité remarquable à suivre un grand nombre de détails précis touchant chaque étape de plusieurs projets qu'il avait en cours en même temps. Aucun employé ne reçut plus d'informations qu'il ne lui était absolument nécessaire pour achever un projet. Et aucun ne savait à quelles fins une machine ou une pièce allait servir. Nikola Tesla estimait qu'Edison recevait plus d'idées de ses associés qu'il n'en proposait lui-même, donc il s'efforçait de faire l'impossible pour éviter cette situation. Il se sentait l'homme qui faisait preuve de la plus grande abondance d'idées dans le monde et qu'il n'avait pas besoin de celles des autres, et il avait l'intention d'empêcher quiconque d'y contribuer.

Nikola Tesla était sans doute très injuste avec Edison sur ce sujet. Les deux hommes représentaient deux genres totalement différents et distincts. Nikola Tesla était parfaitement dépourvu d'un esprit universitaire, c'est-à-dire un esprit prêt à coopérer avec d'autres pour acquérir des connaissances et effectuer des recherches. Il ne pouvait ni donner, ni recevoir, mais répondait tout à fait à ses propres exigences. Edison était une personne plus à même à coopérer ou à diriger. Il attirait des associés brillants à qui il déléguait des portions importantes de ses projets de recherches inventifs. Il pouvait agir comme un catalyseur, pour stimuler leurs activités mentales créatrices, et ainsi multiplier ses propres capacités inventives. Si Nikola Tesla avait possédé cette capacité, sa liste d'exploits réalisés aurait été encore bien plus longue.

Son incapacité à travailler en groupe, à partager ses intentions, furent son plus grand handicap. Nikola Tesla était complètement isolé du reste de la structure intellectuelle de son époque et le monde souffrit du manque des nombreuses pensées créatrices qu'il fut incapable d'exprimer en inventions complètes. C'est le devoir du maître de former les disciples qui lui succèderont, mais Nikola Tesla refusa de prendre cette responsabilité. S'il s'était associé, lors de sa période la plus active, avec plusieurs jeunes et brillants scientifiques, ces derniers auraient pu le mettre en relation avec les mondes des sciences et de l'ingénierie desquels, malgré sa renommée et ses exploits extraordinaires, il était tout à fait isolé du fait de ses caractéristiques personnelles particulières. Sa célébrité était tellement assurée, que le succès de ses assistants n'auraient pu la ternir, et le maître aurait brillé encore plus par les exploits de ses disciples. Il aurait pu intéresser des jeunes hommes pragmatiques qui auraient pu l'aider en assurant complètement la charge de réaliser les mises en pratique de certaines inventions mineures, mais tout de même importantes, grâce auxquelles il aurait récolté suffisamment de profit pour payer le coût de maintenance de ses laboratoires. Un grand nombre d'inventions furent assurément perdues à jamais à cause de la tendance solitaire intellectuelle dont faisait preuve Nikola Tesla. Il inspira sans doute indirectement beaucoup de jeunes garçons à devenir inventeurs.

Nikola Tesla avait une très forte réaction face aux manies personnelles des personnes avec lesquelles il travaillait. Quand il y était défavorable, il lui était impossible de tolérer la présence de la personne dans son champ visuel. Par exemple, lorsqu'il effectuait ses travaux expérimentaux à la centrale de Allis Chalmers dans le Milwaukee, il n'augmenta pas sa côte de popularité en insistant sur le renvoi de certains ouvriers de l'équipe qui s'occupaient des turbines sous prétexte qu'ils ne lui revenaient pas. Et puisque, comme nous l'avions montré précédemment, il s'était mis les ingénieurs de la centrale à dos, les court-circuitant en s'adressant directement au président et au conseil d'administration, le travail sur les turbines progressait dans une atmosphère qu'on pouvait difficilement appelée de coopération.

Il était également totalement incapable de gérer ses affaires financières. Alors qu'il travaillait sur le projet de turbine de la Union Sulphur Company, il eut à sa disposition un bateau qu'il pouvait utiliser en journée, mais s'il travaillait après dix-huit heures, il devait payer 20 dollars de l'heure. Il n'utilisa jamais le bateau avant dix-huit heures. De plus, chaque nuit, il devait payer 10 dollars pour le souper de l'équipe. En une année, ses dépenses revinrent à 12 000 dollars au total, qui durent creuser encore plus l'acompte qu'il devait. Et ce ne fut pas ses seules dépenses supplémentaires. Presque tous les soirs, il donnait un pourboire de 5 dollars à ses assistants principaux qui faisaient partie de l'équipe, et il donnait la même somme une fois par semaine à l'ensemble de l'équipe. Ces preuves de générosité ne furent évidemment pas en vain pour Nikola Tesla, elles pouvaient même être considérées comme nécessaires car il dirigeait ses assistants d'une main de fer.

En interrogeant les employés des hôtels où il vécut, ceux-ci révélèrent qu'il avait la réputation d'être très cavalier envers les domestiques. Il était presque cruel dans sa manière de leur donner des ordres, mais il se rattrapait immédiatement en leur payant de généreux pourboires.

Toutefois, il fut toujours très aimable envers les femmes, et même les hommes, de son personnel. Si l'un d'entre eux réalisait un travail d'une qualité exceptionnelle, tout le personnel était au courant. Quant aux critiques, il ne s'adressait qu'en privée à la seule personne concernée.

Nikola Tesla avait instauré une règle selon laquelle tout messager qui venait à son laboratoire devait recevoir un pourboire de vingt-cinq centimes, et chaque semaine il mettait de côté 10 dollars dans ce but.

S'il avait besoin de retenir son personnel de jeunes femmes secrétaires et dactylos pendant plusieurs heures supplémentaires de travail, il les invitait à diner au Delmonico's. Il appelait un taxi pour les jeunes filles et les suivait dans un autre taxi. Après s'être arrangé pour payer la note et les pourboires en avance, il partait.

Nikola Tesla prévoyait son arrivée au bureau afin qu'il entrât à midi pile. Il exigeait que sa secrétaire se tînt immédiatement à l'entrée pour le recevoir et lui prendre son chapeau, sa canne et ses gants. Ses bureaux ouvraient à neuf heures chaque matin afin que les tâches quotidiennes furent effectuées avant son arrivée, comme baisser tous les stores de sorte qu'aucune lumière extérieure ne puisse pénétrer dans les bureaux et qu'il semblait faire nuit. Comme il a été remarqué, l'inventeur était un « solifuge ». Il semblait être au meilleur de lui-même la nuit et souffrait d'une sorte d'handicap en plein jour, quoiqu'il en soit, il préférait travailler et faire ce qu'il considérait comme un amusement durant la nuit.

Les seules fois où il autorisait à ce que les volets de son bureau fussent relevés était quand un orage grondait. Les différents bureaux qu'il louait avaient une vue dégagée. Le bureau au 8 West 40th Street se trouvait sur le côté sud du Bryant Park, à l'extrémité est duquel se trouvait la bâtisse en contrebas qui abritait la New York Public Library. Depuis ses fenêtres au vingtième étage, il pouvait voir au-delà de l'horizon des toits de la ville qui se trouvaient plus bas et avoir une vue globale du ciel.

Et quand les grondements lointain du tonnerre présageaient des feux d'artifices d'éclairs, non seulement il était permis de relever les volets, mais c'était surtout obligatoire. Nikola Tesla adorait regarder les éclairs. Le canapé en mohair noire était poussé vers les fenêtres pour qu'il puisse s'y allonger, parfaitement détendu, en ayant une vue panoramique du ciel septentrional ou occidental. Il parlait toujours tout seul, mais il devenait très éloquent durant les orages. Les conversations qu'il avait en ces moments-là ne furent jamais archivées. Il souhaitait observer ce spectacle magnifique seul, et ses secrétaires étaient très disposées à lui obéir. Il pouvait calculer les distances, les longueurs et la tension de chaque éclair en mesurant avec ses doigts et en comptant les secondes.

Nikola Tesla devait tant se réjouir de ces étincelles phénoménales, bien plus longues que celles qu'il avait réussi à produire dans son laboratoire à Colorado Springs ! Il était parvenu à imiter les feux d'artifices électriques de la Nature, mais il n'avait pas encore surpassé ses prouesses.

Les Romains de l'Antiquité sublimaient leurs frustrations causées par les forces de la Nature en imaginant le concept mental de leur dieu tout puissant, Jupiter, comme étant doté du pouvoir de créer la foudre et d'abattre des éclairs sur la terre. Nikola Tesla refusait de sombrer dans la frustration, mais, comme les Romains antiques, il avait lui aussi créé un concept mental, un surhomme qui n'était pas inférieur au dieu maître des Romains, qui contrôlait les forces de la Nature. Oui, Nikola

Tesla se délectait des orages. Assis sur son canapé de mohair, il avait pour habitude d'applaudir la foudre, il l'approuvait. Il aurait même été un peu jaloux.

Nikola Tesla ne fut jamais marié, aucune femme, à l'exception de sa mère et de ses sœurs, ne partagea même une partie infime de sa vie. Il adulait sa mère et admirait ses sœurs pour leurs exploits intellectuels. L'une de ses sœurs, Marica, possédait une capacité exceptionnelle de mathématicienne et était capable de mémoriser de biens plus longs extraits de livres que son frère. Il attribuait à sa mère la plupart de ses capacités d'inventeur, et il ne cessait de faire l'éloge de sa capacité à inventer des gadgets utiles pour la maison, et il regrettait souvent qu'elle ne fusse pas née dans un milieu où elle aurait pu présenter ses nombreux talents créatifs à une plus grande audience. Il n'ignorait pas les avantages que pouvait apporter une femme à la vie d'un homme, puisqu'il avait toujours contemplé à quel point sa mère avait contribué au bien-être et au bonheur de son père. Mais à la place il vivait une vie tirée de bleus qu'il avait planifiée dans sa jeunesse, une vie conçue sur des bases mécaniques, où le temps et les énergies disponibles étaient investis dans les inventions, et sans aucune perte dans des projets émotionnels.

D'un point de vue sentimental, le jeune Nikola Tesla était séduisant. Il était trop grand et trop mince pour se faire passer pour un bel Adonis, mais ses autres qualités compensaient largement cet éventuel défaut. Il avait un beau visage, une personnalité magnétique, mais il était discret, presque timoré, il avait une voix douce et posée, était bien élevé et s'habillait élégamment malgré qu'il ne disposait pas de l'argent nécessaire pour entretenir une garde-robe. Néanmoins, il évitait les rencontres romantiques, ou toute situation qui aurait pu y résulter, avec autant d'assiduité que les autres jeunes hommes les recherchaient. Il ne permettait pas à ses pensées de s'aventurer sur des terrains sentimentaux, et en ayant ses pensées ainsi parfaitement maîtrisées, la perte du contrôle de ses actions devint un problème de plus en plus important. Il n'était pas hostile aux femmes, il résolut le problème en les idéalisant à la place.

Un parfait exemple de sa fuite des sentiments pouvait être illustré par un incident qui se déroula à Paris lorsqu'il y retourna pour donner une conférence sur son système de courant alternatif après avoir obtenu une notoriété mondiale. Ses merveilleuses découvertes constituaient le sujet principal des conversations du jour, et où qu'il allât, il devenait la cible de tous les regards. Nikola Tesla appréciait particulièrement la situation. Moins de dix années auparavant, les cadres de la Continental Edison Company de la ville de Paris, avaient non seulement rejeté son système de courant alternatif qu'il leur avait proposé, mais ils l'avaient escroqué des gains qui lui revenaient de droit. Et il était de retour dans cette ville après être devenu riche et célèbre aux Etats-Unis et dans le monde. Il revenait à Paris comme un héros et il avait le monde à ses pieds.

Alors qu'il était assis à la terrasse d'un café avec un jeune ami, au milieu de la foule élégante qui discutait, une jeune femme gracieuse et superbement habillée, qui portait ses cheveux roux élégamment coiffés, et qu'il reconnu immédiatement comme étant Sarah Bernhardt, la célèbre actrice française, surnommée « la Divine », passa très près de sa table, puis laissa tomber à point nommé un petit mouchoir en dentelles à quelques mètres.

Nikola Tesla bondit immédiatement sur ses pieds. Il ramassa le mouchoir puis, son chapeau à la main, il s'inclina profondément, et tendit le carré de dentelles à la belle tragédienne en disant : « Mademoiselle, votre mouchoir. » Sans même lever la tête pour jeter un regard à son magnifique visage souriant, il retourna s'asseoir et reprit le fil de sa conversation sur ses expériences d'un système sans fil mondial de transmission d'énergie.

Un jour, quand un journaliste interrogea Nikola Tesla sur ses raisons de ne pas s'être marié, sa réponse, telle qu'elle fut retranscrite dans l'interview qui fut publiée, fut la suivante :

« J'ai prévu de vouer ma vie entière à mon travail, et pour cette raison je suis privé de l'amour et de la compagnie d'une bonne épouse, et plus encore.

« J'estime qu'un écrivain ou qu'un musicien doit se marier. Ils s'en retrouvent inspirés pour réaliser ainsi des œuvres exceptionnelles.

« Mais un inventeur est d'une nature si intense, avec tant de fougue et de passion, que s'il se donnait à une femme, il abandonnerait tout, il dépossèderait son domaine de prédilection: C'est bien dommage, car nous nous sentons seuls aussi parfois.

« Quand j'étais étudiant, j'ai su ce que c'était que passer quarante-huit heures d'affilés à une table de jeu, et d'éprouver des émotions intenses, que la plupart des gens croient être les plus intenses qui existent, mais elles sont fades et insipides comparé au magnifique instant où votre travail de plusieurs semaines se fructifie dans la réussite d'une expérience qui prouve vos théories... »

« Nikola Tesla a connu cette joie absolue plusieurs fois, dit le journaliste, et il va certainement la revivre encore très souvent. Son travail de toute une vie ne peut en aucun cas s'achever à quarante ans. Il semblerait que ses capacités viennent à peine d'atteindre leur apogée. »

Nikola Tesla était très reconnaissant des efforts de beaucoup de femmes qui portaient un véritable intérêt à son bien-être, et qui essayaient de rendre la vie plus tolérable et agréable à un scientifique qui n'était visiblement pas dans son élément sur la scène sociale, et qui aurait tout donné pour pouvoir la quitter. Il parlait avec beaucoup d'enthousiasme de la première mme Clarence Mackay (née Duer), mme Jordan L. Mott, et de la beauté de Lady Ribblesdale (anciennement mme John Jacob Astor). Il admirait le dynamisme de l'idéalisme de Mlle Anne Morgan. Mais jamais leurs rencontres ne furent même teintées d'un soupçon de romance.

Il était impressionné par la grande, élégante et charmante Mlle Marguerite Merington, une pianiste de talent et écrivain sur des sujets musicaux, qui venait souvent diner à la maison de Johnson.

« Pourquoi ne portez-vous pas de diamants et de bijoux comme les autres femmes ? » demanda Nikola Tesla à Mlle Merington un soir.

« Ce n'est pas par choix, répondit-elle, mais si j'avais les moyens de pouvoir me parer de diamants je pourrais penser à de meilleurs façons de dépenser mon argent.

« Que feriez-vous de cet argent si vous l'aviez ? continua l'inventeur.

« Je préférerai acheter une maison en campagne, sauf que je n'aimerais pas me rendre dans les faubourgs, dit Mlle Merington.

« Ha ! Mlle Merington, dès que je gagnerai mes millions je vous résoudrai ce problème. Je vous achèterai un îlot, ici, à New York, et je vous ferai construire une villa entourée d'arbres. Vous aurez ainsi votre campagne sans avoir à quitter la ville.»

Nikola Tesla était très généreux dans la répartition de ses futurs millions. Aucun de ses amis n'aurait manqué de quoique ce soit qu'ils désirèrent s'il avait eu les fonds pour les satisfaire. Mais, il aurait toujours tenu toutes ses promesses : « Dès que je gagnerai mes millions.»

Il n'était pas étonnant que Nikola Tesla eut une idée bien arrêtée sur la façon dont une femme devait se vêtir. Il était aussi intransigeant sur sa notion de ce qu'était une silhouette de femme. Il n'aimait pas les femmes très « lourdes » et détestait absolument les obèses. Et il avait en horreur ces femmes bien en chair, habillées de vêtements tape-à-l'œil et recouvertes de bijoux, qui passaient leur temps dans les hall d'hôtel. Il aimait les femmes soignées, minces, élégantes et gracieuses.

Un jour, l'une de ses secrétaires, une belle blonde aux belles proportions, se rendit au bureau en portant une robe très à la mode. C'était une robe d'été avec de jolis motifs. La mode demandait que la taille fusse portée très basse, bien en-dessous des hanches, de plusieurs centimètres. Ce qui donnait une jupe assez courte, et la robe ressemblait presque un simple cylindre entre le cou et les hanches. C'était la toute dernière tendance, qui vivait une popularité aussi brève qu'intense. La secrétaire était une excellente couturière et avait cousu sa robe elle-même, une réalisation dont elle pouvait être fière.

Nikola Tesla convoqua la secrétaire. Elle se glissa dans son sanctuaire sans s'attendre, mais en espérant secrètement, qu'il lui dirait un mot gentil à propos de sa nouvelle robe.

« Mademoiselle, dit-il, qu'est-ce-que vous portez là ? Vous ne pouvez pas être habillée de la sorte pour faire la commission que je vais vous demander. Je veux que vous portiez une note à un banquier très important en ville, et que penserait-il s'il voyait arriver un membre de mon personnel vêtu d'une robe aussi immonde ? Comment pouvez-vous être ainsi une esclave de la mode ? Quelle que soit la tendance selon les couturiers, vous achèterez et porterez les vêtements. Mademoiselle, vous êtes pleine de bon sens et avez bon goût, alors pourquoi vous êtes vous laissée entraîner par la vendeuse pour acheter une telle robe ? Et si vous étiez aussi intelligente que ma sœur qui coud ses propres robes, vous vous seriez épargnée de porter un style aussi repoussant que celui-ci, vous pourriez ainsi créer vos propres vêtements et vous porteriez des robes décentes. Vous devriez toujours vous inspirez de la nature dans la conception de vos vêtements. Ne laissez pas les couturiers déformer la nature pour vous, vous en devenez laide au lieu de séduisante. Maintenant, Mademoiselle, montez dans un taxi, qu'on ne vous voit pas trop, rentrez chez vous vous changer dans une tenue plus appropriée, et revenez dès que possible pour que vous puissiez porter cette lettre pour moi en ville. »

Nikola Tesla ne s'adressait jamais à ses employées par leur prénom ou leur nom. Il les appelait uniquement par le terme « Mademoiselle ». Quand il le prononçait, il insistait sur le « Maaademoiselle » et pouvait ainsi changer la tonalité. Quand il s'adressa à la secrétaire qui portait la robe qui n'était pas du tout à son goût, il s'exprima en allongeant la dernière syllabe « Mademoiseeeeeelleeee. » Mais il pouvait aussi le prononcé de manière plus sèche et péjorative.

Quand une jeune femme de son personnel quitta son poste pour aller se marier, Nikola Tesla prêcha ce court sermon au reste des employés :

« Ne vous mariez pas trop jeune. Quand vous êtes très jeunes, les hommes se marient pour votre beauté, et dix ans plus tard, quand votre beauté n'est plus, ils se lassent de vous et vont voir ailleurs. »

L'attitude de Nikola Tesla vis-à-vis des femmes était paradoxale : il idéalisait la femme, il la mettait sur un piédestal, mais il la voyait aussi d'une manière purement objective et matérialiste, comme si leur création n'avait comporté aucun concept spirituel. Sans doute était-ce une extériorisation du conflit qu'il vivait intérieurement, entre l'attitude saine et normale vis-à-vis des relations avec une femme, et son projet de vie détachée et insensible où il se refusait de partager la moindre portion de son existence avec l'une d'elles.

Nikola Tesla ne pouvait considérer que les femmes les plus excellentes comme ses amies, et il idéalisait de tels individus sans aucune difficulté, il pouvait les désexualiser mentalement afin d'éliminer le vecteur ou l'attirance émotionnelle. Pour les autres, il ne prenait pas la peine d'appliquer ce processus. Elles n'avaient aucun attrait pour lui.

Toutefois, il visualisait la naissance d'une espèce humaine supérieure parmi ce fatras d'êtres humains, un nombre restreint de personnes mais possédant un très haut statut intellectuel, tandis que les autres se limiteraient à une existence de production et de reproduction, qui pourrait cependant représenter une grande amélioration des conditions actuelles. Il cherchait à créer un idéalisme à partir des concepts purement matérialistes de la nature humaine. Un reliquat des idées matérialistes et agnostiques qui avaient eut du succès parmi les scientifiques durant ses années de formation. Il ne lui fut pas difficile d'éliminer ce trait de comportement dans ses dernières années, mais il s'accrocha à l'aspect qui portait une approche mécanique à la solution des problèmes de l'humanité, bien qu'il fusse prêt à reconnaître que les facteurs spirituels étaient une réalité et qu'il fallait les prendre en compte dans ce genre de projet.

Il n'exprima son opinion sur les femmes qu'une seule fois lors d'une interview, publiée en 1924 sous la forme d'une article rédigé par John B. Kennedy, pour le magazine Collier's, dont voici un extrait :

La lutte des femmes pour obtenir l'égalité des sexes se résultera par la création d'un nouvel ordre sexué, où les femmes seront supérieures. La femme moderne, qui ne prévoit la progression de son sexe que dans un phénomène superficiel, n'est qu'un signe avant-coureur d'une évolution plus profonde et plus fomentée au sein de l'humanité.

Ce n'est pas par la vaine imitation du physique masculin que les femmes revendiqueront tout d'abord leur égalité, puis leur supériorité, mais grâce à l'éveil de l'intellect féminin.

Car l'esprit des femmes a bien démontré une capacité à égaler toutes les acquisitions et les réussites des hommes, et au fil des générations, cette capacité grandira. La femme moyenne sera aussi éduquée qu'un homme ordinaire, puis elle deviendra plus instruite, puisque ses facultés latentes cérébrales s'activeront et seront bien plus intenses suite aux siècles de repos.

Les femmes ne s'attarderont pas sur le passé et surprendront la civilisation de leurs avancées.

Le fait que les femmes s'approprieront de nouveaux domaines d'activité, qu'elles s'empareront progressivement de l'autorité, estompera jusqu'à anéantir complètement la sensibilité féminine, étouffera l'instinct maternel pour rendre le mariage et la maternité détestables, et rapprochera de plus en plus la civilisation humaine de la civilisation parfaite inspirée des abeilles.

L'importance de ce fait repose sur le principe dominant de l'économie des abeilles, qui possèdent le système coordonné et organisé le plus intelligent qui existe chez n'importe quel autre forme de vie animale non-rationnelle, qui est la suprématie absolue de l'instinct vers l'immortalité en divinisant la maternité.

Toute la vie des abeilles s'articule autours de la reine. Elle domine la ruche non pas par droit de succession, car n'importe quelle larve peut aspirer à devenir reine, mais parce qu'elle est le sein de l'espèce.

Il y a de grandes armées désexualisées d'ouvrières dont le seul but et rôle dans leur vie est de travailler. C'est la perfection même du communisme, d'une vie sociale et coopérative où tous les éléments, même les jeunes, sont la propriété commune du groupe.

Puis, il y a les nymphes, les princesses abeilles, les femelles qui ont été sélectionnées dès leur naissance parmi les œufs pondus par la reine, des larves qui sont protégées dans le cas où une reine ne pourrait plus remplir ses fonctions pour la ruche afin de la remplacer. Et les abeilles mâles, peu nombreux et malpropres, dont la présence est tolérée uniquement parce qu'ils sont indispensables pour féconder la reine…

La reine retourne à la ruche, fécondée et portant en elle des dizaines de milliers d'œufs, l'équivalent d'une colonie entière d'abeilles, et débute alors son cycle de pontes, la vie grouillante et concentrée de la ruche s'affaire sans relâche à la naissance d'une nouvelle génération.

Il est difficile d'imaginer les perspectives de cette civilisation mystérieuse et prodigieusement dévouée qu'est celle des abeilles sur une analogie humaine. Mais en prenant en compte de quelle manière l'instinct humain de la perpétuation de l'espèce domine la vie sous toutes ses manifestations normales, extrêmes et perverses, il y a une justice ironique dans la possibilité que celui-ci, grâce au développement intellectuel féminin, puisse enfin s'exprimer en suivant le modèle des abeilles, même s'il fallait des siècles pour rompre les habitudes et les coutumes des personnes qui endiguent la progression vers une civilisation simplement et scientifiquement organisée.

Si Nikola Tesla ne possédait ne serait-ce que la moitié de ses connaissances en sciences physiques dans le domaine de la biologie, il n'aurait certainement pas vu dans la structure sociale des abeilles, adaptée aux limitations des insectes qui sont incapables d'utiliser des outils ou de se servir de forces naturelles bien plus puissantes que la leur, une solution aux problèmes humains. Et surtout, les abeilles ne peuvent jamais espérer utiliser des capacités intellectuelles avancées pour améliorer leur situation biologique, contrairement à l'espèce humaine. Avec une plus grande connaissance de la biologie, il aurait découvert que les processus physiologiques qui contrôlent l'instinct de reproduction d'un individu est indissociable de celui de la reproduction de l'espèce. De plus, en employant autant de connaissances biologiques et de clairvoyance que de principes mécaniques et matérialistes dans l'élaboration de son surhomme, il aurait pu le concevoir d'une manière bien plus complète et puissante, mieux adapté à l'intégration de ses créations intellectuelles dans la vie actuelle de l'humanité en faisant preuve d'une plus grande compréhension des questions humaines.

Nikola Tesla essaya de convaincre le monde qu'il était parvenu à supprimer l'amour et les sentiments de sa vie, mais ce n'était pas vrai. Son échec (ou plutôt sa réussite en l'observant sous un autre angle) constitue un chapitre secret dans la vie de Nikola Tesla.

VINGT

La particularité la plus apparente de la vie de Nikola Tesla fut sa propension à nourrir les pigeons sur les lieux publics. Ses amis étaient au courant de son activité mais avaient toujours ignoré la raison. Pour les piétons de la Fifth Avenue, il était une silhouette habituelle sur les places de la Public Library à la 42nd Street et de la cathédrale Saint-Patrick à la 50th Street. Quand il arrivait, il sifflait dans un low whistle, et des nuées d'oiseaux bleus, marrons, et blancs sortaient de toutes les directions et venaient se poser devant lui, comme un tapis de plumes, certains se perchaient sur lui pendant qu'il semait des graines pour oiseaux et il les laissait picorer dans ses mains.

Au cours des trente dernières années de sa vie, il est probable que très peu de personnes fussent capables de le reconnaître. Sa célébrité était retombée, et la génération qui le connaissait bien avait été remplacée par une nouvelle. Même lorsque les journaux publiaient, une fois par an, des articles en première page sur Nikola Tesla et ses dernières prédictions sur les merveilles scientifiques à venir, personne ne faisait le rapport entre le nom et cet homme très grand, très mince, qui portait des vêtements d'une époque oubliée et venait presque quotidiennement nourrir ses amis à plumes. Il faisait juste partie des étranges individus très différents et variés qui complétaient la population d'une grande métropole.

Quand il débuta cette habitude, et personne ne sut exactement quand elle débuta, il était toujours habillé à la pointe de la mode et on le voyait souvent accompagné par les personnes les plus célèbres du monde, qui l'accompagnaient en répandant des graines pour oiseaux, mais il vint un temps où il fit moins attention à ses tenues, qui devinrent de plus en plus démodées.

La Fifth Avenue, après minuit, était bien différente de l'artère congestionnée d'êtres humains et d'automobiles en circulation de jour. Elle était déserte. On pouvait marcher sur plusieurs blocs sans rencontrer personne à part un policier. Plusieurs fois, l'auteurs tomba fortuitement sur Nikola Tesla alors en promenade nocturne sur le Fifth Avenue, en direction de la librairie. Nikola Tesla était habituellement ravi de tomber sur un compagnon dans la rue pour discuter en plein jour, mais durant la nuit, il voulait absolument resté seul. « Vous devez partir, maintenant » disait-il, mettant fin brusquement à une conversation qui avait à peine débuter. L'hypothèse naturelle était que Nikola Tesla était pris dans le fil de ses pensées et ne souhaitait pas perdre sa concentration qu'il employait à résoudre un problème scientifique épineux. Mais comme on était bien loin de la vérité ! Et, comme je l'appris bien plus tard, quelle ne fut pas pour lui l'importance sacrée de ces pèlerinages de minuit pour aller nourrir les pigeons, qui répondaient à son appel, même depuis leur nids nocturnes !

La plupart des personnes avaient du mal à comprendre comment Nikola Tesla, absorbé dans ses avancées scientifiques capitales, qui travaillait deux fois plus que l'individu moyen, pouvait trouver le temps d'aller semer des graines pour oiseaux. Un éditorial du The Herald Tribune comportait la phrase suivante : « Il laissait ses expériences derrière lui un moment et allait nourrir les petits pigeons niais au Herald Square. »

Cependant, au bureau de Nikola Tesla, l'une de ses secrétaires avait l'habitude d'aller en ville à un jour précis de la semaine pour acheter quatre kilos chacun de sacs de graines de colza, de chanvre et d'alpiste. Ces graines étaient mélangées dans son bureau, et chaque jour il prenait un petit sachet en papier rempli de graines et s'en allait faire ses tournées.

Si, un jour, il ne lui était pas possible d'aller faire sa tournée pour nourrir les pigeons, il appelait un messager de la Western Union, lui payait son prix, avec un dollar de pourboire, et l'envoyait à sa place nourrir les pigeons.

Outre les pigeons de la rue, Nikola Tesla gardait lui-même des pigeons dans les chambres des différents hôtels où il vécut. Il avait généralement des paniers à nids réservés pour un à quatre pigeons dans sa chambre et il gardait un tonneau de graines sous la main pour les nourrir. La fenêtre de la chambre où il gardait ces nids n'était jamais fermée.

Un jour, en 1921, Nikola Tesla tomba très malade à son bureau sur la 40th Street. Il lui était impossible de travailler et il restait allongé sur son canapé. Quand les symptômes s'aggravèrent au point où il ne serait peut-être pas capable de rentrer chez lui, à l'Hôtel Saint Regis, il convoqua sa secrétaire pour lui donner un message « important ». Alors qu'il lui donnait ce message important, il demanda à la secrétaire de répéter chaque phrase après lui pour être certain qu'aucune erreur ne serait faites. Cette démarche par répétition n'était pas inhabituelle avec lui, mais à cet instant il était si malade, au bord de l'épuisement, qu'il semblait n'avoir l'énergie suffisante que pour prononcer le message une seule fois.

« Mademoiselle, chuchota-t-il, appelez l'Hôtel Saint Regis…

« Oui, Monsieur, répondit-elle, appelez l'Hôtel Saint Regis...

« Demandez à parler à la gouvernante du quatorzième étage...

« Dites-lui d'aller dans la chambre de M. Tesla...

« Et de nourrir le pigeon aujourd'hui...

« La pigeonne blanche avec une pointe de gris clair sur les ailes...

« Et de continuer à le faire...

« Jusqu'à réception de nouvelles instructions de ma part...

« La nourriture nécessaire se trouve dans la chambre de M. Tesla.

« Mademoiselle, dit-il d'un air plaintif, c'est extrêmement important. Pouvez-vous me répéter le message en entier que je sois sûr qu'il n'y ait pas d'erreur.

« Appelez l'Hôtel Saint Régis, demandez à parler à la gouvernante du quatorzième étage, dites-lui d'aller dans la chambre de M. Tesla et de nourrir le pigeon aujourd'hui, la pigeonne blanche avec une pointe de gris clair sur les ailes, et de continuer à le faire jusqu'à réception de nouvelles instructions de ma part. La nourriture nécessaire se trouve dans la chambre de M. Tesla.

« Ha, oui, dit Nikola Tesla, ses yeux s'éclaircirent en parlant, le pigeon blanc avec une pointe de gris clair sur les ailes. Et si je ne suis pas là demain, répétez ce message, et ce chaque jour jusqu'à ce que je vous donne de nouvelles instructions. Allez-y maintenant, Mademoiselle, c'est extrêmement important.»

Les instructions de Nikola Tesla étaient toujours effectuées à la lettre et celle-ci encore plus étant donné l'insistance inhabituelle dont il avait fait preuve. Sa secrétaire, et les membres du personnel, pensaient que sa maladie devait être plus grave qu'elle n'y paraissait, puisqu'alors qu'il était submergé par de nombreux problèmes très sérieux et qu'il semblait prêt à être assiégé à tout instant par la maladie, il oublia totalement les situations les plus urgentes pour ne focaliser son attention que sur un simple pigeon. Il devait délirer, pensaient-ils.

Quelques mois plus tard, Nikola Tesla ne se rendit pas à son bureau, et quand sa secrétaire téléphona à son hôtel, l'inventeur lui informa qu'il allait bien, mais que sa pigeonne était malade et qu'il n'osait pas sortir de peur qu'elle eut besoin de lui. Il resta dans sa chambre pendant plusieurs jours.

Un an environ plus tard, Nikola Tesla se rendit à son bureau plus tôt que d'habitude, et il semblait très inquiet. Il portait un petit paquet avec beaucoup de précaution dans le creux de son bras. Il téléphona à Julius Czito, un mécanicien sur qui il comptait souvent pour réaliser des tâches inhabituelles, et lui demanda de venir au bureau. Czito habitait dans les faubourgs. Il lui indiqua brièvement que le paquet contenait un pigeon qui était mort dans sa chambre à l'hôtel, et qu'il souhait l'enterrer décemment sur la propriété de Czito, où la tombe serait entretenue. Quand Czito raconta cette incident quelques années plus tard, il avoua qu'il fut tenter, en sortant du bureau, de jeter le paquet dans la première poubelle sur son chemin, mais quelque chose l'en dissuada et il le ramena chez lui. Avant qu'il ne put l'enterrer, Nikola Tesla lui téléphona à nouveau et lui demanda de lui ramener le paquet le lendemain. Personne ne sut ce que Nikola Tesla fit du paquet.

En 1924, la situation financière de Nikola Tesla s'écroula au plus bas. Il était totalement fauché. Il ne pouvait pas payer son loyer et plusieurs arrêts avaient été prononcés contre lui pour notes non payées. Un après-midi, un shérif adjoint vint à son bureau pour saisir tous les biens qui s'y trouvaient pour exécuter une décision de justice. Nikola Tesla parvint à convaincre le shérif de retarder la saisie. Quand le fonctionnaire repartit, il fit le point de la situation. Cela faisait deux semaines que ses secrétaires n'avaient pas été payées, et il leur devait maintenant un autre bout d'une semaine. Ses caisses à la banque étaient entièrement vides. Et ouvrir son coffre lui révéla que le seul objet de valeur qu'il possédait était la médaille Edison en or que l'American Institute of Electrical Engineers lui avait remis en 1917.

« Mesdemoiselles, dit-il en s'adressant à ses secrétaires, cette médaille en or à une valeur d'environ cent dollars. Je vais la faire couper en deux et vous recevrez chacune une moitié, ou l'une d'entre vous peut la prendre entière et remettre l'argent à la seconde plus tard. »

Les deux jeunes femmes, Mlle Dorothy F. Skeritt et Mlle Muriel Arbus, refusèrent qu'il endommageât ou se séparât de la médaille, et lui proposèrent à la place de l'aider en lui donnant le maigre liquide qu'elles avaient dans leur sac, ce qu'il déclina en les remerciant. (Quelques semaines plus tard, les jeunes filles reçurent leur salaire dû, qui était à 35 dollars par semaine, ainsi qu'un supplément de deux semaines de salaire.)

Après inspection du tiroir-caisse, il ne s'y trouvait qu'un peu plus de 5 dollars : c'était tout l'argent qu'il possédait.

« Ha ! Mademoiselle, dit-il, cela suffira pour acheter les graines à oiseaux. Je n'en ai plus, pourriez-vous aller en ville dans la matinée pour en acheter et me les faire livrer à mon hôtel. »

Il appela à nouveau son assistant de confiance, Czito (qu'il fut dans l'incapacité de payer jusqu'à un montant de 1000 dollars) et lui soumit le problème que le bureau devait être vidé immédiatement. En quelques heures, tous les bureaux furent vidés et leurs contenus stockés dans un immeuble de bureaux voisin.

Peu de temps après, il fut forcé de libérer son appartement à l'hôtel Saint Regis. Sa note n'avait pas été payée depuis un certain temps, mais la raison immédiate se rapportait aux pigeons. Il avait passé plus de temps dans sa chambre d'hôtel, qui était aussi devenue son bureau, et il accordait plus de temps à nourrir les pigeons. D'énormes volées venaient à sa fenêtre et dans les chambres, et les salissures qu'ils faisaient à l'extérieur du bâtiment devinrent un problème pour les agents d'entretien, et à l'intérieur pour les domestiques. Il chercha à résoudre ce problème en mettant les pigeons dans un panier, et en demandant à George Scherff de les lui apporter à sa maison, à Westchester. Trois semaines plus tard, quand on les relâcha, ils revinrent tous, l'un faisant l'aller-retour en une demi-heure. On laissa le choix à Nikola Tesla de soit arrêter de nourrir les pigeons, soit de quitter l'hôtel. Alors il choisit de partir.

Il s'installa ensuite à l'hôtel Pennsylvania. Il y resta pendant quelques années jusqu'à ce que la même situation, les notes impayées et les pigeons, se représentât de nouveau. Il déménagea à l'hôtel Governor Clinton, et au bout d'environ un an, il revécut la même expérience. En 1933, il habita ensuite à l'hôtel New Yorker, où il passa les dix dernières années de sa vie.

Une nuit d'automne 1937, après minuit, Nikola Tesla partit de l'Hôtel New Yorker pour effectuer son pèlerinage habituel vers la cathédrale et la librairie pour nourrir les pigeons. À un carrefour, à quelques pâtés de maison de l'hôtel, il eut un accident, et personne ne sut comment. Malgré son agilité, il ne parvint pas à éviter le taxi qui roulait dans sa direction, il fut éjecté lourdement sur le sol. Il ne chercha pas à savoir à qui revenait la faute, il ne demanda pas d'aide médicale, et se contenta de demander à ce qu'on le ramena à son hôtel dans un autre taxi.

En arrivant à l'hôtel, il alla se coucher, et à peine fut-il installé sous les couvertures qu'il téléphona pour demander son messager préféré, Kerrigan, à un bureau de la Western Union non loin de là, il lui remit le sac de graines à oiseaux et il l'envoya remplir la tâche qu'il avait entamée avant que cet accident ne l'interrompît.

Le lendemain, quand il devint évident qu'il lui serait impossible de faire ses promenades quotidiennes pendant un certain temps, il engagea un messager pour une durée de six mois pour nourrir quotidiennement les pigeons. Nikola Tesla s'était gravement fait mal au dos lors de son accident, et il avait trois côtes cassées, mais personne ne sut la gravité des blessures subies puisque, fidèle à ses habitudes tout au long de sa vie, il refusa de voir un médecin. Il souffrit aussi d'une pneumonie, mais il refusa encore une aide médicale. Il fut alité pendant des mois, et ne put continuer à nourrir les pigeons depuis la fenêtre de sa chambre, et un jour ils arrêtèrent de venir.

Au printemps 1938, il fut capable de se relever. Il reprit immédiatement ses habituelles promenades pour aller nourrir les pigeons mais sur une zone plus restreinte, et il demandait souvent à un messager de le remplacer.

Ce dévouement à nourrir les pigeons ne semblait qu'être le simple passe-temps d'un scientifique excentrique pour tous ceux qui le connaissaient, mais s'ils avaient pu sonder le cœur de Nikola Tesla, ou lire ses pensées, ils auraient découvert qu'ils étaient en train d'assister à la plus fantastique, la plus pathétique, mais aussi la plus douce, des histoires d'amour que le monde ait connue.

Nikola Tesla, en tant que surhomme de sa conception, souffrait des limitations de son créateur. Doté d'une intelligence supérieure à la normale autant en quantité qu'en qualité, ainsi que de facultés surnaturelles, il réussit à ériger le surhomme à une importance plus grande que la sienne, mais il atteignit toute sa hauteur grâce au sacrifice d'autres dimensions, et dans cette diminution en largeur et en épaisseur, se logeait un manque.

Quand il était jeune et que son esprit était à un stade très influençable et en plein développement, il adopta, comme nous l'avons vu, l'idéologie agnostique et matérialiste de la vie qui était la plus répandue de l'époque. La science actuelle s'est émancipée de l'oppression du mysticisme antagoniste ou du matérialisme, et est prête à considérer les deux visions comme formant des parties harmonieuses d'une approche globale de la conception de la Nature, mais elle reste consciente qu'elle ignore toujours comment manipuler, ou contrôler, les facteurs immatériels sur lesquels les mystiques ont basé leurs structures de connaissances. De larges royaumes d'expérience humaine furent rejetés au fil des époques par les scientifiques, quelque soit leur nom, qui ne parvenaient pas à les inclure logiquement à leur philosophies naturelles, qui étaient trop simplifiées et peu adaptées. En niant les phénomènes qui dépassaient leurs capacités intellectuelles, les scientifiques et les philosophes ne les avaient pas pour autant éliminés ou empêchés de se manifester. Néanmoins, les phénomènes qui étaient ainsi rejetés furent recueillis dans la maison académique des ecclésiastiques, qui les acceptaient sans les comprendre ou même sans espoir de les comprendre, et les emprisonnèrent dans les fondations des mystères religieux, où ils avaient un rôle très utile, car sur la base d'un inconnu il est possible d'établir de plus grands inconnus encore.

Les expériences mystiques des saints, quelque soit leur foi, sont les preuves des forces qui représentent les fonctions naturelles du phénomène de la vie, qui s'exprime à des degrés variés, en accord avec la révélation croissante de l'individu vers une évolution de niveau supérieur.

Nikola Tesla était un individu à un niveau avancé de développement, et il vécut des expériences qu'il refusa d'accepter comme telles, en reconnaissant les bénéfices qu'il en tirait sans en reconnaître le véhicule. Ce fut le cas, par exemple, lors de sa révélation explosive qui lui livra des quantités d'inventions extrêmement importantes, alors qu'il marchait dans le parc de Budapest, et dont la nature était fondamentalement la même, sauf en degré et en genre, à la lumière aveuglante qui vint à Saül sur la route vers Damascus, ou à d'autres qui reçurent l'illumination par un processus similaire.

Ses concepts matérialistes l'aveuglaient intellectuellement à l'étrange phénomène grâce auquel la révélation, ou l'illumination, s'était présentée à lui, mais le rendait encore plus admiratif de la valeur de ce qui lui avait été révélé. Cette révélation n'était pas un phénomène aléatoire qui survint à cet instant, car Nikola Tesla, doté par la Nature d'un intellect capable de grandes réalisations spirituelles, avait effectué des efforts presque surhumains pour obtenir ce qui lui fut révélé, et l'effort ne se dissociait pas du résultat.

Au contraire, Nikola Tesla refoulait un grand royaume d'une très grande dimension ou importance dans sa vie en planifiant la suppression de l'amour et des sentiments de ses pensées et de son expérience. Tout comme ses efforts visant à découvrir les secrets physique de la Nature avait emmagasiné des forces qui pénétraient les plans de la révélation, ses efforts incroyables pour réprimer l'amour et les sentiments avaient eux aussi créé des forces qui dépassaient son contrôle, et qui cherchaient à s'exprimer. Il existait un parallèle avec sa philosophie des phénomènes naturels, puisqu'il supprimait tous les aspects spirituels de la Nature et se cantonnait uniquement aux aspects purement matérialistes.

Deux forces, l'une étant l'amour et les sentiments dans sa nature personnelle, et l'autre les aspects spirituels de la Nature dans sa philosophie, en application avec ses travaux, étaient emprisonnées dans les néants de sa personnalité, cherchant une sortie vers le paradis de l'expression et de la manifestation. Et elles trouvèrent cette sortie, elles exprimèrent leur nature sous la forme de manifestation, mais Nikola Tesla ne les reconnut pas. En rejetant l'amour d'une femme et en pensant qu'il avait totalement éliminé le problème de l'amour, Nikola Tesla ne retira pas de sa nature sa capacité d'aimer, et quand celle-ci s'exprima, elle le fit en dirigeant ses énergies à travers un canal qu'il n'avait pas protégé lors de la conception de son surhomme.

La manifestation de ses forces combinées d'amour et de spiritualité résultèrent en une situation tout à fait fantastique, sans égal dans les archives de l'histoire humaine. Nikola Tesla me raconta cette histoire, mais si je n'avais pas eu de témoin pour m'assurer de ce que j'entendais, j'aurai cru n'avoir vécu qu'un simple rêve éveillé. C'était l'histoire d'amour de Nikola Tesla. Dans cette étrange romance, je compris immédiatement la raison de ces déplacements quotidiens et incessants pour aller nourrir les pigeons, ainsi que ces pèlerinages de minuit quand il ne souhaitait pas être dérangé. Je me souvins de ces moments quand il m'arrivait de le rencontrer dans une Fifth Avenue déserte et que, lorsque je lui adressais la parole, il me répondait : « Vous devez partir, maintenant. » Il me raconta son histoire avec simplicité, de manière concise et sans fioritures, mais sa voix était tout de même emprunte d'émotions :

« J'ai nourri les pigeons, des milliers de pigeons, pendant des années. Peut-être des dizaines de milliers, qui peut le dire. Mais il y avait un pigeon, un magnifique oiseau, blanc comme neige avec des pointes de gris clair sur ses ailes. Et celui-ci était différent. C'était une femelle. J'étais capable de la reconnaître n'importe où.

« Où que je me trouvais, cette pigeonne venait me trouver. Quand je voulais la voir, je n'avais qu'à l'appeler et elle volait vers moi. Elle me comprenait, et je la comprenais aussi.

« J'aimais cette pigeonne.

« Oui, répondit-il à une question qui n'avait pas été posée, oui, j'aimais cette pigeonne. Je l'aimais comme un homme aime une femme, et elle m'aimait aussi. Quand elle tomba malade, je sus, et je compris, elle vint dans ma chambre et je restai à ses côtés pendant des jours. Et je la soignai. Cette pigeonne était la joie de ma vie. Si elle avait besoin de moi, rien d'autre n'avait d'importance. Tant que je l'avais, j'avais une raison de vivre.

« Puis, un soir, alors que j'étais allongé dans mon lit dans l'obscurité et que je résolvais des problèmes comme à mon habitude, elle vola par la fenêtre ouverte de ma chambre et se posa sur mon bureau. Je savais qu'elle me voulait, elle voulait me dire quelque chose d'important, alors je me suis levée et j'allai à ses côtés.

« En la regardant, je sus ce qu'elle voulait me dire : elle se mourrait. Puis, alors que je réalisais son message, il y eut une lumière dans ses yeux, des rayons de lumière éclatants.

« Oui, continua-t-il encore sans qu'on ne lui posât de question, c'était une véritable lumière, éclatante, éblouissante, aveuglante, une lumière plus intense encore que celle produite par les lampes les plus puissantes que je conçus dans mon laboratoire.

« À la mort de la pigeonne, quelque chose s'éteignit en moi. Jusqu'à cet instant, je savais avec certitude que j'accomplirai mon œuvre, aussi ambitieux fut mon programme, mais quand cette chose s'éteignit en moi, je savais que l'œuvre de ma vie était terminée.

« Oui, j'ai nourri les pigeons pendant des années. Je continue encore aujourd'hui à les nourrir, des milliers, car après tout, qui sait… »

Il n'y avait plus rien à dire. Nous nous séparâmes en silence. Cette discussion se déroula dans un coin de la mezzanine de l'Hôtel New Yorker. J'étais accompagné par William L. Laurence, un journaliste scientifique du New York Times. Nous marchâmes sur plusieurs pâtés de maison le long de la Seventh Avenue avant de prendre la parole.

Il n'y avait plus de mystère aux pèlerinages nocturnes où il allait appeler les pigeons qui se trouvaient sur les niches des remplages gothiques de la cathédrale, où sous les corniches du temple grec qui abritait la librairie. Cherchant, parmi les milliers d'oiseaux… « Car après tout, qui sait… ? »

Ce sont sur des phénomènes semblables à ceux que Nikola Tesla vécut lorsque la colombe vola depuis les ténèbres de la nuit jusque dans l'obscurité de sa chambre qu'elle inonda d'une lumière aveuglante, et les révélations qu'il eut du soleil éblouissant dans le parc de Budapest, que se construisent les mystères des religions. Mais il ne les comprenait pas. S'il n'avait pas renoncé au grand héritage mystique de ses ancêtres qui lui aurait apporté l'illumination, il aurait alors reconnu le symbolisme de la blanche Colombe.

REMERCIEMENTS

REMERCIEMENTS

Ce livre ne serait pas ce qu'il est si je n'avais pas été aidé dans son élaboration par plusieurs sources très précieuses. Je souhaite remercier pour cette collaboration indispensable :

Sava N. Kosanovic, ministre d'Etat de la Yougoslavie, et neveu de Nikola Tesla, pour avoir mis à ma disposition des livres, des registres de famille, des relevés de notes, des photographies, et pour avoir corrigé les chapitres de ce manuscrit ; ainsi que sa secrétaire, Mlle Charlotte Muzar ;

Mlle Dorothy Skeritt et Mlle Muriel Arbus, secrétaires de Nikola Tesla ; ainsi que George Scherff et Julius C. Czito, ses collègues ;

Mme Margaret C. Behrend pour m'avoir accordé le privilège de lire les correspondances échangées entre son mari et Nikola Tesla ; le Docteur W. B. Earle, doyen de la Faculté de Génie au Clemson Agricultural College, pour avoir mis à ma disposition des photographies et d'autres documents appartenant à la Behrend Collection de la bibliothèque universitaire ;

Mme Agnes Holden, fille du regretté Robert Underwood Johnson, ambassadeur et rédacteur en chef du Century Magazine ; Mlle Marguerite Merington ; Mlle Grizelda M. Hobson, veuve du contre-amiral Hobson ; Waldemar Kaempffert, rédacteur en chef de la section scientifique du New York Times ; Le professeur Emeritus Charles F. Scott, du département du génie électrique de l'université de Yale ; Hans Dahlstrang, de la Allis Chalmers Manufacturing Co. ; Leo Maloney, directeur de l'Hôtel New Yorker ; ainsi que W. D. Crow, architecte de la Tour de Tesla, pour avoir partagé ses souvenirs, ses informations, ou pour les conversations éclairantes sur ses rapports avec Nikola Tesla ;

Florence S. Hellman, Chef de la division bibliographique de la Library of Congress ; Olive E. Kennedy, bibliothécaire de recherche du Centre public d'information de la National Electric Manufacturers Association ;

A. P. Peck, rédacteur en chef du magazine Scientific American ; Ainsi que Myrta L. Mason et Charles F. Pflaging pour leur assistance bibliographique ;

G. Edward Pendray et ses associés de la Westinghouse Electric and Manufacturing Co., et C. D. Wagoner et ses associés de la General Electric Co., pour avoir corrigé, lu et apporté des suggestions utiles à plusieurs chapitres ;

William L. Laurence, journaliste scientifique du New York Times, ainsi que Bloyce Fitzgerald, pour avoir partagé ses informations ;

Randall Warden ; William Spencer Bowen, Président de la Bowen Research Corp. ; G. H. Clark, de la Radio Corporation of America ; Kenneth M. Swezey du magazine Popular Science ; Ainsi que Mlle Mabel Fleischer et Carl Payne Tobey pour m'avoir assisté de diverses façons ;

Les magazines Collier's The National Weekly, The American Magazine, le New York World Telegram et le General Electric Co., pour m'avoir autorisé à citer des documents protégés par le droit d'auteur, dont chaque citation est rattachée à sa source ;

Et Peggy O'Neill Grayson, ma fille, pour m'avoir prodigué ses longs services de secrétaire.

J'attribue à toutes ces personnes mes plus sincères remerciements.

John J. O'Neill

DISCOVERY
PUBLISHER

Milton Keynes UK
Ingram Content Group UK Ltd.
UKHW010756130624
444148UK00002B/10